Consideration of Japan's Second Report on the International Covenant on Economic, Social and Cultural Rights: the Record and Follow-up

国際社会から見た日本の社会権

2001年社会権規約第2回日本報告審査

社会権規約NGOレポート連絡会議［編］

現代人文社

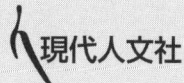

はしがき

日本の社会権保障と社会権規約

日本において、長引く経済不況、それに対して適切な対応がとれないどころか相次ぐ不祥事により停滞する政治・行政等のもとで、いわゆる社会権の保障はきわめて深刻な状況にある。とくに経済分野のグローバリゼーションや新自由主義を背景にした市場の原理や大競争のもとで、福祉や労働をはじめとする社会権保障の水準は低下している。このようななかで、経済的・社会的・文化的な分野の諸問題を人権の視点から捉え、それらの人権を総合的に保障しようとする社会権規約のもつ意義は増大している（本書の姉妹書である社会権規約NGOレポート連絡会議編『社会権規約と日本 2001』〔エイデル研究所、2001年〕を参照）。

その意味でも、日本国とくに政府は、社会権規約についての認識——社会権規約上の権利は日本国憲法と法令で保障されている、諸法律に基づく施策で保護されている、政策決定にあたっても適切に考慮されているなど——を改め、社会権規約の趣旨および規定について、社会権規約委員会の一般的意見や総括所見をはじめ国際基準に照らして誠実に検討し、実施していくことが求められている。

日本報告審査・総括所見とそのフォローアップ

社会権規約委員会は、第2回日本政府報告書（E/1990/6/Add.21）を2001年8月21日に審査し（E/C.12/2001/SR.42 and 43）、2001年8月31日に総括所見（E/C.12/1/Add.67）を採択した（確定は9月24日）。

審査においては、NGOが強調した問題はほとんど取り上げられ、その大部分は総括所見にも反映している。今回の総括所見は、詳細で具体的でかつ相当踏み込んだ内容になっており、NGO関係者の評価も高い。しかし、多くのNGO関係者が指摘するように、総括所見を日本においていかに実現していくかというフォローアップが決定的に重要である。この点で日本政府の責任は重い。NGOとしても、政府をはじめ国の関係機関に総括所見の誠実な実施を要請するとともに、NGOの視点から総括所見を分析し、その実施にどのような役割が果たせるのかなどについて検討することが必要になっている。

政府は、フォローアップに向けてNGOとの対話を進める姿勢を示している。社会権規約の実施をめぐっての政府とNGOとの対話、またNGO自体の取組み、そして社会権に関わる国際基準と国内的実施を相互補完させる作業も始まったばかりである。

＊本書では、concluding observationsを「総括所見」という訳語で統一している（引用は除く）。「最終見解」、「最終所見」という訳語も用いられているが、定期的報告制度の趣旨——締約国報告書の作成、建設的な対話に基づく審査、審査結果の国内でのフォローアップという一連のプロセスのなかで人権条約の実施を図っていくことなど——からすれば、そこでの所見は「最終」というよりも当該審査の「総括」という訳語のほうがその趣旨を適切に表現しているといえよう。なお、本文中の《　》内の数字は総括所見のパラグラフ番号、〈　〉内の数字は第3部に収録した審議録のパラグラフ番号である。

本書の構成

今回の審査・総括所見は、日本において社会権を保障していくために必要な視点や具体的な内容をもっており、今日の社会権をめぐる状況からすれば、これらの本格的な検討と実施は緊急な課題である。本書は、今回の審査と総括所見を検討し、この課題に応えようとするものである。

第1部は、総括所見についての総論的な検討である。ここでは、日本弁護士連合会と国際人権活動日本委員会から寄稿していただくとともに、外務省人権人道課の泉裕泰課長から個人の資格で特別に原稿をいただいた。記して感謝申し上げる。

第2部は、総括所見の読み方、意義づけ、活用の仕方などについて、研究者・弁護士・NGOの中心メンバーが実践的な視点をもって論じたものである。

第3部は、審査の録音テープを翻訳・反訳した速記録である。

資料編には、総括所見の翻訳に加えて、社会権規約委員会が作成した「社会権規約委員会へのNGOの参加」の翻訳も掲載した。2006年に提出期限を迎える第3回政府報告書に対するNGOレポートの作成をはじめ社会権規約に関わるNGO活動に大いに参考になろう。

本書を、まず政府・国会・裁判所の関係者にお読みいただき、総括所見を実施していくうえで参考にしていただきたいと願っている。また、市民・NGOも本書を素材にして総括所見を検討し、その実施に向けた取組みを推進していただければ幸いである。

2002年7月

荒牧重人（社会権規約NGOレポート連絡会議責任者）

目次

はしがき　2

第1部　社会権規約委員会「総括所見」と日本

第2回日本報告審査・総括所見の意義と課題——8
荒牧 重人（山梨学院大学）

第2回日本報告審査とNGO——21
藤本 俊明（神奈川大学）

総括所見と日弁連——27
藤原 精吾（弁護士・日弁連社会権規約ワーキンググループ）

日本報告審査への取組み——31
牛越 邦夫（国際人権活動日本委員会）

第2回日本政府報告の審査を終えて——35
泉 裕泰（外務省総合外交政策局国際社会協力部人権人道課）

第2部　社会権規約委員会「総括所見」を読む

●規約実施の一般的枠組み
社会権規約の国内的実施——40
今井 直（宇都宮大学）

●規約実施の一般的枠組み
社会権規約と日本の判例——44
東澤 靖（弁護士）

●差別の禁止
「合理的」差別の概念を廃止し差別禁止法の制定を――51
平野 裕二（ARC）

●マイノリティの権利
「差別の禁止原則」とマイノリティの権利――54
熊本 理抄（反差別国際運動日本委員会）

●女性に対する差別の禁止
事実上の男女平等に向けての重い課題――58
申 惠丰（青山学院大学）

●元「従軍慰安婦」に対する補償
手遅れになる前に補償のための協議を――64
武村二三夫（弁護士）

●障害のある人の権利
障害者差別禁止法制定のためのステップに――67
金 政玉（DPI日本会議障害者権利擁護センター）

●労働権
国際水準に達していない労働権保障――71
坂本 孝夫（自治労・全国労政連絡会）

●社会保障（年金）
大きな力で政府に迫っていくとき――80
金崎 亮次（全日本年金者組合）

●家族・子どもの保護
家族・子どもの保護を進めるために――84
石井小夜子（弁護士）

●居住権
「住居法」の実現をめざして――88
岸本 幸臣（大阪教育大学・日本住宅会議）

第3部　社会権規約委員会日本報告審査全記録

資料

Consideration of Japan's Second Report
on the International Covenant
on Economic, Social and Cultural Rights:
the Record and Follow-up

第1部 社会権規約委員会「総括所見」と日本

第2回日本報告審査・総括所見の意義と課題

荒牧 重人（山梨学院大学）

はじめに

今回の総括所見は、社会権規約NGOレポート連絡会議編『社会権規約と日本2001』（エイデル研究所、2001年）でも指摘したように、日本における社会権規約の実施に向けて、NGOの強調した点をほとんど取り入れ、詳細で具体的でかつ相当踏み込んだ内容になっている。それはとくに差別の禁止、労働権、居住権に関わる分野で顕著である。今回の総括所見は、本書の「はじめに」でも触れたように、今日の経済・政治状況の下で社会権規約が規定する諸権利の保障水準が低下・悪化している現実に対して、日本における社会権保障のあり方を示しているという点で重要な意義をもつ。

この総括所見の読み方や整理の仕方はいろいろありうる（たとえば、「日常生活に社会権規約を」法学セミナー2002年3月号、「国際人権（社会権）規約委員会最終見解の意義と今後の課題」自由と正義2002年3月号などを参照）。第2回日本政府報告書および社会権規約委員会からの事前質問事項に対する政府文書回答、NGOレポート、さらには審査当日における委員の発言および政府の回答などを検討して、それらがどのように総括所見に反映されているのかについて分析することも大切である。NGOからすれば、NGOレポートで指摘した問題点や提言がどれだけ取り入れられているのかを分析することも必要である。あるいは、自由権規約委員会（CCPR/C/79/Add.102）、子どもの権利委員会（CRC/C/15/Add.90）、人種差別撤廃委員会（CERD/C/58/Misc.17/Rev.3）など、他の人権条約委員会が採択している日本に対する総括所見と比較検討することも欠かせない作業である。同趣旨の提言・勧告がなされている事項もかなりあり、それらについての検討あるいは実施は優先して行なうべきであろう。

さらには、政府・国会・裁判所など実施主体ごとに、とりわけ各省庁ごとに課題を整理すること、短期的な実施課題と中・長期的なものに区別すること、あるいは女性・障害のある人・マイノリティまたは労働者・高齢者など権利の主体ごとに検討することなども重要であろう。

ここでは、とくに総括所見の提言・勧告項目を、新たな立法あるいは法改正を伴うもの、法の解釈・運用の変更が必要なもの、政策や行政措置で対応可能なものなどに分類し、提案・勧告の程度も考慮しつつ検討しておきたい。それは、現行の報告制度において総括所見を実現していく責任は第一義的には政府にあるが、国会そして裁判所もその責任主体であることを意識しているからでもある。そして、今回の総括所見で指摘されていることの多くは長期的な課題というより短期的な実施課題である点に留意しておこう。

国会および裁判所はとくに法改正・立法あるいは法の解釈・運用において、政府と連携しながらも、総括所見について独自の検討が必要である。また、NGOはその視点から総括所見の意義や実施課題等について政府・国会等に対して指摘し要請していくとともに、NGOとして実施に貢献するための課題を明らかにしていくことが求められている。

なお、ここでの検討は総論的なもので、個々具体的な領域については第2部での詳細な検討を参照願いたい。

I.　総括所見の内容と意義

今回の総括所見においては、以下のような点が「積極的な側面」として歓迎・評価されている。NGOからすると、これらを歓迎・評価することについて批判もあろう。そうだとすれば、NGOの側も社会権規約の実施に関わる成果・進展の部分をきちんと指摘する必要があろう。人権保障、とりわけ社会権規約の規定する人権の実現はたやすくはない。すぐに実現しえない課題も多いし、いつまで経っても課題であり続けるように見えるものもある。だからこそ、NGOも成果・進展の部分をきちんと評価できるようにならなければ、社会権規約の実施課題を見極めて取組みをしていくことが充分にはできないであろう。

今回の総括所見では、日本政府が21人の代表団を組織し、膨大な想定問答集を作成して審査に臨んだこともあって、委員会での質疑における政府の前向きな姿勢と建設的な対話が評価されている《2》。また、積極的な側面として、経済的、社会的および文化的権利の高度な享受を達成していること《3》、絶対額の面では世界で最大の援助供与国であること《4》、経済的、社会的および文化的権利の促進のための国際協力で重要な役割を果たしていること《5》、「男女共同参画基本計画」の策定など男女平等を促進するための措置をとっていること《7》、さらに、児童買春・児童ポルノ処罰法(1999年)、ストーカー規制法(2000年)、児童虐待防止法(2000年)およびドメスティック・バイオレンス防止法(2001年)などを制定し、女性および子どもを暴力から保護しようとしていること《8》、阪神淡路大震災の被害に対応した措置をとったこと《9》などに留意している。また、締約国報告書の作成にNGOを関与させ始めていること《6》にも留意している(実際には、NGOの「関与」は政府報告書作成の後、事前質問事項に対する文書回答の前からである)。

1　法改正・立法の必要性

審査では差別の禁止についてかなり詳細な質疑がなされ、総括所見でも新たな法律の制定をはじめ立法措置等が要請されている。

障害のある人の差別禁止について、「障害のある人々に対する差別的な法規定を廃止し、かつ障害のある人々に対するあらゆる種類の差別を禁止する法律を採択する」ことが勧告されている《52》。また、女性差別の禁止については、「とりわけ雇用、労働条件、賃金ならびに代議制の政治機関、公的サービスおよび行政における地位の向上の分野でいっそうの男女平等を確保することを目的として、……適切なジェンダーの視点を備えた新法」を採択するよう促されている《42》。

このような新たな法律制定のほかに、差別禁止の全体に関わって、「規約第2条2項に掲げられた差別の禁止の原則は絶対的な原則であり、客観的な基準にもとづく区別でないかぎりいかなる例外の対象ともなりえないという委員会の立場」にしたがい差別禁止立法を強化するよう強く勧告された《39》。政府が、自由権規約第26条にも同様の差別禁止規定があり、そこでは合理的区別が認められていることから、社会権規約第2条2項も同趣旨であって合理的な区別は認められているというような答弁をした〈56〉にもかかわらず、である。また、「部落の人々、沖縄の人々および先住民族であるアイヌの人々を含む日本社会のあらゆるマイノリティ集団に対し、とくに雇用、居住および教育の分野で行なわれている法律上および事実上の差別と闘うため……必要な措置をとる」ことも勧告されている《40》。さらに、婚外子差別について、「近代社会では受け入れられない『非嫡出子』という概念を法律および慣行から取り除くこと、婚外子に対するあらゆる形態の差別を解消するために緊急に立法上および行政上の措置をとること、さらに当事者の規約上の権利(第2条2項および第10条)を回復すること」が促されている《41》。法定相続では民法、公的な書類の記載では戸籍法、国籍取得では国籍法等の改正が必要になる。なお、この所見を踏まえて最高裁も判例を再検討することが望まれる。

このような差別の禁止のための新たな法律制定を求める勧告が自由権規約委員

会・子どもの権利委員会・人種差別撤廃委員会などからも相次いで出されていることについて、国会も政府も重く受け止めるべきであろう。

また、労働権に関わる分野もかなり踏み込んだ審査がなされ、総括所見が出されている。「公共部門および民間部門のいずれにおいても労働時間を短縮するため」に「必要な立法上および行政上の措置をとるよう勧告」されている《46》。また、「教職員を含め、たとえ政府の必須業務に携わっていない者であっても公共部門のすべての被雇用者およびすべての公務員のストライキが全面的に禁止されていること」が懸念され、「人事院および人事委員会という代替的制度が存在していても、規約第8条2項および結社の自由および団結権の保護に関するILO第87号条約に違反する」と指摘されたうえで《21》、「ILOにならい、締約国が、必須業務に携わっていない公務員および公共部門の被雇用者がストライキを組織する権利を確保するよう勧告」されている《48》。この点では、国家公務員法や地方公務員法等の改正が必要である。この改正は憲法第28条(労働基本権)にも適合する。

さらに、教育への権利に関わって充分な審査はなされなかったが、次のような勧告がなされた。「言語的マイノリティに属する生徒が相当数就学している公立学校の正規のカリキュラムに母語による教育を導入する」、「マイノリティの学校およびとくに朝鮮学校が国の教育カリキュラムにしたがっている状況においては当該学校を公的に認め、それによって当該学校が補助金その他の財政援助を得られるようにする」、「当該学校の卒業資格を大学入学試験の受験資格として承認すること」である《60》。これらは、行政措置でも対応可能かもしれないが、日本における歴史的な経緯を踏まえると、学校教育法・同施行規則等の改正あるいは新たな法律制定など、立法上の措置がより効果的である。

なお、法改正・立法と同様な法的効果をもたらす批准および留保に関わる事項としては、規約第7条(d)の「公の休日についての報酬」、第8条2項(これは間違いで、留保は第8条1項(d)の「同盟罷業をする権利」であって、2項は「警察に消防が含まれる」という解釈宣言)、ならびに第13条2項(b)(c)の中等・高等教育の無償制の漸進的な導入規定について留保の撤回を検討するよう促されている《34》。また、強制労働の廃止に関するILO第105号条約(1957年)、雇用および職業における差別に関する同第111号条約(1958年)、先住民族および種族民に関する同第169号条約(1989年)の批准が奨励されている《45》。

2 法の適用のあり方

総括所見は、法の適用のあり方についても勧告等を行なっている。

すでに指摘したように、男女平等の確保のために現行法をいっそう精力的に実施することが促されている《42》。また、この所見でも積極的な側面として評価されたように、ドメスティック・バイオレンス、セクシャル・ハラスメントおよび子どもの性的搾取などについて国内法は制定されているが、これらの「犯罪の加害者に対して国内法を厳格に適用しかつ効果的な制裁を実施するよう」に勧告されている《43》。さらに、雇用における男女格差について、男女雇用機会均等法のような現行法などをいっそう積極的に実施することおよび適切な措置を新たにとることにより、同一価値労働に対する賃金の事実上の男女格差を是正するように強く勧告されている《44》。

また、障害のある人の雇用について、「公共部門における障害のある人々の法定雇用率の執行における進展を継続および加速させるよう」促されている《52》。ホームレスの人の生活保障について、「生活保護法のような現行法の全面的適用を確保するための充分な措置もとり、ホームレスの人々に対して充分な生活水準を確保するべき」ことが指摘されている《56》。

なお、社会権規約および国内法の適用・解釈のあり方の問題で、裁判所にも関係してくる事項としては、次のような指摘がなされている。社会権規約の直接適用可能性とくに規約の規定を裁判で援用できるかどうかについて、「規約のいずれの規定も直接の効力を有しないという誤った根拠により」司法決定で規約が参照されていないこと、「締約国がこのような立場を支持し、したがって規約上の義務に違反していること」などに懸念が表明され《10》、「規約から派生する法的義務に対する立場を再検討すること、および、一般的意見第13号および第14号を含む委員会の一般的意見で述べられているように、少なくとも中核的義務との関係では規約の規定を実際上直接適用が可能なものと解釈すること」が促された《33》。この点は社会権規約を実施していくうえでの基本的な認識にも関わることであるので、とくに一般的意見第3号(締約国の義務の性質)、第13号(教育への権利)、第14号(健康権)などを充分に検討し、その趣旨を踏まえることが要請されている。

ほかにも、立退き命令に関わって、「あらゆる立退き命令およびとくに裁判所の仮処分命令手続が一般的意見第4号(充分な住居に対する権利)および第7号(同:強制立退き)に示された委員会の指針に一致することを確保するため」の行動を起こすよう勧告されている《57》。

3　制度の改善・設置

法改正・立法および法の適用のあり方にも関わってくるが、制度の改善・設置を伴う措置として、次のような指摘がされている。

国内人権機関について、「可能なかぎり早期に、かつ1991年のパリ原則および委員会の一般的意見第10号にしたがって同機関を設置するよう」促されている《38》。現在、人権擁護推進審議会の答申「人権救済制度の在り方について」（2001年）を受け起草された「人権擁護法」案が国会で審理されているが、この法案については、その独立性の希薄さ、メディア規制につながる危険性、あるいは救済の対象に社会権および人権条約上の権利が入っていないことなどいくつか重要な点での問題点が指摘されている。国内人権機関を設置することは重要であるし、国際的な要請に応えることにもなるので、パリ原則や一般的意見第10号（国内人権機関の役割）さらには自由権規約委員会からの総括所見（パラグラフ9）など踏まえて、法案を再検討すべきであろう。

また、年金制度について、「国の年金制度に最低年金額を組み入れる」こと、および「年金制度において根強く残っている事実上の男女格差を可能なかぎり最大限に是正する」ことが勧告されている《51》。

教育制度については、一般的意見第11号（初等教育に関する行動計画）、第13号（教育への権利）、ならびに子どもの権利委員会の一般的意見第1号（教育の目的）を考慮にいれて、「しばしば過度に競争主義的でストレスに満ちたものとなっており、その結果、生徒の不登校、病気、さらには自殺すら生じていることにとくに焦点」を当てながら、教育制度の包括的再検討を行なうことが強く勧告されている《58》。この点は子どもの権利委員会の総括所見が背景にある。

4　計画の策定

人権保障に関わる計画の策定について、世界人権会議「ウィーン宣言および行動計画」第2部71項（1993年）にしたがい「包括的な国内行動計画を採択するよう」促されている《36》。また、健康権に関わっては、「原子力事故の防止および事故に対する早期対応のための計画の作成」が促されている《49》。

5　行政上その他の措置

以上のほかに行政上の措置に関わるものとして、以下のような点が指摘されている。

社会権規約の規定が立法上・行政上の政策および意思決定過程で考慮にいれられることを確保するために「環境影響評価と同様の『人権影響評価』その他の措置を導入すること」が奨励されている《33》。この「人権影響評価」というのは注目に値する概念ではあるが、社会権規約委員会はその視点・内容・方法などについて示しておらず、政府にとってもNGOにとっても今後の課題になっている。環境アセスメントの場合は数値で表せる場合が多いが、人権アセスの場合、数値化できないことがらも存在したりして、具体的に実施に移すには課題が多く残っている。

また、ほかの人権条約委員会から共通して勧告されていることであるが、「規約に関する知識、意識および規約の適用を向上させるため、裁判官、検察官および弁護士を対象とした人権教育および人権研修のプログラムを改善するよう」勧告されている《35》。

国際援助・協力については、発展途上国に対する国際援助の提供を対GNP比0.7パーセントまで達成する期限を定めることなどが促されている《37》。

労働者の賃金等については、「45歳以上の労働者が従前の水準の賃金および雇用安定を維持することを確保するための措置をとるよう」勧告されている《47》。また、「公的年金制度の受給年齢が60歳から65歳に段階的に引き上げられることから、……65歳未満で退職する人々を対象として社会保障手当を確保するための措置をとるよう」勧告されている《50》。

原子力発電施設の安全性に関わっては、その「透明性を向上させ、かつ関係住民に対してあらゆる必要な情報をいっそう公開すること」が勧告されている《49》。

さらに、「従軍慰安婦」の問題について、アジア女性基金による補償金が「当事者の女性から受入れ可能な措置と見なされていないこと」に懸念が表明され《26》、「『従軍慰安婦』を代表する団体との協議にもとづき、被害者の期待を満たすような形で補償を行なう方法および手段に関して手遅れになる前に適切な取決めを行なう」ことが強く勧告されている《53》。

また、地震の被災者の権利救済については、NGOレポートの指摘を受け詳細な勧告が出されている。「規約第11条(充分な生活水準、衣食住、生活条件の向上の権利)にもとづく義務にしたがい、継続する住宅ローンの支払いのため地震の被災者の貧困層が資産を売却しなければならなくなる状況を回避するのを援助することを目的として、このような被災者が倒壊した家屋の再建のために住宅金融公庫または銀行に対して負った財政上の義務を履行するのを援助するための効果的な措置を迅速にとる」ことが勧告されている《55》。

歴史教科書問題を背景にして、「学校教科書その他の教材において、諸問題が、規約第13条1項(教育の目的)、委員会の一般的意見第13号(教育への権利)および子どもの権利に関する委員会の一般的意見第1号(教育の目的)に掲げられた教育の目的および目標を反映した公正なかつバランスのとれた方法で提示されることを確保するよう」に促されている《59》。

なお、すでに言及したが、あらゆるマイノリティ集団に対し雇用・居住・教育等の分野における法律上および事実上の差別と闘うために必要な措置をとること《40》、同一価値労働に対する男女の賃金格差の問題に対応すること《44》、労働時間を短縮するために必要な行政上の措置をとること《46》が勧告されている。また、「婚外子に対するあらゆる形態の差別を解消するため」緊急に行政上の措置をとること《41》が促されている。

6　自治体との連携・協力

今回の総括所見の特徴のひとつとして、特定の自治体を名指ししたり、自治体の措置に踏み込んだりしていることも挙げられる。

地震の被害からの救済について、「阪神淡路大震災ののち兵庫県が計画および遂行した大規模な再定住プログラムにもかかわらず、もっとも大きな影響を受けた層がかならずしも充分な協議の対象とされず、その結果、ひとり暮らしの多くの高齢者が現在、個人的な注意をほとんどまたはまったく向けられないまま、まったく馴染みのない環境下で生活していること」などに懸念を表明し《27》、「国が、兵庫県に対し、とくに高齢者および障害のある人々に対するコミュニティ・サービスを改善および拡大するよう奨励すること」を勧告されている《54》。また、すでに触れたように、再建のための住宅ローンの支払いが貧困層にとって困難になりつつあることも懸念され《28》、債務弁済を援助するための措置が勧告されている《55》。

さらに、ホームレスの人々の権利保障に関わって、「全国に、とくに大阪・釜ヶ崎地域にホームレスの人々が多数存在すること」、「国がホームレス問題と闘うための包括的な計画を定めていないこと」が懸念され《29》、「ホームレスの規模および原因を評価するための調査をみずからおよび都道府県と共同で実施する」ことが促されている《56》。

7　総括所見の普及と次回の報告書作成に向けて

「委員会の総括所見を社会のあらゆる層において広く普及し、かつ、その実施のためにとったあらゆる措置について委員会に情報を提供するよう」勧告を受けている《62》。後述するように、総括所見の効果的な実施には、まず政府・国会・裁判所等の構成員をはじめ多くの人がこの内容を知ることが不可欠である。そして、5年後を待たずに、その中間でも、総括所見の実施についてとった措置を委員会に報告をして「建設的な対話」を進めることが望まれる。

次回の締約国報告書の提出期限は2006年6月30日である。この報告書作成では、早い段階でNGOその他の市民社会の構成員と協議することが奨励されている《62》。また、報告書の内容には、今回の総括所見に掲げられた勧告を実施するためにとった措置に関する詳細な情報を記載すること《63》、とくに「資格外労働者および研修生を含む外国人の、公正かつ良好な労働条件に対する権利、社会保障および保健サービスに対する権利、ならびに患者の権利」が今回の審査のなかで充分に扱えなかったので、いっそう広範な情報を提供すること《61》が要請されている。このほかにも、高齢者の、とりわけ生活水準の権利、あるいは医療その他の健康権、教育への権利などについても広範な情報が必要であろう。

II.　総括所見の実施の課題

上で検討した総括所見はもちろん問題点もある。たとえば、審査の時間的制約と時間配分の問題から充分に審査できないまま、所見が出されているものがある。規約第12条の健康権、第13条や第14条の教育への権利、第15条の文化の権利等については審査も総括所見も不充分であった。

総括所見には単純な誤りもある。パラグラフ11、21、34で「第8条2項」に対する留保とされているのは、第8条1項(d)に対する留保であり、2項は解釈宣言である。

また、パラグラフ20、47で、45歳を労働者の減給あるいは解雇の分岐点のように認識していることは、実際には日本の現実に即していると評価できようが、NGOが指摘したのは銀行業界における55歳からの問題であった。審査でも45歳に焦点を当てた議論はなされなかったので、NGOレポートの「読み間違い」と思われる。

さらに、パラグラフ21で、すべての公務員のストライキが全面的に禁止されていることが規約第8条2項ならびに結社の自由および団結権の保護に関するILO第87号条約に違反するという認識は重要ではあるが、指摘の仕方に慎重さが不足しているといえる。というのも、社会権規約委員会が同様の規定をもつILO条約に言及することは必要であるし、望ましいが、委員会は社会権規約の適合性を判断することが任務であり、ILO条約に違反するとストレートに指摘するのは問題であろう。また、いくつか重要なILO条約を批准していないことを懸念し、批准の検討を奨励している点も《18、45》、これらのILO条約と社会権規約との関係を示したうえで提案することが必要であろう。

政府が総括所見に問題があると考えるならば、人種差別撤廃委員会の総括所見に対して「意見」を提出したように、社会権規約委員会に意見を提出し、訂正を求めたり、さらなる対話をしていくことが望まれる。

今回の総括所見はいくつかの問題は含むものの、日本における社会権規約の実施の方向性や課題を示した、きわめて意義深い文書であり、この所見の実施は立法・行政上の優先的な課題である。ここでは、第2部での検討を進めるにあたって、今回の総括所見を実現していくうえでの前提的な課題について、いくつか論じておこう。

1　報告制度の位置づけと実質化

その第1は、報告制度の位置づけとその実質化に関わる問題である。報告制度を、締約国報告書の作成、委員会での審査および総括所見の採択、審査結果の国内でのフォローアップという一連のプロセスとして位置づけることが重要である。報告制度は、このプロセスを何度も積み重ねるなかで意味をもってくる。報告制度は、それが本来の機能を果たしえれば、社会権規約のみならず国際人権条約の国内的受容、国内法化に大きな役割を果たす。国際人権条約をもとに、定期的に自国の人権状況を検証し、人権保障の進展状況や課題などを明らかにするのである。この作業は、人権条約の解釈・運用における国際人権基準の普及あるいは認識の共有などを進め、国内法化のプロセスに貢献するであろう。そして人権条約委員会での審査は国際レベルと国内レベルでの条約実施状況の検証を連携させる機会になり、そこでの審査が建設的に行なわれれば、委員会と当該国による国際人権の解釈・運用と国内実施の相互補完作業に寄与する。なお、社会権規約委員会が社会権規約自体ではなく経済社会理事会の設置する委員会であるなど、社会権規約の報告制度は厳密にいえば他の人権条約のそれとは異なるところがあるが、人権条約の報告制度の発展に寄与してきたのは社会権規約委員会であり、社会権規約においても、このような報告制度の位置づけは可能である。

このような報告制度の実質化は、主要には政府の取組みにかかっている。現在の行政システムの下で個別領域の条約実施に責任をもつ各省庁は、報告書の作成過程で個別にしか実態の把握と政策のチェックをしておらず、報告書ガイドラインに沿って包括的に当該人権状況や法・制度・施策等をモニタリングする機会にしていない。このような現状を改める必要がある。

国連の主要な人権条約を批准している今日、報告制度に伴う人権条約の検証は常時行なわれているような状況であるから、当該人権条約にとくに関わる問題を明確にするという意味でも、検証の効率化という意味でも、政府内で効果的な検証のためのしくみづくりとそこでの実質的な検証を推進することが要請されている。この点は、NGOの側も同様の課題をもっている。

報告制度の位置づけに関わって、もう1つ指摘しておきたい点は、現在の「政府報告書」を文字どおり「締約国報告書」にすべきということである。政府が中心になって作成するとしても、裁判状況に関わっては、最高裁からの報告の提出を求め、最高裁にも定期的に国際人権に関わる裁判状況や裁判官の認識について検証させる必要がある。また、国会には報告書案を提出して、審議の機会を設けることが必要ではないだろうか。このような形で報告書を作成すれば、その審査や総括所見について裁判官や国会議員の関心も増し、その所見の活用や実施にも関わるという自覚が生ずるのではないだろうか。少なくとも、国会では総括所見をどう実現するのかについて、単発の質疑ではなく本格的な審議が必要であろう。

2　総括所見の意味と位置づけ

第2に、総括所見の意味と位置づけに関わる問題である。総括所見は、現在の報告制度の性質上、締約国に対して直接的な法的拘束力はないが、当該国において正当に尊重され誠実に履行されなければならない。なぜなら、総括所見は、条約が実施措置として採用している報告制度の一環であり、それを誠実に履行することは条約実施上の義務の一部といえるからである(なお、先に述べたように、社会権規約においても、このような位置づけは可能である)。「法的拘束力がない」、「唯一の国際基準ではない」、「政府の見解と違う部分がある」などという理由でこの所見の実現を怠ることは、報告制度が成り立たなくなるといってもよく、条約の実施措置上許されないといえる。したがって、政府や国会は総括所見の実施に向けてなんらかの措置をとることが必要になる。誠実な検討の結果、「受け入れられない」場合は委員会に対して説明責任を果たすことが要請される。

また、総括所見を当該人権条約についての「権威ある見解」として司法判断においても尊重していくことが、条約の国内法上の位置からしても要請されている。裁判所としては、当該事件の判断に関係する総括所見が出されているか否かを検討し(弁護士が書面や弁論において総括所見を援用する事例も増えてきている)、該当するものがあれば、まずその総括所見の内容を踏まえて判断することが要請され、その総括所見と異なる見解をとる場合は、そのことに関する説明責任が求められるといえよう。

この点で、社会権規約委員会をはじめ人権条約委員会の役割は非常に重要である。独立性･第三者性を維持し、このような総括所見の位置づけにふさわしい審査をし、権威ある総括所見を出していかなければならない。そのためには、審査の時間的制約から生ずる課題をできるかぎり克服する方法を模索していくことが重要である。また、ほかにも人権条約の報告制度があるなかで、当該国の社会権規約の実施に貢献する審査を行なうためには、委員会は社会権規約にとくに関わる問題は何かについて明確にすることが必要である。また、委員会が当該国についての他の人権条約委員会の審査や総括所見を充分踏まえて審査をすることが望まれる。

3　報告制度・総括所見と自治体

先に触れたように、今回の総括所見は特定の自治体の施策を奨励するよう勧告したり、自治体との共同の調査を促したりしている。この勧告・提言の対象はあくまでも規約の実施義務を第一義的に負う国であるが、報告制度や総括所見と自治体との関係をどのように捉えればよいのであろうか。

多くの自治体は社会権規約にかぎらず、およそ条約の実施は国の問題であると考えている。そのなかにあって、子どもの権利条約の場合のように、子どもの権利委員会での審査の蓄積および日本に対する総括所見も踏まえながら、子どもの権利保障のための条例を作る自治体も登場している。たとえば、兵庫県川西市の「子どもの人権オンブズパーソン条例」(1998年)、川崎市の「子どもの権利条例」(2000年)などがそうである(子どもの権利条約総合研究所編『川崎発・子どもの権利条例』〔エイデル研究所、2002年〕などを参照)。

人権条約と自治体に関わる諸問題は、これまで理論的な研究が本格的にはなされておらず、自治体における実践が先行している。自治体は生活者としての地域住民に向き合い、人権に関わる問題も個別的・具体的に対応せざるをえないのである。

人権保障における自治体の役割は大きいとはいえ、自治体が人権条約上どのような義務を負っているのかについては明確ではない。この点は、社会権規約委員会の一般的意見第3号(締約国の義務の性質)や同第9号(規約の国内適用)などでも的確に示されてはいない。自治体が、自由権規約が多く規定するいわゆる自由権を侵害すれば、直ちに条約違反に問われることはいうまでもない。問題は、国や自治体による積極的措置が必要とされる、社会権規約が多く規定する社会的諸権利の実現において、自治体はどのような義務を負うのかである(しかし、自由権規約と社会権規約は密接不可分であり、また両規約はそれぞれ自由権・社会権の両方を含んでいるので、単純な分類はできない)。社会権規約をはじめ社会的諸権利の規定をもつ人権条約はなんらかの形で、権利実現のために必要な立法·行政その他の措置をとることを締約国に義務づけている。広い意味でいえば、自治体も「締約国」のなかに入るといえるし、人権保障において自治体の権限の枠に入ることがらも多い。にもかかわらず、自治体の諸措置を人権条約上直ちに要求しうるかといえば、現在の人権条約委員会の見解および学説上そうはいえないようである。しかし、批准され国内法に組み込まれた人権条約は憲法に準ずる(あるいは匹敵する)法規範であるので、国内にあっては自治体も人権条約の実施主体として位置づけられ、人権条約の規定する権利を保障し、権利実現のための諸措置をとらなければならないといえよう。とすれば、報告制度にもとづく総括所見の実施も、国と協力しながら推進していくことが求められている。

もし、このような論理づけができるならなおさら、充分にできないとしても、自治体が社会権規約の関係する分野において、条例の制定、制度·計画の策定、施策の促進にあたり、今回の総括所見を主体的にかつ積極的に活用していくことが望まれるし、していくべきであろう。そのためにも、政府は自治体にも今回の審査や総括所見について資料・情報を提供する必要がある。

おわりに

総括所見の効果的な実施に向けては、政府とNGOとの「建設的な対話」が不可欠である。政府は締約国報告書を提出したのち審査に向けてNGOと2回、審査後に1回、会合をもち、ひきつづきNGOとの対話の姿勢を示している。

「建設的対話」という場合、少なくともそれぞれが自らの役割と責任を自覚したうえで、社会権の保障および規約の実施という共通点をもって対等な立場で話し合うこと、お互いの役割と責任を含め自由に意見交換ができること、意見の不一致や対立は当然の前提として対話のプロセスを大切にすること、また継続性が必要なことなどに留意しなければならない。この「建設的な対話」においては、一方でNGOは単に「自己の主張を発表する場」でも「要求実現のための交渉の場」でもないように、他方、政府は「弁明の場」でも「言質をとられないようにする場」でもないようにしていかなければならない。この「建設的対話」のあり方や方法については、今後さらに、課題の適切な設定(全体テーマか個別テーマかなど)や時間配分をはじめとして、政府・自治体も市民・NGOもいっそう模索が必要なことはいうまでもない。とくに関係省庁が社会権規約そのものに対する認識、報告制度や総括所見についての認識·対応、NGOとの関係などについて改善を図っていくことを望む。

第2回日本報告審査とNGO

藤本 俊明（神奈川大学）

1979年9月21日に日本において発効したにもかかわらず、その後20年余りの間、忘れられた人権条約であり続けてきた社会権規約は、2001年、日本の市民社会による第2の「発効」の年を迎えたといえるだろう。2001年8月21日、社会権規約委員会における日本政府第2回報告書審査は、委員会史上最多（委員会18名〔全員出席〕、政府代表団21名、NGO関係者約70名）とも推測される参加者を迎え、ジュネーブのパレ・ウィルソンにて行なわれた。単なる参加者数の問題のみならず、報告書審査へ向けたNGOの活動は、日本における社会権規約の実施の新たな前進を示すものである。本稿では、筆者も参加する「社会権規約NGOレポート連絡会議（以下、NGO連絡会議と略）」による2001年報告書審査およびそれ以降のNGOの活動を振り返り[1]、次回2006年の審査を展望することにより、社会権規約の実施における第3のアクターとしてのNGOの役割について考えてみたい[2]。

I. 社会権規約委員会におけるNGO活動

1 審査までの活動

社会権規約委員会は、政府報告書審査の際の情報源のひとつとして、通常は審査を行なう会期の初日（2001年審査では8月13日）に、NGOからのヒアリングの機会を設けている。NGO連絡会議も、政府による文書回答に対する追加情報を配付し、他のNGOとともに発言の機会を得ることができた。時間枠の制限や効果的な情報提供という点からも、日本国内および現地での関係NGOによる調整を行なった。また、審査前日の20日には、委員会の昼食休憩時間を利用し、国内NGOによる約2時間のブリーフィング（情報提供）も実施した。いずれも、委員や委員会事務局から高く評価された取組みであった。

審査当日の傍聴の際には、日本国内への審査状況の正確な伝達を含めたフォローアップ作業のためにも、録音の手配をした。後に公式文書として審議要録が公開されるが、かならずしも審議の模様を正確に反映したものではないからである（本書108頁以降の審議録を参照）[3]。なお、2001年審査では、他の人権条約の報告書審査と同様、外務省の手配により、日本語の同時通訳が用意されていた。

また、審査終了後、外務省の主催により代表部大使公邸で委員会やNGO、政府代表団との懇親会が催され、意見交換などを行なった。これは、日本政府の人権条約に関する報告書審査に関連するものとしては初めての試みであった。

2　審査後の活動

審査終了後、委員会は国別報告者を中心に報告書審査に関する総括所見の採択のための準備作業を開始する。この間のロビイングなどによる情報提供は、所見への直接的な反映という効果も予想されることから、効果的かつ慎重に行なう必要がある。NGO連絡会議も、審査翌日の国内NGOの総括会議を踏まえ、総括所見の作成にあたっての最終的な提案文書をまとめ、国別担当者をはじめ委員に配付した。

II.　総括所見を含む審査に対する評価

1　総括所見に対する評価

報告書審査の終了後、8月31日に日本政府に対する総括所見（未編集版）が採択された（9月に公表された確定版を本書に収録）[4]。NGO連絡会議は、現地にて入手後、直ちに翻訳を開始し、関係者に日本語訳を公表している。63項目にわたる所見は、これまで人権条約機関が採択した日本政府に関する所見のなかでもっとも項目数の多いものであるが、ここでは、総括所見のなかでもNGOによる活動に関連する部分についてのみ触れることにしたい。

はじめに、「積極的な側面」における、報告書作成に「非政府組織を関与させ始めていることに評価の意とともに留意する」《6》という委員会の評価はかならずしも正確なものではない。今回の報告書作成の過程では、NGOの関与の機会はまったく与えられておらず、2006年以降に予定される第3回審査への課題といえるだろう。次に、今回の所見では、審議時間の配分やNGOによる情報提供の濃淡を反映してか、まったく取り上げられていない（または不充分な）問題も多い。たとえば、委員会自ら、「資格外労働者および研修生を含む外国人の、公正かつ良好な労働条件に対する権利、社会保障および保健サービスに対する権利、ならびに患者の権利」について不充分であることを認めている《61》。労働や居住に比べ、社会保障や健康、教育、文化、科学技術などに関する言及が少なかったことは、規約の適用範囲に対する理解を限定的なものとしてしまう可能性があることにも留意する必要がある。また、今回の所見は、かなりの程度、NGOによる情報や意見が反映されたものとなっている。総括所見採択の直前に配付したものも含め、NGOによる文書がそのまま引用されていると思われる箇所もいくつか見られる。これは従来ならばNGOとして歓迎すべきことであるが、その反面、委員会による活動の自律性の確保という点からは、後述するように、委員会が直面している課題を示しているともいえるだろう。

2　審査全般に対する評価

今回の審査は、政府報告制度を実施措置として有する主要な人権条約が共通して直面しつつある課題をあらためて感じさせた場でもあった[5]。NGOの活動との関連では、はじめに、各条約機関における審査内容(テーマ)の重複の問題が挙げられる。1つの締約国における同種の問題を複数の条約機関が同じように議論することが頻繁に見受けられる。一定の重複はやむをえないが、限られた時間内での効率的な審査を実現するためには改善の余地はあるだろう。これは、NGOによる情報提供のあり方とも大きく関連する問題である。

さらに、NGOによる情報提供が制度的に整備されてきた反面で、条約機関の各委員がそうした情報を充分に活用しきれていないという状況が生じつつある。たとえば、社会権規約委員会は、その設置当初から他の条約機関に先駆けてNGOとのさまざまな協力関係を構築してきたが、近年は、各委員がNGOにより提供された情報を充分に検討するだけの時間的余裕や、事務局によるサポート体制をもちあわせていないように思われる場面が多く見受けられる。本来的には、各委員のパーソナリティなどに左右されない委員会の活動を実現すべきである。主要な国際的実施措置のひとつである報告制度が直面する課題は、第一義的に重視されねばならないはずの国内的実施に対しても少なからぬ影響を及ぼすことから、報告制度の主要なアクターである委員会、政府、NGOのそれぞれが、早急に抜本的な改善策を見出さなくてはならない時期を迎えているといえるだろう。

III.　2006年次回審査へ向けて

1　2001年審査のフォローアップ

社会権規約委員会は、審査状況に応じて追加情報の提供を求めるなど、審査のフォローアップにも積極的である[6]。国内においても、可能なかぎり早い時期に、報告書作成過程や審査内容、総括所見などに対するNGOと政府のそれぞれの評価について意見を交換する協議の場を設け、具体的に必要な施策を明確にしていく作業が必要である。こうした協議を定期的に実施していくことは、次回の審査への共同の準備作業ともなるのである。とくに、個人通報制度と異なり、「違反」の明言に対しては慎重な姿勢をとることが一般的である政府報告制度において、直接的に規約違反の指摘のあった、規約の国内適用に関する消極的な姿勢《10》、公務員によるストライキの全面的禁止《21》、ホームレスおよび京都・ウトロ地区の人々などに対する強制立退き《30》のような問題や、自治体や地域を特定した懸念の表明や勧告のあった、兵庫県《27、54》や大阪・釜ヶ崎地域《29》、京都・ウトロ地区《30、40》における問題については、政府や自治体のより重点的な対応が求められるだろう。

なお、2002年2月に審査後第1回のNGOと政府との意見交換会が行なわれている。今後は、テーマ別（関連省庁別）会合や司法（事務）当局との会合などによるより具体的なフォローアップが必要とされる。

2　2006年審査へ向けたNGOの役割

（1）　社会権規約委員会NGOガイドライン

社会権規約委員会は、国連の主要人権条約機関のなかでも、委員会の活動への公式・非公式のNGOの参加に対してより積極的な姿勢を示してきた機関であり、他の委員会のモデルとしての役割も果たしてきた。同委員会が2000年7月に作成したNGOの参加に関するガイドライン「経済的、社会的および文化的権利に関する委員会の活動におけるNGOの参加」（UN Doc.E/C.12/2000/6、本書228頁収録）は、委員会の活動におけるNGOの役割を包括的かつ詳細に述べた画期的な文書である。次回2006年審査へ向けては、2001年審査に関するNGOの活動と併せて、参考とすべき点を多く含んでいる。

同ガイドラインでは、経済社会理事会における協議資格の有無にかかわらず、すべてのNGOに対して、以下の委員会の活動への参加を認めている。

1）　政府報告書審査への参加

①政府報告書提出後のNGOレポートの提出などによる情報提供

②会期前作業部会への参加（文書および口頭による情報提供）

③本会期への参加（文書および口頭による情報提供、傍聴）

④政府報告書審査のフォローアップ活動への参加

⑤政府報告書未提出国に関する審査への参加

2）　一般的討論（general discussion）への参加

3）　一般的意見（general comments）の起草などの活動への参加

政府報告書審査という社会権規約の「実施」の側面のみならず、一般的討論や一般的意見のような「(解釈)基準」の形成に関連する活動へのNGOの参加を公式手続として認めている点は、人権条約機関の活動のあり方を検討するうえでも注目に値する。

(2)　社会権規約の意義と可能性

2006年の次回審査へ向けた活動を進める前提として、NGOにとっての社会権規約の有用性を再認識する意味でも、あらためて規約が対象とする権利や主体(集団)を確認しておきたい。対象とする主体は、女性、子ども、高齢者、被差別部落出身者、在日コリアンやニューカマーなどの外国人、中国帰国者、障害者、HIV感染者・AIDS患者、ホームレスの人々、難民(申請者)、被拘禁者、同性愛者、ハンセン病(元)患者、アイヌ民族、沖縄住民など、非常に多岐にわたる。さらに、対象となる権利(問題)も、労働、社会保障、家族の保護、保育、居住、食料、衣服、健康・医療、環境(公害)、教育、文化、科学技術などに関する権利のほか、個別の問題として、国際協力(ODA)や情報格差など、広範囲に及んでいる。これらはどれもが社会権規約から導かれるものであり、法的に認められた個人の権利に基礎を置くものであることに留意しなければならない。日本を含む締約国は、これらの権利の「すべての適当な方法による完全な実現」(規約第2条1項)を国際法上、義務づけられているのである。人権とはなにか特別なものではなく、すべての人間のあらゆる生活分野に関連するものであり、だからこそ社会権を含む人権が普遍的な価値をもつということを社会権規約は示しているともいえるだろう。

2001年審査のフォローアップとともに、次回審査へ向けた活動にあたっては、以下の文書の参照も有用である。

- 一般的意見(general comment)1〜14(1989年以降ほぼ毎会期に採択、社会権規約委員会)
- 政府報告書の形式と内容に関する改訂ガイドライン(1990年、同上)
- 他の締約国に対する総括所見などの報告書審査関連文書
- 日本政府に対する他の人権条約機関による総括所見などの報告書審査関連文書
- 経済的、社会的及び文化的権利に関する国際規約の実施に関するリンブルク原則(1986年、国際法律家委員会〔ICJ〕ほか)
- 経済的、社会的および文化的権利と法律家の役割に関するバンガロール宣言および行動計画(1995年、国際法律家委員会〔ICJ〕)
- 経済的、社会的及び文化的権利の侵害に関するマーストリヒト・ガイドライン

（1997年、国際法律家委員会〔ICJ〕ほか）

結びに代えて

社会権規約の国際的および国内的実施において、NGOは第3のアクターとしての地位を実質的にも形式的にも獲得し、日本における社会権規約の再生に大きく貢献してきた。グローバリゼーションの進展や情報・医療分野などにおける科学技術の発展などから生じる負の側面が、人々の経済的、社会的および文化的権利の実現を阻むような状況を生じさせ始めているなか、NGOによる社会権規約の活用は、今後さらにその意義を増していくだろう。発展途上国などにおける絶対的貧困や経済格差などの社会権侵害という「忘れられてきた人権侵害」の存在が、2001年のアメリカでの歴史的な9・11テロの遠因であることを指摘するまでもなく、社会権規約とその第3のアクターとしてのNGOの果たす役割は、予想以上に大きなものとなるかもしれない。

1　審査以前の取組みについては、社会権規約NGOレポート連絡会議編『社会権規約と日本2001』（エイデル研究所、2001年）を参照。

2　NGOによる人権条約の活用については、子どもの人権連・反差別国際運動日本委員会編著『子どもの権利条約　日本の課題95』（労働教育センター、1998年）、国際人権NGOネットワーク編『ウォッチ！規約人権委員会』（日本評論社、1999年）、反差別国際運動日本委員会編『国連活用実践マニュアル　市民が使う人種差別撤廃条約』（解放出版社、2000年）、国際女性の地位協会年報『国際女性』（尚学社）などが有用である。なお、政府報告書（UN Doc.E/1990/6/Add.21）は、国連人権高等弁務官事務所（http://www.unhchr.ch/）および外務省のウェブサイトから入手可能である。また、事前質問票（UN Doc.E/C.12/Q/JAP/1）および政府の文書回答（Reply to List of Issues : Japan. 26/07/2001）も前記両サイトから入手可能である。

3　社会権規約委員会事務局による審議録（E/C.12/2001/SR.42-43）は、国連人権高等弁務官事務所のウェブサイトで入手可能である。

4　総括所見（UN Doc.E/C.12/1/Add.67）の政府仮訳は、外務省のウェブサイトで入手可能である。

5　人権条約の政府報告制度の課題については、阿部浩己・今井直・藤本俊明『テキストブック国際人権法〔第2版〕』（日本評論社、2002年）、P.Alston and J. Crawford (eds.), *The Future of UN Human Rights Treaty Monitoring* (2000)などを参照。

6　たとえば、審査後の取組みに関する国別状況の一部は、UN Doc.E/C.12/2001/3 を参照。

総括所見と日弁連

藤原 精吾（弁護士・日弁連社会権規約ワーキンググループ）

総括所見の分析や評価は他の論稿において詳述されると思うので、本稿では、社会権規約委員会が「総括所見」に至るまでの日本弁護士連合会（日弁連）の取組みを紹介し、今回の日本政府報告書審査と社会権規約の日本での実施状況を立体的に理解する一助としたい。

I. 社会権規約と日弁連

日弁連は、社会権規約はじめ国際人権法の実施に関わる多くの分野で人権擁護活動を展開している。しかし、社会権規約の日本政府報告書審査に関して取り組むのは今回が初めてであった。日弁連社会権規約ワーキンググループは、日本政府の第2回報告書の分析とオルタナティブ・レポートの作成、さらに同規約の国内での実施のための調査研究を任務として、99年8月に組織され、その活動を開始した。

ワーキンググループのメンバーは、規約に含まれるすべての権利領域をカバーするよう、人権擁護委員会、国際人権問題委員会、公害・環境委員会、子どもの権利委員会、両性の平等に関する委員会、高齢者・障害者の権利に関する委員会に属する弁護士から幅広く選任された。

ワーキンググループはまず、規約の内容と審査など実施に関し必要な学習を行なった。そのうえで、上記各委員会がもつ問題意識を社会権規約の観点から捉え直し、現状とその問題点を指摘したうえ、規約何条に抵触するかを端的に記述した報告書を作成する作業を行なった。

2000年5月に開催された会期前作業部会には、日弁連ワーキンググループは社会権規約に対応する総論8項目、各論10分野44項目にわたる2000年3月16日付「第2回日本政府報告書に対する質問事項」を提出するとともに、ワーキンググループの委員2名を派遣し、口頭意見表明を行なった。

II. 日弁連レポートの作成

ワーキンググループは前記質問事項書を提出し、次いで2001年3月2日付で、総論6項目、各論13分野・45項目にわたる問題点の指摘と、参考資料として社会権規約に関わる全関係判例一覧表を添付した「日弁連報告」を提出した。

日弁連報告で指摘した問題点は、委員会の総括所見でも多くの分野にわたって取り上げられている。日本からの情報として、裁判所において社会権規約がどのように取り扱われているかを示す全裁判例の紹介は初めてのものである。この資料により、日本の裁判所では法規範性を認めた判例がほとんどない、という情報を委員会に伝えた。訴訟当事者としての国(政府)自体が、社会権規約の法規範性を否定する主張を繰り返していることも明らかになった。その情報は委員会の総括所見で、立法・行政・司法における規約の実施《10》、規約の法的効力・人権影響評価《33》、裁判官、検察官、弁護士に対する人権教育《35》などに反映されている。

III. NGO間の交流

日弁連ワーキンググループは2000年以降、国内のNGOに呼びかけ、交流会を開いた。参加団体は東京地評、在日朝鮮人人権協会、兵庫県震災復興研究センター、自由法曹団、JCLU外国人の権利委員会、野宿者人権資料センターなどであり、大多数は「国際人権活動日本委員会」および「社会権規約NGOレポート連絡会議」のいずれかの横断組織に所属している。交流会ではそれぞれの問題意識、審査に向けての取組み状況について意見交換し、連絡体制を話し合った。この経験は2000年5月に行なわれた質問事項作成のためのNGOヒアリング、2001年8月審査前に行なわれたヒアリングやランチタイム・ブリーフィングに役立った。

日本政府もNGOと各省庁との協議会を2回にわたって開催し、双方が意見を述べ合った。

IV. リーデル委員の招待

2001年7月、社会権規約委員会の副議長であり、日本報告書審査の特別報告者を務めるリーデル委員を招き、大阪、神戸、東京で講演会を開催したほか、日弁連を含むNGO諸団体との交流を実現した。同委員はこの機会に外務省はじめ政府関係機関とも懇談を行なった。また大阪では愛隣地区などでのホームレス、神戸では震災被災地の状況を現地に赴いて視察した。

リーデル委員は、審査を担当するにあたって、当該国で実地に現状を直接見聞きすることがきわめて有益であり、審査を充実させるものであったと述べた。また、「招待が審査の当事者である日本政府や個別のNGOによりなされたものであれば、これに応じるわけにはいかなかったであろう。真に独立した市民団体かつ専門家組織である日弁連の招待であるからこそ実現できた」と語っている。

V.　日弁連声明と今後の活動

2001年8月21日にジュネーブで審査が行なわれるに際しては、日弁連より9名の委員が参加し、委員へのロビイング、NGO意見発表等を行なった。

委員会は8月31日、審査に基づく総括所見を発表した。ワーキンググループではこれを分析評価し、日弁連はこれを踏まえて9月6日、会長声明を公表した。

日弁連がとりわけ強調し、今後の活動に生かしたい論点は次のようなものである。

①規約の法的効力が政府の見解に正しく反映され、その行為規範、および裁判規範として正しく扱われるよう、裁判官、検察官、および弁護士に対する教育の実施を求められた《10、33、35》

国際人権法に関する教育は現在の法曹にとどまらず、司法修習生に対する教育、2004年発足に向けて検討作業が進んでいる法科大学院(ロースクール)カリキュラムにおいても実施されなければならない。

②差別禁止(規約第2条2項)の例外なき適用《39》

日弁連は2001年11月、奈良市で開催した第44回人権擁護大会において、「障害のある人に対する差別を禁止する法律の制定を求める宣言」を採択した。社会権規約委員会の総括所見は、宣言採択に先立って行なわれた障害者の完全参加を求めるシンポジウムにおいても大きな役割を果たし、励ましともなった。現在日弁連は、この宣言にもとづいて「障害者差別禁止法(仮称)」の原案作成の作業を開始している。

③パリ原則ならびに委員会の一般的意見第10号に合致した国内人権機関を早期に創設すること《38》

国連パリ原則に則った国内人権機関を設けるべきことは、98年11月に自由権規約委員会から日本政府が勧告を受けた事項である。日弁連はその実現に向けて99年1月以来取組みを進めてきた。2002年3月、政府は「人権擁護法案」を国会に提出し、法務省人権擁護局の改組を主とした「人権委員会」の導入を図っている。日弁連はじめ多くの民間団体は、政府原案は人権救済機関に関する国連原則や再度にわたる勧告に応える組織となるよう再検討すべきであると反対している。

日弁連は、日本政府が、総括所見パラグラフ62で勧告された、締約国の義務である「委員会の総括所見の普及」と「実施のためにとったあらゆる措置についての情報提供」が遅滞なく行なわれることを期待し、かつ、次回政府報告書作成に際しては、「NGOその他の市民社会の構成員との協議」が早い段階で開始されることを望んでいる。

＊　東澤靖「社会権規約の可能性とNGOの役割」日弁連『自由と正義』2002年3月号74頁、武村二三夫「最終見解で明らかになった社会権の状況と課題」同84頁、アイベ・リーデル（永野貫太郎訳）「日本における社会権規約の実施のために」同94頁を併せて参照されたい。

日本報告審査への取組み

牛越 邦夫（国際人権活動日本委員会）

I. 審査のための準備活動

国際人権活動日本委員会は、1993年の自由権規約第2回日本政府報告審査当時に、「日本の職場における人権侵害を国際世論に訴える実行委員会」として活動を開始した。これまで11次にわたり延べ600名を超える要請団を国連・ILO等に派遣し、各参加団体のレポート提出や人権委員会・人権保護小委員会での発言、各専門委員への要請、国連の人権擁護メカニズムの学習などを行なってきた。

社会権規約については、同委員会セクレタリアート（事務局）のチコノフ氏のガイダンスで、「日本は第2回政府報告がたいへん遅れている、国内の運動を強めるべきだ」との指摘があり、外務省に対する要請も繰り返し行なってきた。その他、人権学習、シンポジウムの開催、人権デーの取組み、自由権規約選択議定書批准団体署名（累計1万団体を政府に提出）などを展開してきた。

今回の社会権規約第2回日本政府報告審査においても、1999年7月から「カウンターレポートを作成するための懇談会」を、全労連、自由法曹団、国民救援会、治安維持法国賠同盟と共同して14回行ない、政府報告への反論・補強として、33団体・個人のレポート、50数項目の質問リストをまとめ、委員からの政府への質問や総括所見に反映させるために委員会に提出した。またIADL（国際民主法律家協会）と共同で、国連のNGO協議資格にもとづく1,500語のステートメントも提出し、委員会事務局から委員へ配付された。

2000年11月、外務省に「日本政府審査を実効あるものにする要請書」を提出し、政府の対応について要請するなか、外務省を窓口として関連省庁とNGOとの「意見交換会」が2001年1月31日と7月27日に開催された。

第1回はNGO側は約30名、政府側は8省庁26名、第2回はNGO49名、政府は8省庁35名が参加して懇談会を行なったが、NGOに充分な時間が保障されなかったこと、政府がNGOの意見を聞かずに報告書を作成したことから意見が個別課題を中心に多岐にわたったこと、政府側の回答もあまりに一方的すぎたことなどの問題点が残った。

II.　審査に要請団を派遣

社会権規約委員会審査の傍聴、委員への要請、ILO要請、世界のNGOとの交流促進などを目的とした要請団は、全医労、阪神淡路大震災・復興県民会議、東京国公、全税関、出版労連、日航男女差別是正の会、国労近畿、銀産労、住友ミセス差別裁判、治安維持法国賠同盟などレポート提出団体を中心に現地参加を含め総勢36名を派遣した。

これに先立ち2001年4月に開催された委員会第25会期に情報の入手と事前の準備のため3名の代表を、同年8月にも審査に向けての準備・折衝のため4名の先発隊を派遣した。

先発隊は、2001年8月21日の日本審査に向けて日本から参加した80名近くの各団体・NGOとの連絡調整、委員会事務局との折衝などの事務局的役割の一端を担った。

13日のNGO口頭プレゼンテーション、20日のランチタイム・ブリーフィングは、社会権規約NGOレポート連絡会議、日本弁護士連合会、国際人権活動日本委員会が全体の調整にあたり、チコノフ氏から「パーフェクト」と、委員からは「日本政府にインパクトを与えた」と評価された。

III.　広義のロビー活動

日本委員会の要請メンバーは、審査の前日の20日夜、フランス人専門委員のテクシエ委員と懇談することができた。テクシエ氏はフランスの最高裁判所にあたる裁判所の現職判事であり、労働法が専門とのことで、日本の労働現場の実態と、参加者が抱えている個別の問題点を主に懇談した。

テクシエ氏は、「日本委員会のレポートは見ている。ヨーロッパの水準からはとても考えられないことだ」と話し、とりわけ霞が関の中央官庁の長時間残業実態に興味を示し、「フランスでは週35時間制を実施し雇用を拡大している。日本ではリストラしてサービス残業を行なっているようだ」と指摘。

テクシエ氏は日本政府報告審査で、規約第7、8条関連質問において「ILO第105号〔強制労働の撤廃〕、第111号〔雇用の差別〕など批准していない理由は何か。日本の制度と合致しながら批准しない理由は見当たらない」〈188〉、「東京地裁が『解雇は自由にできる』と判断を下したことは、まさに規約に逆行するもの。裁判官の規約に関する研修が必要だ」〈190〉、「霞ヶ関の公務員の労働時間は異常だ。NGOの写真によれば夜8時半、9時でもビルに灯がついている。何時間働いているのか。労働者は憂鬱になり自殺も出るだろう。残業に対して充分な手当も支払われないことも問題」〈193〉、「男女の賃金および正規・非正規とも同等の賃金が支払われるべきだ」〈194〉、「第8条での、公務員の労働組合結成について、日本は消防士など相当制約されている。ストライキ権についても、最高裁が一律制約を合憲的としていることは、規約の実施の点から、憲法の改正がないかぎり相当の問題がある」〈195〉など、明確に日本政府を質した。

テクシエ氏が直接行なった質問に関わる総括所見の「懸念事項」と「勧告」は、同等価値労働における男女格差《17、44》、ILO第105号、第111号、第169号の批准《18、45》、裁判官、検察官、弁護士に対する人権条約の研修《35》、労働時間の立法上、行政上の措置《19、46》、公務員のストライキ権の確保《21、48》など、多方面に及んだ。

テクシエ氏との懇談は、NGOのロビー活動として行なわれたものであるが、レポートの理解を深めてもらった点で大きな成果があった。

このことは、日本への総括所見のラポラトゥール（国別報告者）であるリーデル委員が、7月下旬に日弁連の招待により来日し、大阪ー神戸ー東京と多忙な日程で視察、講演会、シンポジウム、NGO懇談などを実施したことが広義のロビー活動として高く評価されていることと同様であり、今後の活動に大いに参考となるものであった。

IV.　審査と外務省主催のパーティ

審査会場では、外務省に要請したとおり日本語の同時通訳が用意されていた。日本政府代表は外務省・現地代表部をはじめ、法務省、文部科学省、国土交通省、内閣府、厚生労働省、警察庁から21名が参加。審査は1日のみ、午前・午後3時間ずつの短い時間であったが、男女間の不平等、少数者の差別、阪神淡路大震災、居住の権利、年金、従軍慰安婦、原子力事故、障害者の差別、失業問題、労働時間、労働基本権など、労働者・勤労国民のたいへん身近で関心の高い問題が議論された。

これに対する政府回答は、500項目も用意したといわれる「想定問答集」を各省から派遣された職員が入れ替わりに読むといった対応に終始。委員の質問・疑問に誠意をもって討論で応えるというのではなく、論点をはぐらかしたり、いたずらに統計データや国内法規・行政の説明を長々と続けるのみで、「専門委員と締約国が建設的意見を交換し、締約国の人権・社会的環境を保障する」とした社会権規約委員会の基本的立場を日本政府代表は理解していないと感じた。

委員会審査終了後、日本から参加したNGO全員が大使公邸でのパーティに招待された。会場には18名の専門委員、委員会事務局、政府代表団も参加しており親しく懇談ができた。

V. 総括所見のフォローアップ

総括所見の採択から約6カ月後の2002年2月14日、NGO側40名、政府・各省は11省32名の参加で、フォローアップとしての意見交換会がもたれた。外務省人権人道課の泉課長は「委員会審査の『最終見解』を踏まえて意見交換を行なう。第3回審査に役立てたい」と述べ、NGOは「勧告を政府がどのように検討し、実施していくかというフォローアップが必要。規約の解釈も含めて、法的義務があるかないかではなく、どのように実行していくかで建設的な対話の立場で行ないたい。政府の考えは文書でいただきたい」など発言し、総括所見の項目別に質問・意見を述べた。政府の回答は、社会権規約委員会で厳しい勧告が出されたにもかかわらず、全体的に委員会で説明した内容、あるいは前回の懇談会と同じ回答にすぎず、各省が勧告に対してどう取り組むかという姿勢は見られなかった。

泉課長は「NGOと建設的な対話で政府と信頼関係をつくりたい」としながらも、文書で回答することは「ひとり歩きしかねない」と否定的見解を示した。

社会権規約委員会は、総括所見を日本政府がどのように履行するかを注視している。今後も委員会と連携を深めながら、政府に実施させるNGOの粘り強い取組みが求められている。

第2回日本政府報告の審査を終えて

泉 裕泰（外務省総合外交政策局国際社会協力部人権人道課）

I. 政府報告制度の概要

経済的、社会的及び文化的権利に関する国際規約（International Covenant on Economic, Social and Cultural Rights：以下「社会権規約」という）第16条では、各締約国に対し規約履行状況について国連事務総長への報告書提出義務を課しており、各締約国政府は、締約後2年以内に第1回報告書を提出し、以後5年ごとに1度の割合で報告書を提出することになっている。報告書はまず「経済的、社会的及び文化的権利に関する委員会」（Committee on Economic, Social and Cultural Rights：以下「社会権規約委員会」という）に送付され、これにもとづき社会権規約委員会と締約国政府代表団との間の対面審査（Consideration）が実施される。このような政府報告制度は、市民的及び政治的権利に関する国際規約や児童の権利に関する条約等、他の人権関係諸条約においても一様に設けられているが、社会権規約の場合には、審査に先立ち社会権規約委員会から事前質問書（List of Issues）が送付され、締約国はこれに対し事前に書面にて回答を提出するとのプロセスが成立している。

審査は、社会権規約委員会の会期中（原則として年2回、春と秋に2週間ずつ）に行なわれ、1回の会期に7〜8カ国が対象となり、1カ国ずつ2セッション（1セッション3時間、計6時間）が実施される。審査の結果を踏まえ、社会権規約委員会は肯定的事項および懸念、勧告等を最終見解（＝総括所見：Concluding Observations）にまとめ、これを採択、公表する。

なお、これら一連のプロセスのなかで、締約国の法的義務とされているのは報告書の提出のみであり、その他の手続の詳細は国連経済社会理事会決議で採択された「経済的、社会的及び文化的権利に関する委員会議事規則」にもとづいており、厳密にいえば、他の国連決議（安保理決議を除く）と同様、法的拘束力を有するものではない。

II.　政府報告制度の意義

政府報告制度は、締約国と国連との間の対話のプロセスを通じて、締約国による規約の着実な履行を促すための国連のメカニズムであるといえる。その過程はざっと以下のようなものである。

まず報告書作成の過程で、各締約国政府は規約の国内的実施状況についての詳細なレビューを行なうこととなる。前回審査の最終見解において社会権規約委員会の勧告事項の実施に関する進捗状況についての情報を盛り込むことが求められている場合には、それを報告に盛り込むことになろう。次いで報告書審査への出席を通じて、委員会による審査というスクリーニングを経る。短時間とはいえ、審査では社会権規約全般が対象となり、委員からの質問は多岐にわたることから、政府においては報告書の作成と同様、相当な体制で臨むことになるのが通例である。

実際、ある国において規約内容の実施を担保し人権状況の改善をもっとも効果的に実現できる権限を有するのが当該国の政府であることに鑑みれば、国内的実施について一義的に責任を負う締約国政府の自主性に重きを置き、委員会と締約国との対話を通じて条約の履行を促す政府報告制度は、社会権規約の国内的実施を確保していくうえできわめて効果的な制度であると考えられる。

ここで留意しておきたいのは、政府報告制度は、締約国政府の見解を社会権規約委員会の見解の下に置くものではないこと、委員会は締約国政府との対話にあたり、社会権規約に規定された人権についての国際基準を提示するわけであるが、その基準がつねに唯一の国際基準であるというわけでないことである。また、最終見解は、当然それなりの重みをもって受け止められるべきものではあるものの、それが締約国政府に対する委員会の判決であるかのごとき見方は正確さを欠いているといわざるをえない。循環する対話プロセスのひとつの結節点と位置づけるのが適切であろう。重要なことは、このような対話プロセスの継続により、権利実現に国家の積極的施策を必要とする社会権規約の国内的実施が、各国の事情に応じて徐々に進展をみていくことであり、政府報告制度の本来の意義もこの点にあるものと考えられる。

III.　NGOの役割の増大

報告書の提出、対面審査での社会権規約委員とのやりとり、委員会からの最終見解の発出等の一連のプロセスは、社会権規約委員会と締約国政府との間で進行するプロセスであり、本来NGOについて明確な位置づけはない。

しかしながら、近年はこのプロセスにおけるNGOの関わりが大きくなってきている。具体的には、報告書審査は前述のように公開のプロセスとして多くのNGOの傍聴の前で行なわれるほか、審査会場外においてもNGOは社会権規約委員に対するロビイングを行なったり、各種のNGOレポートの提出を行なうことにより、みずからの視点（しばしば政府の視点とは異なる）にもとづく規約履行状況について委員会の理解を得ることに努める。その結果、最終見解の内容にNGOの見解が大きく反映される場合も看取されるようになってきている。このように、本来的な意味での当事者ではないものの、政府報告書を通じた締約国政府と委員会の対話プロセスにおけるNGOの役割は大きなものとなってきており、社会権委員会側からも、提出される報告書の作成過程における政府とNGOの間のいっそうの対話の実施が奨励される傾向にある。なお、第2回政府報告審査にあたっては、審査前に2回、審査後に1回、社会権規約に関心をもつNGOと意見交換の機会があった。

IV. 日本政府第2回報告の一連の経過概要

社会権規約第16条および第17条にもとづき、わが国は1998年（平成10年）8月に第2回政府報告書を国連に提出した。社会権規約委員会からの事前質問に対する政府回答は2001年7月に提出している。報告審査は第26会期（特別会期）同年8月21日にスイスのジュネーブにあるパレ・ウィルソンで行なわれた。わが国からはジュネーブ国連機関日本政府代表部大使を代表とする関係省庁（内閣府、警察庁、法務省、外務省、文部科学省、厚生労働省、国土交通省）で構成された21人の代表団が出席し、委員からの多岐にわたる質問に対し、同時通訳を介しての口頭による回答を行なった。傍聴席は満席であったが、これはわが国NGOの本件政府報告制度への関心の高さの表れと思われる。

今回の審査では、わが国に対する委員の関心は高く、たくさんの質問が寄せられた。その質問の各々に対し、代表団よりわが国における社会権規約の実施状況につき誠意をもって説明したことにより、多くの点について委員より一定の理解を得ることができたと考えている。と同時に、2セッション6時間という短い時間内に審査を行なわねばならないという時間的制約等もあり、かならずしも充分に委員の理解が得られないまま残された点もあったと考えている。とはいえ、今回の審査を機に、わが国と委員会との対話が緒についたことを歓迎する旨各委員より発言がなされたことにも表れているとおり、委員と代表団との間で建設的な対話がもてたものと考えている。

この審査を踏まえ社会権規約委員会は、採択した最終見解を8月31日夕方（現地時間）に公表した。

おわりに

社会権規約政府報告の一連のプロセスは、すでに述べたように同規約の国内的実施を促すためのものである。このプロセスの担い手である締約国政府、社会権規約委員会およびNGOの三者が、効果的な社会権規約の実施という共通目的の下に、政府報告制度、とくにNGOと政府間では意見交換会の実施等を通じて建設的に協力しあっていくことが、今後とも肝要であろう。とくに、NGOと政府はしばしば互いの立場を異にするが、それはあえて奇とするには足らない。大切なことは、それぞれの立場から協力しあい、わが国における人権状況のさらなる向上をめざすことであると考える。

＊　本稿はあくまで筆者の個人的見解であり、日本政府あるいは外務省の見解ではない点をご理解願います。

Consideration of Japan's Second Report
on the International Covenant
on Economic, Social and Cultural Rights:
the Record and Follow-up

第2部 社会権規約委員会「総括所見」を読む

社会権規約の国内的実施

今井 直（宇都宮大学）

社会権規約を含め人権条約の実施は、第一義的には国内機関に委ねられており、締約国は、条約の規定する権利を実現するため必要な立法その他の措置をとる義務、あるいは、人権を侵害された者に救済手段を提供する義務を課されている。つまり、国内的実施は、単に各国の主権や裁量の問題ではなく、明確な義務の問題である。いかなる具体的な実施方法を選択するかについては一定の選択の余地があるにせよ、締約国にはなんらかの措置をとる義務が生じており、この義務の実施が国際的な監視の下に置かれている。

社会権規約についても、「締約国の中心的な義務は、そこで認められる権利を実施することである」とされ（社会権規約委員会一般的意見第9号）、この実施に関する基本的態度が、報告審査を通じて、社会権規約委員会により評価されるのである。そうした評価の結果が総括所見で明らかにされている。

I. 第2回審査における総括所見の概観

総括所見は、「日本が国内法において規約の規定を満足のいく方法で実施していないことに懸念する」というトーンで一貫している。「規約が、立法および政策立案の過程で充分に考慮されておらず、かつ立法上もしくは行政上の提案または国会における議論でめったに言及されないこと」、「直接の効力を有しないという誤った根拠により、司法決定において一般的に規約が参照されないこと」について懸念が表明された《10》。それを受けて、規約から生ずる法的義務に対する立場を再検討すること、規約の中核的義務規定を直接適用可能と解釈すること、規約が立法上行政上の政策および意思決定過程で考慮されることを確保するため「人権影響評価」を導入することが勧告された《33》。そして、より具体的な措置として、裁判官、検察官、弁護士を対象とした規約に関する教育・研修《35》、人権に関する包括的国内行動計画の作成《36》、社会権の実現をも任務とする独立した国内人権機関の設置《38》が求められている。

一般的に国内的実施の態様として重要なものは、人権条約上の義務を履行するために行なわれる立法整備、人権条約と合致させた行政慣行、国内裁判における人権条約の適用、国内人権機関による人権条約に依拠した活動などが挙げられるが、今回の総括所見では、このいずれの局面についても、疑問が呈示されたといえる(裁判における規約の適用の問題に関しては、次掲の東澤論文「社会権規約と日本の判例」に譲る)。

II.　立法・行政レベルにおける規約の考慮

実際の報告審査では、ハント委員が「規約がすべての国内政策で考慮されることを確保するための措置として、どのようなものがあるか。たとえば、居住問題を担当する大臣が政策を検討するときに、規約で保障されている居住の権利やイスタンブール宣言はどのように考慮されるか」という質問を投げかけ〈36〉、ラトレー委員が「政府として人権影響評価を受け入れる考えはあるか」と質した〈53〉。それに対して、日本政府は「規約上の権利は人権として認識しており、諸法律にもとづいて施策で保護されている。政策決定にあたっても適切に考慮されている」と説明するにとどまった〈63〉。委員の質問の趣旨は、政策決定レベルで社会権規約を考慮するような国内的メカニズムが存在しているかどうかというものであり、政府の答弁はそれに対して真正面から答えているとはいえない。

こうした質問の根底には、社会権規約がその「漸進的達成」という文言にもかかわらず、締約国に対して「単なる意思の表明」ではなく、実質的な法的義務を課しているという認識がある。差別禁止条項、義務的無償教育など緊急事態でも制限できない中核的義務(ピレイ委員〈164〉)や即時的適用が可能ないくつかの規定(一般的意見第3号および第9号)が見出されることに加えて、一般的に権利実現の目標に向かって一定の行動を合理的短期間に(つまり即時的に)とるべき義務があり、それに関連して、後退的措置が規約上の義務に違反する可能性と、権利の実現状況をモニターし、かつ権利実現の戦略・計画を作成する義務の存在が確認されている(一般的意見第3号)。勧告された人権影響評価や国内行動計画作成は、とくに社会権規約の場合、こうした「行動をとる」義務の必然的要請であるといえる〈34、53、70〉。

日本政府も、規約上の義務は「法的な義務」と認識しているようであるが、同時にそれが「漸進的達成」義務で、個人に即時的な具体的権利を付与するものでないことを強調する〈55〉。しかし、「漸進的」義務とはいっても、それは前述のような実質的な法的内容を含んでいるのであるから、政府は、司法レベルのみならず、立法・行政上の決定に規約が及ぼす重大な法的意味をきちんと受け止めねばならない。総括所見から見るかぎり、現状はそうした方向性とはほど遠いと評価された。

第154回国会でも、政府から児童扶養手当制度や高齢者医療制度の見直しに関わる法案が提出され、審議されているが、いずれも財政緊縮策の一環として、給付額の抑制と自己負担の増大をめざすもので、制度の対象となる個人の立場からすれば現行制度からの後退という感は免れない。「あらゆる意図的な後退措置は、規約に定める諸権利の全体を参照しかつ利用可能な最大限の資源を充分に用いることを踏まえて、充分に正当化されなければならない」(一般的意見第3号)とする社会権規約の立場からの説明と検討が尽くされる必要がある。また、ホームレスの自立支援に関する法案にしても、社会権規約委員会の居住権や強制立退きに関する一般的意見(第4号および第7号)が反映された内容のものとはいいがたい。

実際、「政策決定にあたって規約を適切に考慮している」とする政府答弁は、こうした法案作成や国会審議においてどういった形で具体化されているか疑問が残る。さらに今後、失業手当引下げや生活保護の受給基準額引下げなど社会保障制度全般の後退が予想される状況のなかで(財務相の諮問機関である財政審の「03年度予算編成の基本的考え方」素案を参照)、こうした問題を単に政治や財政の問題としてのみ捉えるのではなく、人権としての社会権や社会権規約上の国家義務という法的観点から議論する場が確保されなければ、日本社会における人権のありようは相当歪んだ姿に行き着きかねないだろう。

III. 国内人権機関の重要性と可能性

問題なのはやはり、委員が質問したように、政策決定レベルで社会権規約を考慮するような国内的メカニズムが存在しているかどうか、存在しないならばどのようなメカニズムが必要なのかという点である。立法や行政自身がその政策決定過程で規約を充分考慮する慣行をつくることももちろん重要であるが、第三者的機関による評価のメカニズムを併せて導入することにより、はじめて実効的な「人権影響評価」が期待できよう。それは、規約締約国の「権利の実現または不実現の程度をモニターし、かつ権利の促進のための戦略と計画を案出する義務」(一般的意見第3号)を履行することにもつながる。この点、委員会がその早期設置を勧告したような国内人権機関《38》が潜在的可能性をもつ。

社会権規約委員会の一般的意見第10号によれば、社会権の保障のために国内人権機関が果たしうる役割として、「既存の法律と行政上の行為および法律案その他の提案が社会権規約の要求と一致するよう確保させるための精査」、「国全体や諸地域においてまたは特定の脆弱な社会集団に関連して、特定の社会権が実現されている程度を確認するための研究と調査」、「規約で認められている特定の権利の遵守のモニターおよびそれに関する報告書の公的機関と市民社会への提出」、「社会権の侵害を主張する申立の審査」などが示されている。実際に、ニュージーランド人権委員会のように、立法や政策の社会権規約違反(の可能性)を指摘する提言を行なう例もあり(1990年には大学教育の有償化に関して、1995年には高齢者に対する国の入院費用援助のために導入された所得・資産評価制度に関して)、裁判所などには担いきれない社会権保障の役割が期待できる。当然、委員会の日本に対する勧告は、こうした役割を果たす国内人権機関を前提としている〈35、67〜68〉。

ところが、第154回国会に提出された「人権擁護法案」は、新設される人権委員会の独立性やマスメディア規制をめぐる周知の問題だけでなく、この点でも批判されねばならない。この法案では、人権委員会による救済や予防の対象となる「人権侵害」を「不当な差別、虐待その他の人権を侵害する行為」と定義していて、社会権に関する言及はない。また、人権委員会は内閣や国会に対し、「必要な事項に関し、意見を提出することができる」(第20条)とされるが、法律(案)や政策に対する提言や調査報告の権限などを含むのか明らかでないし、そもそも社会権や国際人権が射程に置かれているのか疑問である(国の人権擁護責務を定める第4条は「憲法の理念にのっとり」というだけで、国際人権法に関する言及はまったくない)。こうして見ると、人権委員会が、社会権規約で定めるような社会権の保障に関して実効的な役割を果たすかどうか疑わしいといわざるをえない。

結びに代えて

以上、総括所見で懸念された社会権規約の国内的実施における不充分さは、立法上行政上の政策・行為の決定過程で規約の内容を反映させるメカニズムが全体として機能していないこと、そしてその意思も見出せないことに、まず最大の要因があるといってよい。それに裁判レベルでの軽視(東澤論文参照)が追い打ちをかけ、そうした状況の是正を妨げているのである。今日日本社会は、慢性的な不況と改善されない財政事情の下で、ますます社会保障など社会権分野での後退が顕著になり始めている。立法や行政の場に社会権規約に関する議論を導入するメカニズムをいまこそ構築しなければならないゆえんである。

●規約実施の一般的枠組み

社会権規約と日本の判例

東澤 靖（弁護士）

I. 社会権規約の国内法における地位と役割

社会権規約は、自由権規約（市民的及び政治的権利に関する国際規約）とあわせ国際人権の基本文書とされ、日本はこれら2つの国際人権規約を1979年に批准している。そして批准された条約は、憲法第98条2項の解釈により一般に国内の法律に優先する法的効力をもつものと考えられている。言い換えれば、国際人権規約で保障された権利は、国内法上、法律に優先して保障され、それに違反するような法律はその効力が否定される。

他方で、社会権規約は、憲法に比べて多様な種類の社会権を保障している。憲法で列挙されている社会権は、いわゆる生存権、教育を受ける権利、勤労の権利や労働三権でしかないのに対し、社会権規約においては、労働や労働組合に関する諸権利（第6、7、8条）、社会保障の権利（第9条）、家族、母親、子どもに対する保護（第10条）、生活水準についての権利（第11条）、健康を享受する権利（第12条）、教育に対する権利（第13、14条）、そして科学および文化に対する権利（第15条）など、実にさまざまな権利が対象とされている。しかも社会権規約委員会は、社会権規約の規定が保障する権利の範囲について一般的意見（General Comments）を採択することにより、権利を具体化することに努めてきた[1]。

社会権規約は、このような国内法的効力と、その保障する権利の多様性・具体性のゆえに、日本における社会権の実現や向上のために、大きな役割を果たすべきことが期待される[2]。

II. 裁判における社会権規約の利用状況

社会権規約は、その批准の直後から憲法訴訟において主張する権利の根拠として用いられるようになった[3]。社会権規約がもっとも頻繁に用いられているのは外国人に対する社会保障に関わる事件であり、旧国民年金法の国籍条項が在日外国人を排除した事件[4]、戦傷病者戦没者遺族等援護法や恩給法の国籍条項が在日外国人を排除した事件[5]、国民健康保険法や生活保護法の医療扶助における住所要件が在留資格をもたない外国人を排除した事件[6]などがある。外国人が救済を求める事件においては、社会保障の実体的権利を保障する規定のみならず、「いかなる差別もなしに行使されることを保障することを約束する」(第2条2項)という差別禁止条項を根拠としているところに特徴がある。

また公務員の争議行為の禁止に対してもしばしば社会権規約が援用されてきたし[7]、子どもの保護に関わる事件や住居に関わる事件においても社会権規約が用いられている[8]。社会権規約が保障する権利の多様性・具体性を考えれば、訴訟における社会権規約はより多くの分野で援用されるべきものであろう。

社会権の侵害や平等原則の違反が憲法訴訟として争われた場合、日本の裁判所はこれまで、議会の立法政策に属する(立法裁量論)、合理的な差別は許容される(合理的差別論)、あるいは公共の福祉によるやむをえない制約である(公共の福祉論)として、憲法違反の主張を退けてきた。しかし、ひとたび権利が社会権規約にもとづくものとして主張される場合、社会権規約はそのような理由によって権利を制約することを認めていないのであるから、裁判所は憲法の下での解釈法理を離れて、社会権規約そのものの違反の有無を判断しなければならないはずである。たとえ合理的差別を許容するのが憲法第14条の確立した解釈法理だとしても、社会権規約の非差別条項はそのような権利の制限を認めていない。このように憲法適合性審査とは別に規約適合性審査を行なうべきであるとする主張が、近時、法廷においてもなされるようになってきた[9]。

III.　社会権規約に関する判決例と問題点

しかしながら、先に述べたような社会権規約に関する日本の判決例は、1件の例外を除いて社会権規約の解釈および適用にきわめて消極的である[10]。判決例が社会権規約にもとづく救済を行なわない手法は、次のように分類される。

①社会権規約を、政治的義務を課すものでしかない、あるいは個人に具体的な権利を付与するものではない、と述べて、社会権規約の裁判規範性を認めない。

②社会権規約の保障する権利の範囲を憲法の保障と同一視して、立法裁量論、合理的差別論、公共の福祉論などの憲法判断の法理をそのまま適用する。

③社会権規約委員会の一般的意見や規約解釈に関するその他の国際的文書を考慮することなく、社会権規約が保障する権利を限定的に解釈する。

④社会権規約に関する判断を回避する。

とりわけ、最高裁判所においては、民事訴訟法において条約違反が上告理由とされていないことから、しばしば社会権規約違反の主張に対してなんらの判断を示すことなく、訴えを退ける例が見られる。

もちろん、判決例が社会権の裁判規範性を否定することは、これまでの歴史に照らせばまったく理由のないことではない。日本の裁判所は、生存権などの憲法の規定をプログラム規定にすぎないとして裁判規範性を否定してきた。社会権規約についても、自由権規約が即時の実施義務を締約国に課しているのに比べて、「漸進的実施義務」を課しているにすぎないといった二分法が主張されることもあった。しかし、社会権規約委員会や多くの研究は、そのような演繹的な二分法は根拠のないこと、少なくとも権利の性格ごとに実施義務の内容が吟味されるべきで、社会権規約には即時に裁判で適用可能な権利が存在することを明らかにしてきている[11]。日本の裁判所が「社会権＝プログラム規定」という不正確な思い込みで上記のような判断を行なっているとすれば、社会権規約の法的性格に対する理解はあまりにも乏しいといわざるをえない。

また、判決例が社会権規約の解釈において、憲法判断における権利制限法理をそのまま適用したり、独自の手法で権利を限定的に解釈している点については、国内法となった条約の解釈権が裁判所に属することに照らしてまったく不可能というわけではない。しかし、自国の国内法を理由に条約上の義務を履行しないことは、日本も批准する条約法に関するウィーン条約第27条（あるいは国際慣習法）により認められていない。日本の裁判所が社会権規約委員会の見解を離れて権利を制限することは、「条約の誠実な遵守」（憲法第98条2項）とはいえないであろう。

IV. 社会権規約委員会における審査の概要

審査は、社会権規約の条文に沿って、4つに分けられたパート（総論、第1〜5条、第6〜9条、第10〜12条、第13〜15条）について、委員からの質問、そして日本政府からの回答という形で行なわれた。そして最初のパートでは、7人の委員が質問を行なったが、そのほとんど全員が日本の司法における社会権規約の地位や解釈の状況を問題にした。

すなわち、規約上の義務は政治的義務にとどまらない法的義務であり、少なくとも中核的義務については、直接的適用性を否定したりプログラム規定として片づけることなく、裁判においても即時実施すべきであることが、多くの委員から指摘された（ピレイ委員〈21〜23〉、マリンベルニ委員〈28〉、サーディ委員〈44〉、グリッサ委員〈49〉、ラトレー委員〈51〉）。また、とくに差別に関しては、日本の最高裁判所や東京高等裁判所の判決例が持ち出され、「合理的差別」が日本の憲法上許容されるとしても社会権規約の中核的義務に対しては許容されていないことや、社会保障立法において重視されるべきは人間の生存の確保であって国籍の有無は「合理的理由」とはならないこと、などが繰り返し強調された（ピレイ委員〈24〉、マリンベルニ委員〈31〉、チャウス委員〈40〉）。

そのうえで、社会権規約に関する委員会の見解と日本の司法の考え方の相違を見直すべきことや（ラトレー委員〈51〉）、裁判官と政府の弁護士（訟務検事）の教育を求める意見もあった（ピレイ委員〈25〉）。こうした数々の厳しい指摘の背景には、日本における社会権規約の解釈は、日本が地域的に重要な国であり経済大国であることを考えれば日本国内の問題にとどまらないこと、むしろ社会権規約の実現において地域全体に国境を越えた影響を及ぼすことを考えてほしい、との期待が込められていた（ラトレー委員〈52〉）。

以上のような委員たちの指摘に対して、日本政府代表は、社会権規約の義務の性格が法的義務であることは認めたものの、社会権規約は個人に対して即時に具体的な権利を付与するものではない、規約で保障された権利は憲法や国内法令で保障されている、規約は合理的差別を認めている、といったこれまでの見解を繰り返すだけであった〈55、56〉。審査の時間上の制約もあり、議論はこれ以上深まることはなかった。しかし、このような見解の相違を少しでも埋めていくためには、委員会が差別の禁止など中核的義務や即時実施可能なものとしてこれまで詳しく検討してきた個々の権利について、日本政府がどのような根拠をもって、どの範囲において義務の中核性や即時実施可能性を否定するのか、具体的に明らかにして対話を行なうべきであろう。また、そのような日本政府の社会権規約の解釈は、ひとり国内の問題としてだけではなく、日本が影響を与えるであろう国際社会への通用性や合理性を考慮にいれて行なわれるべきことは、いうまでもない。

V. 日本の司法に関する総括所見

以上のような日本政府報告書審査を経て、社会権規約委員会は、日本の司法における社会権規約の地位についての懸念事項と勧告を含む総括所見を採択した。

総括所見は、まず、「委員会はさらに、規約のいずれの規定も直接の効力を有しないという誤った根拠により、司法決定において一般的に規約が参照されないことに懸念を表明する。締約国がこのような立場を支持し、したがって規約上の義務に違反していることはさらなる懸念の対象である」《10》と述べて、日本の司法がしばしば社会権規約の裁判規範性を否定してきたことの誤りを指摘する。後段の文章は、そのような司法判断が訴訟における国側の主張にもとづいてなされている状況を正確に理解したうえで、社会権規約委員会がそのような主張を行なっている日本政府に対しても懸念を表明したものである。

さらに総括所見は、裁判所の差別に対する判断方法についても、「委員会は、締約国に対し、規約第2条2項に掲げられた差別の禁止の原則は絶対的な原則であり、客観的な基準にもとづく区別でないかぎりいかなる例外の対象ともなりえないという委員会の立場に留意するよう要請する」《39》との勧告を行なった。日本の裁判所が、社会権規約の差別禁止原則すらも立法裁量の対象と考えたり、合理的差別を許容するものであると解釈していることが、本来の社会権規約の解釈とは相容れないことを明らかにした。とりわけ婚外子に対する相続分をはじめとする差別に対しては、「委員会は、締約国に対し、近代社会では受け入れられない『非嫡出子』という概念を法律および慣行から取り除くこと、婚外子に対するあらゆる形態の差別を解消」《41》することを促す厳しい勧告を行なっているが、これは日本の最高裁判所が婚外子差別をいまだに許容していることを認識したうえでの勧告であった。

そのうえで総括所見は、このような問題点を抱える日本の裁判所に対し、「規約から派生する法的義務に対する立場を再検討すること」、「少なくとも中核的義務との関係では規約の規定を実際上直接適用が可能なものと解釈することを、促す」《33》との勧告を行なった。そして裁判所も含む日本の司法全体に対し、「委員会はまた、締約国が、規約に関する知識、意識および規約の適用を向上させるため、裁判官、検察官および弁護士を対象とした人権教育および人権研修のプログラムを改善するようにも勧告する」《35》として、人権教育の実施や充実を勧告している。これは社会権規約をはじめとする人権についての理解が、裁判官のみならず日本の司法全体の課題であることを指摘するものであった。社会権規約で保障された権利を実現することは締約国の義務であり、日本の司法は、社会権規約の実務や理論についての理解を深めることにより、国際基準との溝を小さくしていく努力が求められている。

VI. 社会権規約の可能性

社会権規約は、自由権規約に比べてこれまで存在感が薄いものとされてきた。

しかしその内容を見れば、裁判所での社会権の審理のためにまだまだ活用できる可能性をもっている。今回の総括所見は、日本に司法に対する厳しい注文というよりも、その可能性を示唆するものと考えるべきであろう。

1　権利の解釈について採択された一般的意見は、国際技術援助措置(第2号)、充分な住居への権利(第4号)、障害をもつ人の権利(第5号)、高齢者の経済的、社会的および文化的権利(第6号)、充分な住居への権利:強制立退き(第7号)、初等教育のための行動計画(第11号)、充分な食料への権利(第12号)、教育への権利(第13号)、健康への権利(第14号)などがある。

2　社会権規約のもつ可能性については、拙稿「社会権規約の可能性とNGOの役割」自由と正義53巻3号(日本弁護士連合会、2002年3月)参照。

3　社会権および社会権規約に関する国内裁判例の一覧および判旨は、「経済的、社会的及び文化的権利に関する国際規約第16条及び第17条に基づく第2回日本国政府報告書についての日弁連報告」(2001年3月2日)の付属資料に収集、掲載されている。また、岩沢雄司「International Law, Human Rights, and Japanese Law」(Clarendon Press/Oxford 1998)、拙稿「日本における社会権規約の利用状況」(社会権規約NGOレポート連絡会議編『社会権規約と日本2001』〔エイデル研究所、2001年〕25頁)参照。

4　東京地裁昭和57年9月22日判決(判例時報1055号7頁および20頁)、東京高裁昭和58年10月20日判決(判例時報1092号31頁)、大阪高裁昭和59年12月19日判決(判例時報1145号3頁)、最高裁第一小法廷平成元年3月2日判決(判例時報1363号68頁)、大阪地裁平成6年3月24日判決(判例タイムズ855号181頁)など。

5　最高裁第三小法廷平成4年4月28日判決(判例タイムズ787号58頁)、東京地裁平成6年7月15日判決(判例時報1505号46頁)、大津地裁平成9年11月7日判決(訟務月報45号1205頁)、京都地裁平成10年3月27日判決(訟務月報45号1259頁)、東京高裁平成10年9月29日判決(判例時報1659号35頁)、大阪高裁平成11年10月15日判決(判例時報1718号30頁)、最高裁第一小法廷平成13年4月5日判決(判例タイムズ1063号109頁)、最高裁第三小法廷平成13年4月13日判決など。

6　神戸地裁平成7年6月19日判決(判例地方自治139号58頁)、東京地裁平成7年9月27日判決(判例時報1562号41頁)、東京地裁平成8年5月29日判決(判例時報1577号76頁)、東京高裁平成9年4月24日判決(判例時報1611号56頁)、東京地裁平成10年7月16日判決(判例時報1649号3頁)など。

7　東京高裁昭和61年8月14日判決(労働判例481号27頁)、東京高裁昭和63年11月15日判決(労働判例532号77頁)、東京地裁平成元年10月31日判決(訟務月報36号1406頁)、仙台高裁平成2年3月30日判決(労働判例579号52頁)、最高裁第三小法廷平成5年3月2日判決(判例タイムズ817号163頁)、東京高裁平成7年7月28日判決(労働判例674号10頁)、最高裁第二小法廷平成12年3月17日判決(労働判例780号6頁)など。

8　東京高裁昭和62年12月16日判決(判例時報1268号23頁)、京都地裁平成3年2月5日判決(判例時報1387号43頁)、大阪地裁平成5年6月18日判決(判例タイムズ844号183頁)など。

9　社会権規約を含む国際人権条約の訴訟での利用法については、日本弁護士連合会編

『国際人権規約と日本の司法・市民の権利――法廷に活かそう国際人権規約』(こうち書房、1997年)を参照。

10　東京高裁昭和58年10月20日判決(判例時報1092号31頁)は、国民年金法の国籍条項について、「昭和54年以来我が国は国際人権規約(A規約)9条により外国人に対しても社会保障政策を推進すべき責任を負っており、……控訴人の右信頼に反してまで国籍要件を維持・貫徹する必要性が公益上存するものではないと解されるからである」として、違法の判断をする理由のひとつとしている。

11　一般的意見第3号「締約国の義務の性格(規約第2条1項)」、一般的意見第9号「規約の国内適用」参照。社会権規約委員会は、裁判で即時適用が可能な権利として、差別禁止条項(第2条2項、第3条)、男女の同一労働条件(第7条a-i)、労働基本権(第8条)、子どもの保護(第10条3項)、無償初等義務教育や教育の自由(第13条2、3、4項)、科学研究・創作活動の自由(第15条3項)などを挙げている。社会権規約の義務の性格に関する文献は多いが、主要なものとしては、申惠丰著『人権条約上の国家の義務』(日本評論社、1999年)333頁、宮崎繁樹編著『解説 国際人権規約』(日本評論社、1996年)26頁など。

＊　この論稿は、法学セミナー2002年3月号に掲載された「社会権規約をどう実現するべきか」を修正、加筆したものである。

●差別の禁止

「合理的」差別の概念を廃止し差別禁止法の制定を

平野 裕二（ARC）

差別の禁止の原則（社会権規約第2条2項）は国際人権法上の基本原則であり、今回の審査でも重要な問題のひとつとして取り上げられた。

問題のひとつは、他の人権条約にもとづく日本の政府報告書の多くに共通するものであるが、報告書において差別の実態が充分に明らかにされていないことである。政府報告書は、日本国憲法をはじめとする国内法の差別禁止規定を列挙し、関連の政策を紹介するだけにとどまっている。このような報告書のあり方については、グリッサ委員から、「どんな国にも美しい法律はありますとも。しかし、法律の下に何があるのか、法律の前に何があるのか、法律の背後に何があるのか、私たちがいちばん関心があるのはそこなのです」などと批判された〈115〉。

I. 規約第2条2項の義務の性質をめぐって

しかし、主として問題にされたのは、第2条2項の義務の性質をめぐる政府および裁判所の理解である。第1に、第2条2項の規定は自動執行力を有するか。言い換えれば、第2条2項の規定をそのまま裁判所等で適用することは可能か。第2に、第2条2項にもとづく義務は即時的なものか、あるいは規約の他の条項と同様に「漸進的」に達成されるべきものか。第3に、第2条2項では「合理的」な区別（差別）が認められるか。

第1の点については、ピレイ委員が、日本では人種差別撤廃条約に自動執行力が認められていないと認定した人種差別撤廃委員会の所見（2001年3月、パラグラフ10）にも触れながら、「規約第2条2項に挙げられた事由にもとづく差別を非合法化するためには、具体的な法律が制定されなければならないのですか」と質している〈20〉。政府代表は、第2条2項の自動執行力について明確な説明は行なわなかったものの、規約上の権利は日本国憲法および各種国内法令等によって保障されているので新規立法は必要ないと答弁した〈55、64〉。

第2の点については、1999年10月15日の大阪高裁判決（在日韓国人に対する戦傷者等援護法不適用事件＝姜富中氏事件）が、規約の「漸進的達成」義務を根拠に第2条2項の自動執行力を否定した例がある。マリンベルニ委員は、NGOから情報提供があったこの判例に触れて、「差別の禁止の原則は漸進的にではなく即時的に実現できる権利であり、そのように適用されるべきものです。漸進的実現というのはほかの権利については当てはまるかもしれませんが、差別の禁止に関わる権利については当てはまりません」などと強調した〈31、104〉。ピレイ委員も同様の指摘をしている〈24〉。この点について、政府代表から明確な答弁は行なわれていない。

第3の「合理的」な区別（差別）は、多くの委員から批判された概念である。政府の文書回答は、第2条2項は「合理的な理由のない差別を禁止する趣旨であって、各人に存する経済的、社会的その他種々の事実関係上の差異を理由としてその法的取扱いに区別を設けることは、その区別が合理性を有する限り、右規定に違反するとはいえない」と判示した判例（外国人に対する生活保護法不適用事件、東京地裁平成9年4月24日判決）を紹介している。

ピレイ委員はこの判例について、第2条2項は即時的実施を求められる中核的義務であるという前提にもとづき、「憲法規定に関するかぎりは〔合理的区別という考え方が〕適用可能かもしれませんが、規約上課されている中核的義務に関しては適用できないのです」と指摘して、裁判官や政府の弁護士を教育する必要性を強調した〈24～25〉。チャウス委員も、「経済的・社会的性質の差異というときには、申請者の国籍ではなく、申請者の資産、利用可能な経済的資産、申請者に生活上のニーズがあるかどうかが参照されなければならないのです」として、社会権規約の適用上、国籍にもとづく区別は合理的な区別とはいえないと批判している〈40〉。

こうした指摘に対し、政府代表は、「自由権規約第26条にも同様の差別禁止規定があるがそこでは合理的区別が認められており、社会権規約第2条2項も同趣旨と考えている。差別ではなく、合理的な区別である。憲法も絶対的平等は保障しておらず、合理的な区別を排除するものではない」旨の答弁を行なった〈56〉。これに対しては、マリンベルニ委員から「一定の場合には差別が合理的になりうるなどとどうしておっしゃれるのか、本当にわかりません。とくに、外国人に経済的・社会的権利を否定するために国籍を利用できるというのはわからないところです」〈104〉、サーディ委員から「このような考え方があらゆる人権機関の解釈に反しており、濫用されかねない危険な先例となる」〈113〉という批判がそれぞれ出されている。

II.　差別禁止のための立法を

そもそも「合理的差別」という概念は、自由権規約委員会からも「客観的基準が存在しなければ規約第26条と両立しない」と認定されたものである（1998年11月、日本の第4回報告書に関する総括所見パラグラフ11）。同時に、このような姿勢が同委員会の指摘にもかかわらず変化していないことを暗に批判されてもいる（同）。にもかかわらず前述のような答弁を行なうことは、人権条約機関との対話に対する政府の不誠実な姿勢を示すものである。

社会権規約委員会の総括所見でも、政府や裁判所が「差別の禁止の原則は漸進的実現および『合理的な』または『合理的に正当化しうる』例外の対象になると解釈していること」に懸念が表明され《12》、「差別の禁止の原則は絶対的な原則であり、客観的な基準にもとづく区別でないかぎりいかなる例外の対象ともなりえない」という委員会の立場に留意するよう要請されるとともに、このような立場にしたがって差別禁止立法を強化することが「強く勧告」された《39》。

このような勧告は、在日韓国・朝鮮人をはじめとするさまざまなマイノリティ・グループへの差別が根強く残っていることを背景としたものである。さまざまな差別を解消するための実効的措置をとる必要性は、アフメド委員〈92〜94〉、ウィマー委員〈98〉、サーディ委員〈112〉など多くの委員から指摘された。とくに在日韓国・朝鮮人については、歴史的経緯も踏まえ、日本人と同様に社会権を保障すべきであるとの指摘がチャウス委員からなされている〈108〜109〉。

委員会の勧告にしたがって「差別禁止立法を強化する」ためには、やはりなんらかの立法措置が必要である。人種差別撤廃委員会から「人種差別を禁止する特別法の制定」を促されていることも踏まえれば（2001年3月、総括所見パラグラフ10）、国際人権法上の差別禁止事由を体系的にカバーし、効果的な救済手段（必要に応じて刑事罰も含む）を提供する独立の差別禁止法を制定することが適当であろう。このような法律の制定にあっては、表現の自由を不当に制限したり、萎縮させないような配慮などが不可欠であるが、このような法律を制定することにより、異なる取扱いがどうしても必要な場合にはその「客観的な基準」を明らかにすることもできる。その際、国籍を理由に恩給・軍人年金等の権利を奪われてきた人々の権利回復と補償も視野にいれるべきである。アフメド委員から指摘されたように、「いまなおさまよっている本質的に差別的な過去にきっぱりと別れを告げること」〈93〉が求められている。

「差別の禁止原則」とマイノリティの権利

熊本 理抄（反差別国際運動日本委員会）

I. 対象とされたマイノリティ集団と社会権

「マイノリティ」として決してひとくくりにできないという認識を踏まえたうえでだが、社会権規約委員会（以下、委員会）が採択した総括所見をマイノリティの権利という視点から見ると、非常に抽象的で狭義の社会権への言及という印象を受けた。

日本政府が政府報告書の中では報告していない、もしくは報告が不充分であるが、社会権規約の対象となる「主体（集団）」として、NGOは、女性、被差別部落出身者、子ども、在日コリアン、外国人（ニューカマー）、中国帰国者、障害のある人々、HIV感染者およびAIDS患者、ホームレスの人々、難民（申請者）、入管被収容者、同性愛者、ハンセン病（元）患者、アイヌ民族、沖縄住民を挙げた（社会権規約NGOレポート連絡会議編『社会権規約と日本2001』参照）。しかし、総括所見で明示的に触れられたのは、女性《7、8、15、16、17、43、44、51》、子ども《8、16、31、32、43、58、59、60》、部落の人々《13、40》、沖縄の人々《13、40》、先住民族であるアイヌの人々《13、18、40、45》、在日コリアン《13、30、32、40、60》、障害のある人々《25、52、54》、ホームレスの人々《29、30、56、57》のみにとどまった。

また、対象となる権利（問題）についても、各主体（集団）別に、多岐に及ぶ詳細な問題提起がNGOからなされていたが、総括所見では、「日本社会のあらゆるマイノリティ集団に対し、とくに雇用、居住および教育の分野で行なわれている法律上および事実上の差別と闘うため、締約国がひきつづき必要な措置をとるよう勧告」されたのみであった《40》。「外国人の、公正かつ良好な労働条件に対する権利、社会保障および保健サービスに対する権利、ならびに患者の権利」については、今回の審議では充分に扱えなかった問題として、政府は次回の報告書に広範な情報を提供するよう委員会から要請され、緊急性を帯びる課題であるにもかかわらず、先送りされる形となった《61》。

II. マイノリティによる共通の獲得目標設定と戦略づくり

教育の分野では、言語的マイノリティのための母語による教育の導入、マイノリティの学校およびとくに朝鮮学校の正式認可および許可による補助金などの財政支援、マイノリティ学校の卒業資格を大学入学試験の受験資格として承認すること、について勧告が出された《60》。しかし、差別の禁止の原則と教育への権利の関わりを重要視している委員会だからこそ、マイノリティの抱える実態認識と是正措置のために、差別の禁止、マイノリティの権利、そして教育の関係性から導き出されるさらに具体的な勧告を求めたかった。社会権(規約)が非常に広い範囲に及ぶにもかかわらず、狭い範囲でしか言及されていないのは、社会権(規約)に関する理解を狭めてしまうおそれがあるが、しかしこれは裏を返せば、以下のような視点でのマイノリティの運動の戦略不足でもあったといえるだろう。

第1に、社会権(規約)の主張にもとづき、政府に即時実施義務のある分野における獲得目標と長期的視野に立って内容を充実・豊富化させていく必要のある分野における獲得目標の両方をはっきりさせ、そして、それらの実現に向けた戦略を鮮明に打ち立てることが必要であろう。

第2に、マイノリティ間の共通・個別の具体的な獲得目標の設定と戦略づくりを行なうためにも、マイノリティ同士でぜひとももっと自分たちの課題や運動の経験を共有しあいたい。なぜなら、マイノリティの運動が、日々の生活のために不可欠な個別の権利を即時保障するよう要求しながらも、一方でもっとも重要視し、現場で大切にしてきたのは、長期的視野に立ったプログラムづくりの運動であったからだ。そして、この自分たちの権利保障の運動が社会に大きな貢献をもたらし、人権文化を根づかせるための社会の基盤づくりを行なってきたからだ。

第3に、委員会から指摘されている国際協力と支援の重要性という点においてだが、教育などの権利を求めて運動をしている他国のマイノリティたちと私たち日本のマイノリティの運動が、国際人権基準と草の根の運動とのつながりを視野に入れて、それぞれの課題や経験を共有し受信・発信しあいながら、国境という枠を越えた国際連帯をさらに推し進めていくことが必要であろう。

III. 差別の禁止とマイノリティの権利

委員会は、社会的に弱く不利な立場に置かれている人々の現状認識と権利保障のための政策実施、そして差別の禁止の原則を非常に重要視している。その委員会は、総括所見において、「差別の禁止の原則は絶対的な原則であり、客観的な基準にもとづく区別でないかぎりいかなる例外の対象ともなりえないという委員会の立場」にしたがって、「差別禁止立法を強化するよう強く勧告」している《39》。審査では、この原則への委員会の見解が再確認され、日本政府がこれまで一貫して「合理的差別」を認めてきたことに対して厳しい指摘がなされたが(ピレイ委員〈22、24〉、マリンベルニ委員〈31、104〉、タパリア委員〈100〉)、マイノリティが受ける具体的・現実的・個別的差別については所見でも触れられず、一般的・抽象的なものにとどまってしまっている。

しかし、各国の政府もNGOも、差別禁止立法などに関して、各国の事情を踏まえたうえでの議論を真剣に深めていないからこそ、その反映として国連からの勧告が一般的・抽象的なものにならざるをえないという反省に私たち自身が立ち返る必要があろう。国連からの一般的・抽象的な勧告をいかに具体的なものにしていくかは各国の関係者が担うべき責任であるという課題が見えてくる。

IV. 基準づくりの必要性

委員会が個別権利上の「最低限度の基準」と指摘するように、NGO・弁護士・研究者の側も、個々の差別撤廃の施策を求める際に、社会権(規約)にもとづく権利の主張と政策提言の実績を積み重ね、社会権(規約の規定)のすべてが国内の政策立案に反映されるようなシステムづくりと、判例や条例などの一定の客観的な基準づくりを行なっていく必要があろう。

基準づくりにおいては、国内のみの取組みに限らない。委員会は、住居、教育、食料、健康に対する権利など、個別の権利に関する具体的な一般的意見を作成している。また、主体別には、障害のある人および高齢者の権利についての一般的意見を作成している。一般的意見第5号「障害のある人」では、締約国に対して、障害のある人々の権利享受を確保するために、規約の規定をさまざまな観点から守らなくてはならないとしている(申惠丰「翻訳・解説『経済的、社会的及び文化的権利に関する委員会』の一般的意見」青山法学論集38巻1号〔青山学院大学法学会、1996年〕110頁〜123頁参照)。「障害のある女性の受ける二重差別」、「障害に関する包括的な反差別立法」についても触れられている。こうした基準を私たちが国内における取組みの参考にするとともに、マイノリティの各集団別に関する一般的意見を作成するよう、委員会に働きかけ、国際的な基準づくりに関与していくことも必要であろう。

V.　総括所見を実施していくにあたって

その具体性には問題があるにしても、改正男女雇用機会均等法、男女共同参画社会基本法および同法にもとづいて各地方自治体レベルで制定に向けた取組みが進められている条例、DV防止法など、女性の人権に関する国際的基準を国内で実現し、国内の法制度を整備しようという大きな流れをつくってきた女性運動の経験は、他のマイノリティの運動が大いに学びたいところである。

また、3つのILO条約（第105号、第111号、第169号）に関しても、委員会から、その批准の検討について提案がなされている。先駆けて、2001年3月、人種差別撤廃条約に関する第1・2回日本政府報告書を審査した人種差別撤廃委員会は、「先住民族および種族民族に関するILO第169号条約を批准し、またはそれを指針として用いるよう要請する」という勧告を出した（パラグラフ17）。

国際人権主要6条約の審査の際に繰り返し議論されてきたことであるが、国際人権主要6条約およびその他の国連専門機関の関連文書との連携、マイノリティ間のネットワークの重要性を今回の審査を通してもあらためて痛感する。日本政府の「差別撤廃」「マイノリティの権利保障」に対する見解や姿勢は、各条約機関からいく度となく批判されてきた。差別の禁止の原則、教育・文化、反差別立法、マイノリティの権利保障は、各条約機関がもっともといっていいほど重要視している分野である。私たちは、各条約機関が作成した一般的意見などの国際基準や日本政府に対して出された勧告、他国の成功例、日本のNGOが作成するレポートなどをいっそうクロスさせ、個別および共通の獲得目標を定め、政策提言、運動のネットワークづくり、調査・研究など、さまざまな側面からの、目標の実現に向けた具体的な取組みがもっと必要なのではないだろうか。

社会へのマイノリティやNGOからの語りかけ、あらゆる立場に身を置く人々の意識啓発もこれからさらに重要となる。グローバル化が進行するもとで、経済・社会・政治・文化・宗教などのあらゆる分野において私たちが直面しているさまざまな問題は、「社会的弱者」をますます「社会的弱者」へと追いやり、問題の責任をマイノリティへと転嫁するようになっている。このような社会において、私たち市民ひとりひとりが自立・自律と自己実現・自己責任のもとで、自分らしく生きやすい社会をつくっていくためには、共に生きるマイノリティの権利実現が不可欠なのである。市民ひとりひとりの意識と行動を醸成していくことも私たちの課題であろう。

●女性に対する差別の禁止

事実上の男女平等に向けての重い課題

申 惠丰（青山学院大学）

I. 総論

社会権規約上、締約国は、規約上の権利が人種、皮膚の色、性などによるいかなる差別もなく行使されるよう保障することとされ（第2条2項）、さらに男女平等については、規約上のすべての権利の享有についてこれを確保することが義務づけられている（第3条）。「すべての適当な方法により……権利の完全な実現を漸進的に達成するため……行動をとる」（第2条1項）との文言から一般に「漸進的実現の義務」を課したものとされる社会権規約にあって、第2条2項と第3条は「保障」「確保」という強い義務づけ（権利を尊重し及び「確保」するとした自由権規約第2条1項と同旨）を行なう規定であることから、権利享受における平等は漸進的実現には服さないということが、学説上支持され、また社会権規約委員会の一貫した立場でもある（一般的意見第3号パラグラフ1など）。差別のない権利享受はまた、そのことから、社会権規約上、権利侵害の場合に直接規約を適用して司法的救済を与えることがもっとも想定されやすいもののひとつとされている（同意見パラグラフ5など）。しかしながら、社会権規約の差別禁止規範のこのような解釈は日本ではこれまで実務の場にまったく反映されておらず、裁判所が第2条2項や第3条を適用して違法な差別を認定し、権利救済を行なった例はない（ただし、規約の実体規定に関して、外国人にも平等の扱いをすべきことを考慮して原告の訴えを認めた事例はある。国民年金の受給をめぐる東京高裁1983〔昭和58〕年10月20日判決、判例時報1092号31頁）。

男女平等について総括所見はまず「積極的な側面」として、日本が男女平等を促進しようとしており、また2000年には「男女共同参画基本計画」を策定したことや《7》、配偶者からの暴力に関するいわゆるドメスティック・バイオレンス（DV）防止法の制定によって女性を暴力から保護するための措置をとったことなどを評価している《8》。しかし他方で総括所見は、「主要な懸念事項」として、差別の問題に多くの項目を割き(差別禁止原則の一般的な解釈をめぐって《12》、権利主体および分野ごとの個別の問題について《13〜18、24〜25》など)、このうち女性に対する差別に関しては、法的にはともかく事実上の問題として残っている男女の不平等や格差の存在を複数の箇所で立ち入って指摘した《15、17、24》。そのほかにも、男女平等に関わる点では、ドメスティック・バイオレンスやセクシャル・ハラスメントの現状《16》や、雇用および職業における差別禁止に関するILO条約の未批准について《18》などが挙げられる。そして、これらを受けて、「提案および勧告」では、男女平等について、新法の採択を含む多くの具体的な勧告がなされた(裁判官らに対する人権教育という一般的なことがらに関する《35》、第2条2項の差別禁止原則の絶対性を述べた《39》のほか、とくに男女平等の確保に関するものとして《42〜44、51》。また、上記を含むILO条約の批准に関して《45》)。

社会権規約と裁判、および差別禁止原則一般についてはそれぞれ別稿で取り扱われるので、それらについては必要な範囲で触れるにとどめ、ここでは、男女平等の確保に関する事項に絞って検討することとしたい。

II. 政治的意思決定、および雇用・労働条件・賃金における事実上の男女格差の指摘

1999年施行の男女共同参画社会基本法、2000年採択の男女共同参画基本計画など、政府が近年、「男女共同参画社会」の実現に向けてさまざまな取組みを行なってきていることは周知のとおりであり、委員会もこれを一応評価している《7》。しかし、政府報告書を批判的に検討したNGOの報告書が共通に指摘していたように(日本弁護士連合会『経済的、社会的および文化的権利に関する国際規約第16条および第17条に基づく第2回日本国政府報告書についての日弁連報告』2001年〔以下、日弁連報告と略称〕9〜10頁、社会権規約NGOレポート連絡会議「社会権規約NGOレポート」『社会権規約と日本2001』〔以下、NGOレポートと略称〕58〜60頁)、上記基本法は単に社会参加の機会の均等をめざしたものにとどまり、社会活動における実質的な男女平等を保障するための積極的な措置や、性差別に対する罰則などを盛り込んでいるわけではない。日本における女性の社会参加の現状をみるとき、もっとも深刻な問題のひとつは、国政をはじめとする政治の意思決定の場における女性の参画がいまだきわめて遅れていることである。また、行政の上級職に女性が占める割合も非常に少なく、民間企業でも、管理職についている女性の割合は同様に少ない。これらの点について総括所見は「職業上の立場お

よび意思決定に関与する立場(代議制の政治機関、公的サービスおよび行政ならびに民間部門のいずれをも含む)に関して、女性に対する差別が広く行なわれていることおよびいまなお事実上の男女の不平等が存在することに、懸念を表明する」としたが《15》、これは、上記のNGOの報告書が述べていたような事実上の不平等の問題を明確に指摘したものといえる(〈86、87、117、131〜137、148〉等参照)。

また、雇用における男女平等に関して、現存する重大な問題は、賃金ならびに、配置、昇進・昇格における著しい男女格差である。政府は報告書において、日本はILO第100号条約(同一価値労働同一賃金報酬に関する条約)を批准しており、これに適合するよう法制度の確保を図っているとした(第7条に関する記述)。しかし、女性差別撤廃条約批准に伴って男女雇用機会均等法が制定・施行されたものの、これ以降「総合職」「一般職」というコース別採用制をとる企業が増え、一般職には事実上女性のみがあてられてきたことは広く知られているとおりである。こうしたコース別振分けが、賃金体系や入社後の昇進・昇格における男女間の明らかな相違に直結することとなる。同法は1997年に改正され強化されているが、にもかかわらず現実の格差は縮小どころか拡大する傾向にあることを、NGOの報告書はともに指摘している(日弁連報告12〜13頁。NGOレポートは60〜63頁で、法改正後に企業で横行している差別の慣行について、実態を明らかにしている)。さらに、女性の場合、家事負担の重さや専業主婦優遇の法制との関係でパートタイムや派遣など非正規雇用者の割合が多いことも、賃金格差に反映されることとなっている。総括所見はこうした問題について、「同一価値労働に対する賃金に関してひきつづき事実上の男女格差が存在すること、および、とくに、女性を主として事務職として雇用し、専門職に昇格する機会をほとんどまたはまったく与えないという慣行が多くの企業で根強く行なわれていることも、懸念する。このような不平等は、1997年の男女雇用機会均等法改正のような、締約国がとった立法上、行政上その他の措置にもかかわらず根強く残っているものである」との懸念を表明した《17》。

以上の諸点について、「提案および勧告」では、差別禁止立法を強化すべきという強い勧告のほか《39》、とくに、「とりわけ雇用、労働条件、賃金ならびに代議制の政治機関、公的サービスおよび行政における地位の向上の分野でいっそうの男女平等を確保することを目的として、現行法をいっそう精力的に実施し、かつ適切なジェンダーの視点を備えた新法を採択するよう促す」《42》、また、「雇用機会均等法のような現行法、ならびにILOが言及しているコース別雇用管理に関する指針のような関連の行政上その他のプログラムおよび政策をいっそう積極的に実施することにより、かつ同趣旨の適切な措置を新たにとることにより、同一価値労働に対する賃金に関して事実上の男女格差が存在するという問題に締約国がひきつづき対応するよう強く勧告する」《44》という提案・勧告がなされた。上記の懸念事項と、これらの提案・勧告とを併せ読むと、雇用・労働条件・賃金、および代議制政治機関や行政における女性の地位に関して根強く残る事実上の男女格差の問題に対しては、雇用機会均等法などの現行法の実施の徹底を図ることはもちろんであるが、それだけでは不充分であり、新法の制定を含め、新たにより実効的な措置をとって対処することが必要と見なされたといえよう（〈87、101、115〜116、132〜133、139〜143、146〜147、170、194、199、235〜237〉等参照）。

均等法の実施であるが、同法は法改正により強化が図られ、たとえば、従前は両当事者の合意が必要であった調停制度は、企業側の同意がなくとも手続が開始されうることとなった。しかし、この調停制度も迅速に実施されているというにはほど遠く、また、調停委員会は是正命令等の強制力をもつものではないため、実効的な解決をもたらすものとはいいがたい。他方で、女性が長年にわたる賃金や昇進・昇格上の差別を裁判に訴えた事例では、女性のみを補助的業務につけて低い処遇をすることは違法であるとしつつも、数十年前の雇用時における性別役割分業意識などからすると公序良俗違反とはいえないとして差別の存在を否定するといった判決が相次いで出されている（住友電工事件、大阪地裁2000〔平成12〕年7月31日判決〔判例タイムズ1080号126頁〕など）。さらに、たとえ差別が認定されても、昇進・昇格の地位確認まで行なった判決は一審判決・高裁判決で各1件のみであり（日弁連のまとめによる。日弁連報告14頁）、ほかは過去の損害賠償の救済にとどまっている。このような状況では、時間も費用もかかる裁判での救済に希望を見出せず、泣き寝入りしてしまう女性が多くなるのも当然であろう。

このような現行の均等法とその実施の限界を見ると、総括所見が「適切なジェンダーの視点を備えた新法」の制定を促していることは意義深い。たとえば上記の住友電工事件で裁判所は、男性事務職に職種転換試験を受けさせてほぼ全員を専門職としたのに対し女性事務職には受験を認めなかったことは違法と認めたものの、同じ試験を女性にも受けさせるというだけでなく、女性にも男性と同様の教育・訓練を行なうべきであり、また、女性がこれまで従事してきた職務に合わせた試験内容に改定した職種転換試験を受けさせるべきであるとした原告女性の主張に対しては「結果の平等を求めるに等しいもの」として退けている。しかし、職務のうえでも教育・訓練のうえでも男性と異なり不利な立場に置かれてきた女性たちに対して、もともと有利な立場にある男性を想定して作られた試験を受けさせることは、決して実質的な意味での平等を保障したものとはいえないであろう。それは、単に形式的に機会を与えるというにすぎず、いってみれば、イソップ童話の、キツネがツルを招いておいてツルの飲めない容器で飲み物を出す話のようなものである（浅倉むつ子「近代的平等の落とし穴」書斎の窓511号〔有斐閣、2002年〕36〜37頁）。昇進・昇格差別に関わるこのような問題に対して、現在の均等法も裁判所も実効的に対処できていない。単なる機会の平等をめざすのではなく、女性の置かれた社会的立場に対して充分な配慮をした新たな法の制定に向けて、早急に検討を始めることが強く望まれる。

なお雇用に関して、総括所見ではまた、雇用および職業における差別禁止に関するILO条約の未批准が「懸念事項」のひとつに取り上げられ《18》、これを批准することが勧告された《45》。

III. 年金における事実上の男女格差の指摘

年金における男女格差の問題は、今回の総括所見で個別に段落をあてて取り上げられている。社会権規約は第9条で、締約国は「社会保険その他の社会保障についてのすべての者の権利を認める」こととしており、年金はいうまでもなくここでいう社会保障に含まれる。そして、本条の権利は、その完全な実現については漸進性が認められているものの、規約上の他の権利と同様、第2条2項および第3条という一般規定によって、差別のない権利享受の保障・確保が締約国に義務づけられている。社会権規約委員会は報告審査にあたっては、各権利について、当該国の人口のうち法律上または事実上権利の享受から除外されているグループがあるかどうかという、社会の中でとくに脆弱な立場の人々の状況をつねに検討の焦点としているが（委員会が作成した「国家報告ガイドライン」。翻訳・解説は申「経済的、社会的及び文化的権利に関する国際規約の国家報告ガイドライン」青山法学論集41巻1・2・3合併号〔1999年〕148頁以下を参照）、第9条についても同ガイドラインは「6. 国内において、社会保障に対する権利を、まったく、又は人口の多数より顕著に低い程度にしか享受していないグループがあるか否か示すこと。特に、この点で女性の状況はどのようなものか。そのような社会保障の不享受について具体的に述べること。(a) 社会保障に対する上記のグループの権利の実現のために政府はどのような措置が必要と考えているか示すこと」などとしている。

政府報告書は公的年金制度について、性別によって細分化したデータを示していないが、女性の年金については、専業主婦であった女性がのちに離婚した場合には老齢基礎年金しか給付されず、被用者である元夫と比べて著しく低い年金しか受給できないことをはじめ、さまざまな問題が指摘されている(NGOレポート73〜74頁参照)。総括所見は「懸念事項」として「最低年金額が定められていないこと、および、年金制度に事実上の男女格差が残っており、そのため男女の所得格差が固定化されていることを、懸念する」《24》とし、「提案および勧告」として「締約国が国の年金制度に最低年金額を組み入れるよう勧告」し、また、「年金制度において根強く残っている事実上の男女格差を可能なかぎり最大限に是正するよう勧告」した《51》(〈183、200、222〜223、229〉等参照)。

IV. ドメスティック・バイオレンスおよびセクシャル・ハラスメント

政府報告書はドメスティック・バイオレンスについてはなんら記述していないが、DV防止法が制定・施行された現在も、安全な逃避場所が少ないなど被害女性にとって多くの問題があることが指摘されている(日弁連報告79頁)。総括所見はドメスティック・バイオレンスとセクシャル・ハラスメントの問題にあわせて言及し、「懸念事項」の中で「2001年に国内法が採択されたにもかかわらず、ドメスティック・バイオレンス、セクシャル・ハラスメント……が根強く生じていることに関して懸念を表明」したうえで《16》、政府がこれらの事案に関する「詳細な情報および統計的データを提供」するとともに「当該犯罪の加害者に対して国内法を厳格に適用しかつ効果的な制裁を実施する」よう勧告した《43》(〈87、141、257、288〜293〉等参照)。総括所見にいう国内法とはDV防止法を指すと考えられるが、2000年に制定・施行されたいわゆるストーカー法も関連する重要な法律である。委員会はあらゆる面において法の制定だけでなく実際の人権状況に対するその実効性に関心を寄せており、政府は今後の報告で、継続的にその適用状況を報告することが求められる。

●元「従軍慰安婦」に対する補償

手遅れになる前に補償のための協議を

武村二三夫（弁護士）

I.　問題の所在と裁判の状況

「従軍慰安婦」とは、日中戦争、アジア太平洋戦争において旧日本軍の「慰安婦」とされた女性たちをいう。その総数は数万人から十万人を超えるともいわれる。彼女らの大半は、強制されたり、だまされたりして「慰安婦」とされた。朝鮮、台湾など旧植民地出身の「慰安婦」は業者が営む「慰安所」で管理される事例が多かったようであるが、フィリピンその他前線や占領地域では、日本軍将兵が現地で女性を拉致し兵舎などで監禁する事例も多かったようである。日本政府は、1992年に加藤官房長官が日本軍の関与を認め、宮沢首相が「衷心よりお詫びと反省の気持ちを申し上げる」と表明しながら、補償は行なっていない。1995年、「女性のためのアジア平和国民基金」（略称・アジア女性基金）が設立され、元「慰安婦」に対して民間からの寄付金を基金とする償い金200万円の給付、総理からの反省とお詫びを示す手紙の交付、また政府資金による「道義的責任を誠実に果たすため」の医療福祉支援事業がなされるようになった。

韓国、在日、フィリピン、中国、台湾などの元「慰安婦」が日本政府を被告として補償を求めて各地で提訴した。その中で1998年4月、山口地裁下関支部において、立法不作為による損害賠償を認める判決がなされたが、控訴審で逆転した。このほか、現在まで補償を認めた判決はない。

II.　審査に至るまでの経過

1999年5月18日、社会権規約委員会の会期前作業部会は、日本政府に対する事前質問事項（List of Issues）を作成した。その第10条（家族、母親および子どもの保護）の項目で、「『慰安婦』およびその要求をとりまく問題に対応するため政府がとった態度および措置について、ならびに政府がどの程度の期間内に救済を提供しようと計画しているのかについて最新情報を提供されたい」(パラグラフ27)とした。この質問事項に対する日本政府回答は、心からのお詫びと反省の気持ちを表明したこと、日本政府とアジア女性基金が、元慰安婦1人あたり金200万円の償い金を届けるとともに、医療・福祉支援事業を実施してきた、とするものだった。

日本では、2001年に「新しい歴史教科書を作る会」の教科書採択問題が起き、歴史の歪曲であるとの非難を浴びていたが、さらに同年8月13日、小泉首相が靖国神社に参拝したため、さらに強い非難がなされ、国連人権小委員会では、韓国などから、組織的強姦、性的奴隷、奴隷類似の慣行に関する決議が提案された。

2001年8月17日、社会権規約委員会主催のヒアリングではフィリピン元「従軍慰安婦」訴訟弁護団から、同月20日のランチ・ブリーフィングではフィリピンの元「慰安婦」およびその支援者の会であるリラ・ピリピーナから、それぞれ日本政府が「慰安婦」に対する法的責任を認めるべきだと社会権規約委員に対して訴えがなされた。

III.　審査におけるやりとり

2001年8月21日、社会権規約委員会の日本政府報告書審査では、日本政府は、アジア女性基金に対して最大限の協力を行ない、「慰安婦」には総理から手紙を出してお詫びの気持ちを表明している、とした〈149〉。これに対して委員からは、お詫びの手紙で終わりなのか、さらにフォローアップがあるのか、アジア女性基金は政府の基金かあるいは日本の国民の基金か、などの質問がなされた(サーディ委員〈164〉、グリッサ委員〈169〉、ダンダン議長〈171〉)。日本政府は、個人の請求権はサンフランシスコ平和条約の締結国間ではすでに解決済みであり、道義的な観点からできるかぎりの対応を行なっていること、アジア女性基金は民間の募金で償い金の支払いを行ない、アジア女性基金の運営費やその行なう医療福祉事業は日本政府の財政支出による、などと回答した〈238〜242〉。グリッサ委員からは、政府間の条約は個々人の苦難に対する賠償ではなく、国際法の下での賠償は二国間の条約では解決できるものではない、との批判がなされた〈247〉。

さらに「慰安婦」に関連して、慰安所の運営などについて情報を開示し、これを学校の教科書に記述してほしい、性的奴隷制度を再び繰り返さないため犠牲者があったということを教科書に盛り込んでほしい、とのダンダン議長からの要請に対し〈172〉、日本政府は現在使用されている高等学校の日本史の教科書26種類のうち25種類において「慰安婦」が取り上げられていると回答した〈244〉。ハント委員からはさらに、日本の歴史の歪曲が歴史教科書で行なわれているのではないのか、この問題は国際的にも懸念を誘発した問題であるので、より広範な視点からコメントされたいと質問がなされた〈334〉。これに対して日本政府は、具体的にどのような内容を教科書に取り上げ、それをどのように記述するかということは執筆者の判断に任せられていると答弁した〈350〉。

IV.　総括所見とその意義

同年8月30日、社会権規約委員会で採択された総括所見は、「主要な懸念事項」において、「委員会は、主として民間の基金によって財源を得ているアジア女性基金によって戦時の『従軍慰安婦』に提供された補償金が、当事者の女性から受入れ可能な措置と見なされていないことに懸念を表明する」とし《26》、「提案および勧告」において、「委員会は、『従軍慰安婦』を代表する団体との協議にもとづき、被害者の期待を満たすような形で補償を行なう方法および手段に関して手遅れになる前に適切な取決めを行なうよう強く勧告する」とした《53》。社会権規約委員会は、日本政府の元「慰安婦」に対する補償は当然としたうえで、被害者が高齢であることを踏まえて「手遅れになる前に」としてその協議の方法にまで言及している。これは、今回の「提案および勧告」の各事項の中でもっとも具体的な言及である。

また教科書問題では、「提案および勧告」において、「委員会は、締約国に対し、学校教科書その他の教材において、諸問題が……教育の目的および目標を反映した公正なかつバランスのとれた方法で提示されることを確保するよう、促」した《59》。教科書の記載内容は執筆者の判断によるとの答弁に対し、日本政府として「従軍慰安婦」の問題の公正かつバランスのとれた記述を確保するよう求めたものである。

日本政府は、この総括所見を踏まえてNGOとの協議の場をもつようになった。そのこと自体は「建設的対話」を重視する社会権規約委員会の方針に沿うものであるが、内容的には、従来の日本政府の立場をほとんど変更していないようである。上の勧告にしたがって、補償に向けて、日本政府が誠実に「従軍慰安婦」を代表する団体との協議を行なうことが必要である。

●障害のある人の権利

障害者差別禁止法制定のためのステップに

金 政玉（DPI日本会議障害者権利擁護センター）

I. DPI日本会議が提出したNGOレポート

2001年8月に社会権規約委員会が日本政府の第2回報告書を審査するにあたり、DPI（障害者インターナショナル）日本会議は、1998年の自由権規約の日本報告審査にひきつづきNGOレポートを提出した。

はじめにDPI日本会議の現状認識として、「第2回日本政府報告は、日本国内の障害者がおかれている現状について、政府の『公式見解』をごく簡単に、形式的に述べているだけであり、障害者が権利の主体者として、障害の種別・程度にかかわりなく平等の原則が具体的にどのように実現されているのかという点について、まったく説明していない。この点は、権利の主体者としての障害者に対して、平等の原則がどのように適用され、実現されているのかを公式に説明する場合に、障害者をとりまく日本社会の実態が、社会権規約が提起している人権保障の国際基準と比べて、いまだ大きなギャップあることの結果でもある」と指摘し、社会権規約の逐条ごとに各課題の問題点・背景および理由・質問事項を提起した。

各課題と社会権規約の逐条との関係は、次のようになる。

・障害者の雇用・労働条件、職業選択について（第6条、第7条関係）

・障害者に係る欠格条項について

(a) 就業に関する資格制限、職業選択の制限（第6条、第7条）

(b) 公共施設の利用制限（第15条関係）

・障害者の生活保障について（第9条関係）

・旧優生保護法にもとづく強制不妊手術の対象となった女性障害者（被害者）への謝罪と補償について（第10条関係）

・障害者（児）が統合教育を受ける権利について（第13条関係）

・障害者の移動の権利について（第11条関係）

II. 障害のある人の権利に関する総括所見の意義

1 総括所見の「主要な懸念事項」と「提案および勧告」

「12. 委員会は、締約国が、差別の禁止の原則は漸進的実現および『合理的な』または『合理的に正当化しうる』例外の対象になると解釈していることに懸念を表明する」。

「25. 委員会は、とくに労働権および社会保障の権利との関係で、法律上および実際上、障害のある人々に対する差別がひきつづき存在していることに懸念とともに留意する」。

とくに勧告では、次のような注目すべきことが述べられている(〈105、157、158、179〜180、207〜209、219〉等参照)。

「39. 委員会は、締約国に対し、規約第2条2項に掲げられた差別の禁止の原則は絶対的な原則であり、客観的な基準にもとづく区別でないかぎりいかなる例外の対象ともなりえないという委員会の立場に留意するよう要請する。委員会は、締約国がこのような立場にしたがって差別禁止立法を強化するよう強く勧告するものである」。

「52. 委員会は、締約国が、障害のある人々に対する差別的な法規定を廃止し、かつ障害のある人々に対するあらゆる種類の差別を禁止する法律を採択するよう勧告する」。

この勧告に関連するものとして、第154回国会衆議院本会議(2002年3月29日)では、障害者の権利法の必要性について質問(山井和則衆議院議員)が出され、次にような政府答弁が行なわれている。

「我が国におきましては、米国のADA(障害をもつアメリカ人法1990年)制定の動きを踏まえまして、障害者基本法を制定しております」(坂口厚生労働大臣)。

「障害者等に対する不当な差別的取扱いの禁止につきましては、今国会に提出した人権擁護法案で手当てしているところであります。さらに米国のように障害者に対する雇用や様々なサービス提供における差別についての救済措置として、一般企業、事業者の特別の賠償責任等を認める仕組みを我が国に導入することについては、検討すべき課題が多いものと考えております」(福田官房長官)。

しかし、政府答弁のように、障害者基本法を米国のADAと結びつけて積極的に評価できるものかどうか、障害者基本法の枠内における見直しの延長上に障害者差別禁止法が展望できるかどうかについては、現状の実態と障害者施策との関係を障害当事者の視点から厳しく検証していくことが必要である。

2　障害者基本法の限界と「主要な懸念事項」との関係について

現行の障害者施策の包括的根拠となる障害者基本法については、主に次の問題を指摘することができる。

第1に、同基本法の基本的理念では「すべて障害者は、……あらゆる分野の活動に参加する機会が与えられる」となっており、障害者は「参加する機会」が恩恵的に「与えられる」対象と見なされ、障害者の社会参加を「権利として保障する」とはなっていない。

第2に、「更生」と「保護」に基づく旧来からの障害者施策の枠――「施設への入所」、「重度障害者の保護等」――にとどまり、当事者に対して障害の軽減と克服への努力を押しつけ、「自立することの著しく困難な」重度の障害者に対しては、保護の観点から隔離・収容型の施設入所をひきつづき推進するという点では、“脱施設から地域へ”という明確な方向が打ち出されていない。

第3に、自治体の障害者計画の策定をはじめ、各基本的施策に関する規定が「努力規定」の枠内にとどまり、権利の確立に向けて実効性をあげていくことには、構造的な限界がある。

「主要な懸念事項」のパラグラフ12、25は、こうした構造的な限界の結果でもあるといえる。

3　人権擁護法案は、障害のある人の権利救済に役に立つのか

政府答弁にある人権擁護法案では、障害のある人の差別、人権侵害からの救済をどこまで期待できるかは強い疑問がある。まず差別、人権侵害の定義において、事例として多く見られる「障害のある人に対する無知・無理解によって、行政機関および公的あるいは私的団体、個人が権利侵害の事実を認めない。または、そのために結果として障害をもつ人がなんらかの不利益をこうむり、不当な取扱いを受けている状態にある」ということが盛り込まれていないために、救済の申立がされたとしても、「一般救済」として被害者と加害者の曖昧な「調整」に終始し、結局、被害者はあきらめざるをえなくなるということが予想される。

また、「人権委員会」の組織体制として、障害のある人を支援するNPO関係者の関わる余地が実質的になく、雇用や教育、社会サービス等の課題ごとの人権侵害に専門的に対応できる組織構成になっていないため、実効性はほとんど期待できない。

III.　障害者差別禁止法と障害者権利条約の新しい可能性

日本においてこの10年間、心身障害者対策基本法が障害者基本法（1993年）に改められ、ハートビル法や交通バリアフリー法、または契約型の福祉サービスの利用等について定めた社会福祉法などのいくつかの法律が制定された。しかし、すでに見たように、いずれも権利の明記とその行使にあたっての国および地方公共団体、民間事業者等への義務規定ならびに差別の定義とそれを違法とする禁止規定がなく、国および地方公共団体の障害者施策の推進を促すという枠内で努力義務を課す規定にとどまっているために、こうした点をそのままにして、差別禁止法が制定できると考えることはできない。現在、国際的にも30を超える国で障害者差別禁止法が制定されているが、基本的に民法上のアプローチから法律が作られていることから、障害のある人への差別を禁止し権利を保障する新しい包括的な法律が求められている。

一方、国連「障害者の10年」を経て策定された「障害者の機会均等化に関する基準規則」（1993年国連総会採択）から見た、各国における障害者施策の実施状況に関するモニタリングが2002年で終了することを踏まえ、今後の展開に関連して、2001年12月の国連総会では、障害者の権利に関する国際条約（権利条約）の制定に向けた議論が交わされ、権利条約の必要性について検討する特別委員会の設置が決議された。

障害者権利条約の国連採択と日本政府の批准が実現すれば、国内において障害者の権利に関する状況が権利条約の各条文にもとづいてどのように進展しているかという点をめぐって、社会権規約委員会の機能と同じように、「政府報告」と当該国のNGO（障害者・家族団体等）が批判的なNGOレポートを定期的に権利条約の実施状況を審査する正規の「委員会」に提出することができる。その審査の結果、日本政府に対して具体的な是正を求める勧告権が「審査委員会」によって発動される可能性が開かれ、その勧告内容には当該政府として検討の結果を回答しなければならない義務が生まれることになる。

こうしたサイクルを社会権規約の実施状況に関する監視とリンクさせながらつくり出し、そのための多様な取組みをつなぎながら束ねていくことを通じて、日本版障害者差別禁止法の制定の大きなステップにしていくことが求められていると考える。

●労働権

国際水準に達していない労働権保障

坂本 孝夫（自治労・全国労政連絡会）

総括所見で「労働」に関連しては、「積極的な側面」では触れられず、「主要な懸念事項」「提案および勧告」では数多くのパラグラフでコメントされている。総括所見で具体的に指摘された事項は、①同一価値労働に対する賃金の男女格差、②重要なILO条約の未批准、③過度な長時間労働、④45歳以上の中高年労働者の雇用保障、⑤公務員の団結権・ストライキ権保障などである（ただし、①は申論文「事実上の男女平等に向けての重い課題」を参照）。しかし、これらは今回の審査で語られたすべてではないし、またいうまでもなくNGOサイドが指摘した問題点のすべてに応えたものではない。ここでは、総括所見そのものを中心としながらも、審査内容やそれ以前の報告文書、NGOレポートなどをも考慮して、総合的に見る視点から総括所見の評価を試みてみたい。

I. 規約の留保の撤回

総括所見では、規約第7条（d）、第8条2項ならびに第13条2項（b）および（c）に対する留保の撤回を検討するよう促している《11、34》。「公の休日についての報酬」（第7条（d））の留保に関して、事前にNGO側からの指摘はなかったが、社会権規約委員会は事前質問事項の問2でも取り上げ、関心が高かった。

日本政府の報告書では、「我が国では、現実に労働しない国民の祝日についても賃金を支払う賃金体系を採っている企業の割合が少なく、また、国民の祝日に賃金を支払うという社会的合意が無いことなどから、国民の祝日について報酬を支払うか否かは、労使間の合意にゆだねることが適当と考えられるためである」としている。

審査当日の論議では、チャウス委員から「すべての社会権がコンセンサスにもとづくわけではない。政府は指導的役割を果たすべきであり、単に雇用者が形成する慣行にしたがうべきではない」と指摘され〈41〉、日本政府は「社会的合意は成立していないが、状況が変われば再検討することはありうる」と答えた〈59〉。

「公の休日についての報酬」については、実態としては月給制や年俸制をとる正社員の多くが、労働協約や就業規則にもとづいて「公の休日」に休んでおり、かつ賃金を支給されている。他方、時間給制の賃金を支払われているパートタイマーや派遣・アルバイト等の労働者(1,500万人を超える)は、確かに「公の休日」に休んだ場合に報酬を得られていない。日本政府は、この分野への影響をおそれていると思われるが、規約および総括所見の意義を認めて、留保の撤回に動くべきである。

次に、規約第8条2項は留保ではなく解釈宣言であるが、以下では論議の焦点となった「消防職員の団結権」について検討しておこう。NGO側からは「警察官や消防職員については団結権も保障されておらず、いずれも規約第8条違反といわざるをえない。消防職員の団結権禁止については、すでにILOにおいても問題とされている。政府は、ILOの指摘を受け、『消防職員委員会』制度を設置し団結権に代わるものとしているが、右委員会はいかなる意味でも労働組合ということはできず、団結権制限の合理的理由とは到底言えない」(日弁連レポート)と問題にされていた。

審査当日の論議では、テクシエ委員から「公務員の団結権は、国の安全もしくは公の秩序のための制限しかできない。消防士についてはILOも指摘している」と指摘され〈195〉、日本政府は「消防は警察組織の一部門として創設された。その後1948年に分離されたが、任務・権限の性質・内容は警察と基本的に変わりがない。ILO第87号条約の批准時は、ILO結社の自由委員会から『消防が同条約の警察に含まれる』という見解が示されたので、条約を批准した。その後、ILO条約勧告適用専門家委員会の指摘も受けて、自治省、消防庁、自治労で協議し、1995年、消防職員の参加する消防職員委員会を設置し、勤務条件の改善、個別の勤務条件に関して処理することとした。ILOにも報告し、歓迎されている」と答えた〈232、233〉。

この点に関しては、労働法学者からも次のような批判が出ている。「消防職員委員会は、労働者が『自ら選択する』(ILO第87号条約第2条)ものではない。『規約及び規則を作成し、自由にその代表者を選』ぶ(同条約第3条)団体の自治も持っていない。団体交渉の機能も持たない。したがって、この法律(消防組織法)によって団結権承認に代行させようとする思想そのものが『結社の自由の原則』に対する無知・無理解を示すものであることは明らかである」(中山和久編著『教材国際労働法』三省堂、186頁)。また、「消防職員の団結権制限は、現在のところ日本以外に例はない」（吾郷眞一著『国際労働基準法』三省堂、58頁）ともいわれており、国際的に見てきわめて異例な取扱いであることは明らかである。

解釈宣言の撤回をすべきであることはもちろん、国内的にも消防職員の団結権保障へ向けたいっそうの努力が求められている。

II. 重要なILO条約の批准

総括所見では、強制労働の廃止に関するILO第105号条約、雇用および職業における差別に関する同第111号条約、および先住民族および種族民に関する同169号条約の批准を検討するよう奨励している《18、45》。

日本政府は、事前質問事項の問18（ILO第111号条約を批准する意図を有しているか）への回答として、「我が国においては、基本的には憲法第14条に一般的に法の下の平等が規定されており、雇用及び職業の分野においては、労働基準法、職業安定法、男女雇用機会均等法に基づき差別に対する施策が講じられている。しかしながら、本条約の批准に当たっては、雇用及び職業に関する差別等の点で、国内法制との整合性などにつき更に検討する必要があるので今後とも引き続き検討を進めてまいりたい」としていた。

ILO条約の批准に関して、NGO側からは、パートタイマーや派遣労働者に対する「雇用形態による差別」を排除するため、ILO第175号条約（パートタイマー条約）の批准を要請するものが多かった。また、すでに批准されているILO第100号条約（同一価値労働同一賃金）の具体的な遵守を求めてもいた。

審査当日には、ウィマー委員およびテクシエ委員から「ILO第105号条約、第111号条約、第117号条約（社会政策）、第138号条約（就業の最低年齢）、第160号条約（労働統計）、第169号条約などは、国内法と合致していると思われるのに、なぜ批准しないのか。不思議であり、理解できない」と指摘された〈97、188〉。これに対して日本政府は、「第138号条約はすでに批准している。第105号条約は、公務員の争議行為に関する検討をしている。また第111号条約は、広範な差別の禁止が国内法と整合しているか検討している。直ちに批准はできないが、今後も検討したい」と回答した〈211〉。

日本政府は、第105号条約に関して、国家および地方公務員の争議行為の一律禁止および罰則の規定（3年以下の懲役または10万円以下の罰金）が条約に抵触するおそれがあることから、批准できないものと思われる。後述する公務員の争議権保障が実現すれば、本条約の批准も可能となろう。

第111号条約については、とくに「雇用されること」、つまり労働契約の締結過程（採用）での差別まで禁止していることが、「広範な差別の禁止」といわれているものと思われる。「採用」については、日本では広く「契約締結当事者間の自由」があるとされている。わずかに1999年4月、雇用機会均等法第5条において「事業主は、労働者の募集及び採用について、女性に対して男性と均等な機会を与えなければならない」とされ、性による差別が禁止されたのみである。「人種、皮膚の色、宗教、政治的見解、国民的出身又は社会的出身」に関しては、なんらの禁止規定も置かれていない。労働基準法第3条でも、「国籍、信条又は社会的身分を理由として、賃金、労働時間その他の労働条件について、差別的取扱をしてはならない」として採用後の問題については差別禁止をするが、採用については触れていない。したがって、本条約の批准をするためには、「採用」での差別禁止を基本原則とする労働法の確立が必要である。しかし、代表的な最高裁判例では、「企業者は憲法22条・29条に基づき経済活動の一環としてする契約締結の自由を有し、特定の思想・信条を有する者をその故をもって雇い入れることを拒んでも当然に違法ではなく」として広く「契約締結の自由」を認めている（三菱樹脂事件、最高裁大法廷1973〔昭和48〕年12月12日判決）。ILO第111号条約を批准する条件は容易に整いそうにない。

他方、NGO側が指摘したILO第175号条約については、審議ではほとんど取り上げられなかった。第100号条約も少しは言及されたが、基本的には男女差別の問題としてであり、NGO側が指摘した「雇用形態による差別」にまでは踏み込まなかった。日本国内ではきわめて切実な課題について、かならずしも社会権規約委員会では認識が深まらなかったといえよう。

III.　過度な長時間労働

総括所見では、国が公共部門および民間部門のいずれにおいても、過度な長時間労働を容認していることに重大な懸念を表明し、公共部門および民間部門のいずれにおいても、労働時間を短縮するため、締約国が必要な立法上および行政上の措置をとるよう勧告している《19、46》。

この点に関する日本政府の報告は、1987年および93年の労働基準法改正で、段階的に週40時間制が法定されたことに触れているのみである。事前質問事項でも質問がなく、委員会側の事前の関心はあまり高くなかった。

しかし、NGO側からは、「過労死」を頂点とする長時間過密労働に対して有効な政策手段がとられていないばかりか、「裁量労働」の適用拡大やサービス残業など不払い労働が拡大しており、より状況が悪化しているとの指摘が相次いだ。また審議当日には、官庁街である霞ヶ関のビルの灯が夜遅くまで煌々としている写真も示し、強くアピールした。

こうして、審査当日の論議では、テクシエ委員から「政府省庁が集中している霞ヶ関では、1日14時間も働いていると聞いている。こうしたことは、ヨーロッパの水準からはとても認められない。賃金も充分に支払われていないようだ。こうした有害な状況に終止符を打つべきである。労働基準監督官の人数も不足しているのではないか」との指摘が出た〈193〉。日本政府は、「1999年の人事院調査では、霞ヶ関官庁街での残業は月40時間である。手当は当然支給されている。いっせい退庁日を設けたり、業務の見直しをして、勤務時間の縮減に努めている。公務員制度改革でも課題としている」と答えた〈234〉。

総括所見での指摘はきわめて当然のものである。政府は、2001年8月に「労働時間短縮推進計画」(閣議決定)を改定し、「2005年度までに年間総実労働時間1800時間の達成」を謳っている。また、厚生労働省は、2001年10月に「所定外労働削減要綱」の改定を行ない、「時間外労働の削減、サービス労働の解消、休日労働は極力行なわないこと」などを目標に掲げている。しかし、時限立法として成立した「労働時間の短縮の促進に関する臨時措置法」(1992年)が、すでに2度にわたり廃止期限を延長せざるをえなかったことに見られるように、労働時間短縮の足取りは遅々たるものとなっている。

過労死問題としてNGO側が強く指摘していた点に関しては、今回の審査以降、2001年12月に「脳血管疾患及び虚血性心疾患等の認定基準について」という新たな厚生労働省労働基準局長通達が出された。これまで業務による過重負荷を発症前1週間以内を中心に判断してきたのを、発症前1カ月ないし6カ月という長期間にわたる疲労の蓄積も考慮することとした。これは、最高裁判例を中心に裁判所での判断を取り入れたものであり、従来よりは改善されているが、行政対応の立遅れは否めない。

他方、2002年2月、厚生労働省は、労働基準法に定める裁量労働制のうち、専門業務型のものについて裁量労働を認める業務の拡大(告示改正)を行ない、事実上労働時間管理がなされない労働者の拡大を行なった。労働時間短縮のためには、適正な労働時間管理が不可欠であるが、裁量労働の拡大はその趣旨に反するものである。

さらには、現在、規制緩和の流れのなかで、政府からは、ホワイトカラーについて労働法による労働時間管理から外すべきだ、という議論もなされ始めている。もしこれが実現したら、ホワイトカラー層の過労（病）死は、ますます悲惨な状況となることは必至である。

IV. 中高年労働者の雇用保障

総括所見では、45歳以降、労働者が減給され、または場合によって充分な補償もなく解雇される危険性が高まることに懸念を表明し、国に45歳以上の労働者が従前の水準の賃金および雇用安定を維持することを確保するための措置をとるよう勧告している《20、47》。

政府報告書では、雇用機会の均等確保の点で女性やマイノリティ・外国人に触れているだけで、中高年労働者の雇用問題の報告はなかった。事前質問事項でも触れておらず、事前の関心は低かったと思われる。

しかし、NGO側からは、長期不況・失業率の最悪化のなかで、リストラの名の下に労働者の働く権利が著しく侵害されている状況が数多く報告された。とくに、国際人権活動日本委員会を中心に、銀行における中高年労働者の年齢差別も訴えられ、55歳になると一律に賃金が60パーセント程度に引き下げられる実態が明らかにされた。

審査当日には、テクシエ委員から「失業率は公式には4.8パーセントとされているが、実際には統計に入ってこない数字があるのではないか。リストラのなかで高齢者が解雇される傾向があり、また再就職も難しい」と指摘された〈189、190〉。これに対し日本政府は、「雇用問題は最重要課題であり、雇用対策基本計画を策定して総合的に推進している。解雇については最高裁判例としてリーディング・ケースがあり、『解雇する客観的な理由があり、社会的に相当と認められなければ解雇は無効』とされている。また、高年齢者雇用安定法で60歳定年制が定められており、65歳までの雇用確保の努力も定めている。ただし、賃金をどうするかは労使の話合いで自主的に決定されるべきものと考えている」と回答した〈227、230〉。

45歳以上の中高年労働者の雇用問題は、その年代の自殺率が急上昇するなど深刻な社会問題にもなっており、委員会の指摘は的を射たものといえる。銀行で55歳になると一律に賃金を引き下げる問題については、「みちのく銀行」事件において、最高裁2000（平成12）年9月7日判決もその違法性を認めており、2002年2月の差戻審で銀行側に差額の支払いを命じる判決が出された。

政府は、2002年1月、中高年齢者（45歳以上の者）の雇用対策として、「雇用対策臨時特例法」を施行し、①中高年齢者が公共職業訓練を受けても再就職できない場合に、再度、雇用保険の訓練延長給付を受けながら受講できる措置、②中小企業が経営革新を行ない中高年齢者を雇い入れた場合に賃金相当額の4分の1を助成する、③中高年齢者の派遣期間を1年から3年に延長する、などの対策をとった(2005年3月まで)。しかし、これはあくまで臨時的な対策にすぎない。根本的には、雇用における年齢差別を禁止する立法的な措置がとられなければ、中高年齢者の雇用安定は実現が難しい。

また、解雇については、政府レベルでも、解雇基準を明確にするための解雇法制の制定が課題に上っている。しかし、これは悪くすると、現在の判例法理よりも解雇規制を緩和するものとなり、雇用の安定に反するものとなるおそれも強い。

V. 公務員のストライキ権

総括所見では、たとえ政府の必須業務に携わっていない者(教職員を含む)であっても、公共部門のすべての被雇用者およびすべての公務員のストライキが全面的に禁止されていることを懸念し、これは、人事院および人事委員会という代替的制度が用意されていても、規約第8条2項ならびに結社の自由および団結権の保護に関するILO第87号条約に違反するものであるとして、ILOにならい、締約国が必須業務に携わっていない公務員および公共部門の被雇用者がストライキを組織する権利を確保するよう勧告している《21、48》。

この点に関し、政府報告書は、事前質問事項の問19への回答の中で、「公務員の地位の特殊性と職務の公共性にかんがみ、禁止されている」「代償措置として人事院を設置している」という現状を報告しているだけであった。

他方、NGO側は、「公務員に対する一律のストライキ権制限は、ILOからも注意が喚起されているところであるが、400万人を超える公務員の労働基本権が制約されていることは、社会権規約8条に違反する」と指摘していた。

審査当日には、マリンベルニ委員から「公務員のストライキ権は、生命・安全・健康に必須な業務でしか制限されない。たとえば、なぜ教師のストライキ権が制約されるのか、理解できない」と指摘された〈197〉。これに対し、日本政府は「公務員は全体の奉仕者であり、職務の公共性を考慮している。これは、すべての公務員に当てはまり、職種によって異なるものではない」と応じた〈231〉。

委員会が、公務員について一律に全面的にストライキ権を制約していることは社会権規約第8条およびILO第87号条約に違反している、と明確に指摘したことは高く評価できる。とくに、社会権規約第8条は、国際条約としては初めて「同盟罷業をする権利」を明記したものであり、意義は大きい。また、ILO条約には、団結権の明示はされているもののストライキ権については直接に言及されていないが、ILOの条約勧告適用専門家委員会は、「ストライキ権は、第87号条約に保護されている団結権から当然に導かれるものである」としている。ストライキ権の制限は、労働者の地位ではなく提供する役務の具体的内容にもとづくべきであり、一律に公務員のストライキ権を認めないことは本条約に反する。専門家委員会は、「その役務の中断が住民の全部または一部の生命、個人的安全もしくは健康に危険を及ぼすような不可欠業務」の場合にのみストライキ規制が許される、としている。

それにしても、公務員のストライキ権の制約は、生命・安全・健康に必須な業務でしか許されない、という国際基準をまったく顧みない日本政府の態度は、まったく誠意を欠くものといわざるをえない。長年の課題であるが、公務員に対してはいまなおストライキに対する懲戒処分が繰り返されており、可及的速やかに、一律制限から必須業務に限定した制約に切り替えるべきである。とりわけ、社会権規約委員会がその一般的意見第3号において、社会権規約第8条は即時適用すべきものとしており、日本国内において司法判断を含めて効力を有するものであることをあらためて銘記すべきである。

まとめに代えて

審査当日には、上記のほか「最低賃金」がまともな生活水準を満たしていないこと(テクシエ委員〈191〉)や「有給休暇」取得率の低さ(クズネツォフ委員〈177〉)にも触れられた。しかし、今回は充分な検討とならず、総括所見には反映されなかった。どちらも重要な労働問題であり、次回の審査での対応に期待したい。

また、パートタイマーや派遣社員、契約社員など「雇用形態による差別」は、今回はほとんど取り上げられなかった。これらは、国ごとの違いが大きく、日本国内の状況がかならずしも充分に各委員に伝わらなかったのかもしれない。しかし、非正規社員は近年急速に拡大し、全労働者の3割近くになってきている。その多くは労働組合にも組織されておらず、権利保護のうえで特別な配慮が必要である。こうした非正規社員の問題は、社会権規約ではとくに第7条の「公正かつ良好な労働条件」に関連するし、とりわけ「同一価値労働同一賃金」の原則の適用が求められている。また、短時間労働・派遣労働・有期労働という特性に応じた、適切な保護や規制が必要である。今後の審査に期待するところ大である。

このほか、「外国人労働者」の問題は「差別」のところで若干取り上げられたが、日本国内でのこの問題の重要性と比較して不充分なものであったといわざるをえない。総括所見のパラグラフ61で触れられたように、次回審査で本格的に審議されることを希望しておきたい。

●社会保障（年金）

大きな力で政府に迫っていくとき

金崎 亮次（全日本年金者組合）

社会権規約委員会（以下、委員会）は、日本政府に対する総括所見の中で、年金に関し、3点にわたって重要な勧告を行なった。以下「社会保障」の基本的な観点について触れながら、この3点に焦点を当てて検討することにする。

I. 委員会の基本的な構え

社会保障は、世界の働く人々のたゆまぬ努力によって歴史的に形成されてきた「人間の生存権」の保障であり、譲ることのできない権利である。委員会はこの立場を踏まえ、その規約第9条で「この規約の締約国は、社会保険その他の社会保障についてのすべての者の権利を認める」と定めている。さらに規約の諸規定を厳密に解釈している一般的意見第6号パラグラフ30で、「規約第9条の規定を完全に実施するためには、締約国は国内法で定められた年齢に達したときに……老齢年金またはその他の社会保障給付もしくは援助を受ける資格がなく、かつ他の収入源がないすべての高齢者のために利用可能な資源の範囲内で、分担金（保険料）によらない老齢給付およびその他の援助を与えるべきである」と述べている。

日本国憲法第25条もまた、こうした世界の歴史の潮流のなかで定められたものである。委員会は、総括所見の中で「主な懸念事項」として、「規約の規定の多くが憲法に反映されているにもかかわらず、締約国が国内法において規約の規定を満足のいく方法で実施していないことを懸念する」と指摘している《10》。

II. 65歳以前の退職者のための施策について

委員の質問〈184、202、249〉に対し、日本政府は「老齢厚生年金の支給開始年齢は、原則65歳となっている。『定額部分の支給開始年齢』は、1994年の法『改正』によって、2001年度から2013年にかけて段階的に引き上げる（引き延ばす）

ことになっている。『報酬比例部分』については2000年の法『改正』により、2013年度から2025年にかけて、段階的に引き上げていくことになる（女子の場合はいずれも5年遅れで実施）。この措置にあたっては、高齢者の雇用促進施策といっそうの連携を図り、21世紀の活力ある長寿社会を築くよう進めていきたい、と考えている」と答弁している〈224、252〉。

厚生（共済）年金は、「定額部分」と「報酬比例部分」の2つで構成されており、2000年度まではこの2つが60歳から支給されていた。しかし、法「改正」によって、2001年度以降年金を受給する人は、「定額部分」の年金支給が3年ごとに1歳ずつ引き延ばされ、2013年には65歳支給になることとなった。つまり、1949年4月2日以降に生まれた人は、64歳までは「報酬比例部分」しか支給されないのである。ちなみに「定額部分」の額は、年金総額の50%弱にも相当する。また、「報酬比例部分」は、法「改正」によって、その支給開始年齢が2013年度から3年ごとに1歳ずつ引き延ばされ、2025年度には65歳支給になることとなった。したがって2025年度からは、年金は64歳まで全額が支給ゼロということになる。

周知のように雇用問題は年々悪化し、完全失業率が6パーセントに迫る今日の情勢、とりわけ50歳以上の中高年齢者の雇用は危機的な状況である。昨今頻発している大企業の大リストラ「合理化」に対しても手を打とうとしない政府の姿勢を見れば、将来にわたって有効な施策など期待すべくもない。この問題は、労働者の老後の死活問題である。厚生労働省は、年金者組合との交渉の中で「定額部分には繰上げ支給の制度がある」と弁明している。しかし、「定額部分」の繰上げ支給を受けると減額され（たとえば1941年4月2日以降に生まれた人が60歳支給を受けると30パーセントの減額）、その人は生涯その年金額しか受給できない（国民年金も同じ）。

III.　最低年金の公的年金制度への導入について

マルティノフ委員は、「最低年金制度は日本にあるのか。日本には最低年金制度を導入できる立場にあると思うが」と質したうえで〈181〉、「年金水準、現在支給されている年金で、受給者がそれなりの生活を送っていくことができるのだろうか」とたたみかけている〈182〉。

これに対して政府は、「わが国の年金制度は、社会保険方式をとっている。したがって、最低年金制度のような拠出の程度にかかわらない（保険料なしの）しくみはとりえない。生活保護制度によって最低限度の生活を保障している。年金の水準については、基礎年金（国民年金）で生活の基礎部分（食料、住居、光熱・水道、被服など）を賄うという考え方であり、2000年度の夫婦2人分の年金額は、満額で13万円となっている。家計調査（1998年）では高齢者2人世帯で保健、医療費を加えた額が13万4,000円程度なので、基礎年金（国民年金）の水準はこれでよいと考えている」と答弁している〈221〉。

まず、年金の水準について検討してみる。はじめに指摘しておきたいのは、政府の報告書で「（国民年金の）給付については、①加入期間25年を満たした65歳以上の者に支給される基礎年金（1998年4月から月額66,625円）……」と述べているが、これは加入期間が40年の人に支給される額であり、加入年数が短ければその分減額されることを欠落させていることである。現に、1,500万人もの国民年金の平均受給額は月額5万円（社会保険庁・平成11年度）である。しかもこのうち525万人（34.8パーセント）もの人が月額4万円未満というありさま。生活保護には厳しい制約が課されていることは周知のとおりである。

いま、年金の「空洞化」は由々しい事態となっている。1985年以来4回にわたって年金制度は改悪された。年金離れが進み、65歳以上で無年金の人（55万人）、国民年金未加入者、保険料未納者、保険料免除者など無年金や低年金の人の数は、将来900万人を超えると推計されている。厚生年金も企業のリストラ「合理化」、企業倒産の続出、パート・派遣労働者など雇用不安定な人の増加で「空洞化」が進む一方である。

マルティノフ委員からの「日本の社会保障給付費の国際比較はどうか、日本は著しく低位にあるのではないか」との質問に対し〈185〉、政府は「欧米諸国と比較して成熟度が低かったが、遜色ない水準だと考える。2025年には31.5パーセントの水準に達し、ドイツ、フランス、イギリスなどと同水準になる」と説明している〈225〉。しかし実際はどうか。各国と比較すると、日本は14.1パーセントで、スウェーデン34.7パーセント、フランス30.1パーセント、ドイツ29.7パーセント、カナダ17.7パーセント、アメリカ16.5パーセント、と主要国のなかでは最低となっている（1996年、対国内総生産：2000年「世界労働白書」）。

財源の問題はどうか。厚生労働省は、年金者組合の最低保障年金制度創設の要求を拒み、その理由として社会保険方式の堅持と財源の問題を挙げている。しかし委員会は一般的意見第3号パラグラフ12において、「委員会は、たとえ調整、経済不況またはその他の要素の過程により生ずる深刻な資源の制約のときにも……社会の弱い立場にある構成員は保護されなければならない」と強調している。

最低保障年金制度は世界の趨勢である。東欧諸国、カナダ、イギリス、オランダ、オーストラリアなど13カ国がこの制度を導入しており、その多くが受給資格を居住期間3〜10年と定めている。

IV.　年金制度における男女不平等の改善について

「日本の現在の年金制度において、男女の差別というものはないか」というマルティノフ委員の質問に対して〈183〉、政府は「原則として性による差別はない。女性のライフスタイルが変化しているので、2001年に『女性と年金検討会』を設け、今後議論を進めたいと考えている」と答弁する〈222〉。

この「検討会」は、2001年12月14日に報告書をまとめた。報告書の最大の問題点は、女性の年金がきわめて低いことを取り上げていないことである。「年金白書」(平成11年)によれば、厚生年金の平均支給月額は、男性201,633円に比べ、女性は108,682円と男性の54パーセントとなっている。現職中の賃金の低さがそのまま反映されるからである。国民年金でも男性53,445円、女性42,865円である。

社会権規約第7条は「(1)公正な賃金及びいかなる差別もない同一価値の労働についての同一報酬、……特に女子については、同一労働についての同一の報酬を……」と規定しており、また第3条は「この規約の締約国は、この規約の定めるすべての経済的、社会的及び文化的権利の享有について男女に同等の権利を確保することを約束する」としている。この立場に立つならば、男女の賃金差別がそのまま年金額に反映される現状を改めるべきである。

おわりに

年金者組合との交渉(2001年11月22日)の中で厚生労働省の担当官が、個人的見解と釈明しながらも、憲法第25条1項は「救貧的規定」、2項は「防貧的規定」と発言したことを報告しておく。委員会の勧告を大いに活用しつつ、1つ1つの課題をとことんまで追求し、大きな力で政府に迫っていくことが求められている。

●家族・子どもの保護

家族・子どもの保護を進めるために

石井小夜子（弁護士）

総括所見で、ドメスティック・バイオレンス（DV）、セクシャル・ハラスメント、子どもの性的搾取が根強く生じていることに関して懸念が表明され《16》、これらの問題に関する詳細な情報および統計的データを提供すること、加害者に対して国内法を厳格に適用しかつ効果的な制裁を実施するように勧告された《43》。

I. DV等

「配偶者からの暴力の防止及び被害者の保護に関する法律」（以下「DV防止法」という）が2002年4月1日施行された。DV防止法は、「DVは犯罪である」という認識を社会に植えつけたこと、保護命令という強力な制度があること等、その運用に期待したい。ただし危惧もある。総括所見では「加害者に対して国内法を厳格に適用しかつ効果的な制裁を実施するよう」に勧告されたが、夫婦の関係が続くかぎり、制裁すればするほど夫婦の関係が混乱し、その渦中で子どもへのしわ寄せも予測できる。総体的に読むと、DV防止法は一時的避難という意味合いが大きい法律である。その間の自立支援についても「自立して生活を促進するため、情報の提供その他の援助を行うこと」のみで、経済的支援の裏づけは乏しい。そうしたなかどれだけの被害者がこの法律を使えるかという疑問もある。

女性からの離婚調停申立の理由のトップは「夫の暴力」（3割を超える）というのが日本の現実であり、水面下のDVは計りしれない。そのため、DVから根本的に逃れる、離婚という選択を自由にできる別途の支援を充実させる必要がある（〈257、288〜293〉等参照）。

II. 児童扶養手当「改正」問題と養育費

この関係で深刻な問題を与え、かつ家庭・子どもの保護の根幹に関わるものとして、児童扶養手当「改正」問題が現在生じている。

母子家庭に支給される児童扶養手当は、現在所得によって「全額支給」「一部支給」があるが、2002年8月から実施の「改正」では、全額支給(1人の子どもの場合、年額約51万円)対象の所得制限を2,048,000円から一挙に130万円まで下げ、年収1万円増えるごとに手当を2000円程度減額する、というものである。さらに、所得の範囲に、受けた養育費の8割分を加える、というのである。所得制限の大幅引下げと同時に、その所得の中に養育費を加えるとなると、相当多くの母子家庭で、現状の児童扶養手当分が減額されることになる。

そのうえ、自民・公明・保守の与党3党と厚生労働省等が2002年3月にまとめた「母子家庭等自立支援対策大綱」にもとづいて国会に提出された「母子及び寡婦福祉法等の一部を改正する法律案」による児童扶養手当「改正」案では、児童扶養手当制度自体が大幅に変わる。ここでは、児童扶養手当の支給を受けた母の自立に向けての責務を明確にし、手当の支給期間が5年を越える場合、それ以後は一定率をもって一部支給停止を行なうことができるものとする、というのである。

「母子家庭等自立支援対策大綱」では母子家庭に対して縷縷「自立」援助策を挙げているが、それが高い賃金を得る就労には現実には繋がらないと思われる。「自立」を支援するのなら少なくとも、こうした施策が具体的に実効性をもつまで児童扶養手当見直しは待つべきである。自立促進に名を借りてはいるが、離婚家庭の増大で増え続ける児童扶養手当削減のための、母子家庭の切り捨てである。

現実に母子家庭の圧倒的多くは低所得であり、平均年収は229万円である(1998年。厚生労働省「母子家庭等実態調査」2001年発表)。持家率は26.6パーセント(同調査)でしかなく家賃負担は大きい。雇用の厳しい状況下にあってこの児童扶養手当は大きな所得源である。

現行の制度運用があるからこそ、女性が離婚を選択できる現実がある。DV防止法は作ったが、自分で立つ足を奪うのがこの「改正」である。養育費は父親の責任であるから、児童扶養手当とは切り離して考えるべきであり、養育費の支払い義務と確保方法を民法できちんと定めるべきだろう。

III.　子ども虐待

子ども虐待については、2000年5月に「児童虐待防止法」が成立、同年11月から施行されている。児童相談所への通報件数はうなぎのぼりではあるが、通報を受けてもそれに対応できる物的人的資源が不充分である。2001年に子ども虐待によって死亡した子どもは61人で前年比38.6パーセント増である（警察庁）。法施行後も深刻な状況が止まっていない。

被害を受けた子どもの保護とリハビリテーションについてもまだ不充分である。これには児童相談所等の福祉関係、教育関係、医療関係等の体制の充実が必要だが、その反面、虐待を受けた子どものケアに警察が大きく関わっており、子どもの権利委員会宛の第2回日本政府報告書でも、警察の役割のほうが強調されている。こうした現実には懸念がある。

通報を受けても、現行の法体系では、児童相談所は家族関係に立ち入って調査や子どもの保護にあたれない状況が生じている。「児童虐待防止法」「児童福祉法」の改正などの法的整備をし、親権者へのバックアップ、家族復帰プログラム参加、子どもの家族復帰後のフォローなど予算的措置も含めた包括的な計画が必要である（〈261～262、299～302〉等参照）。

IV.　子ども売買春

1999年に「児童買春、児童ポルノに係る行為等の処罰及び児童の保護等に関する法律」が成立し、子ども買春に関わった客も処罰対象になった。2002年はこの法律の見直しが予定されている。そんななか2001年12月に「子どもの商業的性的搾取に反対する第2回世界会議」が横浜で開催された意義は大きい。法律の見直しは横浜会議の成果に沿ってされるべきである（「横浜グローバル・コミットメント2001」等。横浜会議の成果は子どもの人権連「いんふぉめーしょん」No.78参照）。

現行法では取調べや裁判において子ども保護の具体的規定を欠いており、また、これに関わった子どもが「保護」処分の対象にされたり「非行」少年とされる可能性もある。このことも含め、子どもは「性的搾取の被害者」と明確に位置づけ、子どものケア、リハビリテーションを充分に行なえる制度保障と、子どもに対する「非処罰化」を明確にする必要がある。

一方、日本人の海外での児童売買春については国外犯として同法で処罰可能であるが、実際には関係国の捜査当局の協力がないとできず、このための協定が求められる（〈258、261～262、295～298、323、346〉等参照）。

V.　婚外子差別

相続差別、戸籍の表記、国籍等、婚外子については制度上も明確な「出生による差別」がいまだに残っている。子どもの権利委員会の総括所見（1998年6月、パラグラフ14、35）につづき、社会権規約委員会では「近代社会では受け入れられない『非嫡出子』という概念を法律および慣行から取り除くこと、婚外子に対するあらゆる形態の差別を解消するために緊急に立法上および行政上の措置をとること、さらに当事者の規約上の権利を回復することを促す」とより強い勧告がなされた《41》（〈67、313〜315、321、341、344〉等参照）。しかし、2001年11月に子どもの権利委員会に出された第2回日本政府報告書は、いまだに「非嫡出子」という用語を使い、差別ではないとしている。

「住居法」の実現をめざして

岸本 幸臣（大阪教育大学・日本住宅会議）

I. 国際的規約への責務

政治・経済のグローバル化が進行するなかで、国民生活を取り巻く諸条件も国際的潮流との関わりでそのあり方を客観的に位置づけることが、新たな展望を見出すうえでも重要な視点となっている。

1 ハビッタットⅡと「居住の権利」宣言

1996年6月、国連が主催するグローバル・コングレスとしての「ハビタットⅡ」（第2回国連人間居住会議）がトルコのイスタンブールで開催され、討議の結果、「居住の権利」がイスタンブール宣言として参加171カ国によって合意された。すべての人間は「適切な住宅を確保する権利」を有していることは、これまでも各種の国際公文において確認されてきたことである。しかし、このイスタンブール宣言は、居住の権利がもっとも重要な基本的人権の構成要件であることをあらためて各国が確認した点で、それまでとは違った大きな歴史的で前進的意義をもつ宣言であったといえる。生活水準としての「適切な住まいの保障」は、社会権規約第11条にも明記されていたが、日本では法律の専門家においても、住まいを人権の対象として扱うことに戸惑いを感じる人たちも多く、そのことが公共住宅政策の拡充を主張する論理的基盤を希薄にしてきたことは否めない。

日本住宅会議は1982年に、「住まいは人権」をスローガンに設立された国民的研究運動組織である。設立当時は今日と違って、居住の要求を権利として扱うことの新鮮さと反発のあったことを思い出す。しかし、私たちは人間である以上、家庭生活に必要な最低限度の広さや部屋数、生活維持に不可欠な諸設備、防災上の安全性能そして適切な立地環境条件を備えた住宅を、負担可能な住居費で取得できることが必要である。これは、その人の階層や経済状態にかかわらず、すべての人が生活するために欠くことのできない基本的な要求だといえる。

2　アジェンダへの対応

ハビタットⅡの参加各国は、人権としての居住の権利を保障するために、イスタンブール宣言と同時にアジェンダ(世界行動計画)にも調印している。このアジェンダの中で、各国政府は自国の住宅政策の重要な政策課題として、居住の権利の政策的実現への取組みに合意している。「政府は適切な住居を得る権利を完全に段階的に実現することを促進し、保護し、保障するために適切な措置を構ずべきである」(パラグラフ61)としており、とくに住宅事情を有効に監視し、評価して、適切な住宅政策を策定すること、また、「住宅を居住可能にし、適当な価格にし、取得しやすくする」ことを目的とした政策を採択することも併せて求めている。

ハビタットⅡに参加した日本政府は、当然の国際的責務として「居住の権利保障」の視点に立った住宅政策への転換を国際的に公約したことになっていると解釈するのが、法理整合性のうえからは当然であろう。

II.　日本政府の住宅政策への対応

ところで、ハビタットⅡ以降の日本の住宅政策は、確かに大きなパラダイム転換を見せることとなった。しかし、その転換はイスタンブール宣言で合意した「居住の権利」宣言の精神とは、大きく異なる方向に向かうものとなっている。

1　住宅・宅地審議会の答申

実際、1990年代後半に日本に生じた住宅政策のパラダイム変化は、こうした精神とはまったく異なるものであった。95年6月、当時の建設大臣の諮問機関である住宅・宅地審議会の出した「21世紀に向けた住宅・宅地政策の基本的体系について」の答申は、その中で、これからの住宅政策の理念を市場原理と規制緩和に置き、公共住宅政策は市場機能を補完する役割に転換することが必要であると述べている。これを受けて公営住宅法は改定され、施策対象の適格化(限定化)と応能・応益家賃制度の導入を名目に、公共が直接供給する公営住宅の戸数を削減することとなった。また、借地借家法の改定も強行され、契約期間が過ぎれば、借家人を合法的に強制排除する権限を家主に認めることとなった。

さらに、2000年6月に、再び住宅・宅地審議会の答申「21世紀の豊かな生活を支える住宅・宅地政策について」が発表され、住宅政策における公共責任の後退はいっそう明確となっている。国民は競争原理と自己責任による住宅取得を求められることとなり、住宅都市基盤公団の廃止や住宅金融公庫の廃止・民営化の流れは一気に加速される結果となった。

2　社会権規約委員会の勧告

居住の権利に関する概念は、こうしてハビタットⅡにおいて、基本的人権としての共通合意を得ることとなった。しかし、制度的に見ればすでに1966年に採択された社会権規約の「生活水準についての権利」（第11条）において定められている内容である。この社会権規約を、日本国政府も1979年には批准しており、当然その規定を実施する意味で、住宅保障を行なうことの国際法上の義務を負っていることとなる。

2001年8月、社会権規約委員会は、日本政府から提出された社会権に関する政策化についての報告書を審査した結果、政府に対して63項目に及ぶ総括所見を採択した。この中で社会権規約委員会は、居住の権利領域においても、私たちNGO側の主張をほぼ全面的に採用し、「阪神・淡路大震災の被災者への住宅支援」《27、28》、「ホームレス解消への政策策定」《29、30》等について懸念を表明し、「中核的義務との関係では規約の規定を事実上直接適用が可能なものと解釈することを、促す」《33》とする勧告を出している（居住権・居住政策一般について、〈36、71〜72、268、273〜274、285、306〜308〉等参照）。国際人権規約は報告審査制度をもつ国際規約であり、審査の結果各国政府に出される委員会の総括所見は、規約上重い拘束力をもつことになる。

Ⅲ. 「住居法」の実現に向けて

ハビタットⅡのイスタンブール宣言と、社会権規約委員会の勧告の意味を真摯に受け止めるならば、日本の公共住宅政策は、あらためてその公共機能の充実のために、大胆なパラダイム転換が問われていることは明らかであろう。

1　住居法の概念と内容

現在の住宅政策は、市場原理の導入、自由な選択と自己責任を立脚基盤としている。翻って、日本の住宅政策は戦後50年間、「公営住宅・公団住宅・公庫住宅」の3つを主軸に展開され、一定の成果を残してきた点は高く評価されるものである。国民の住まい方への新しい提言と実践、ニュータウン開発や住宅生産の工業化と標準化の促進など、住宅政策に残した功績は大きいといえる。これを経済効率優先の市場原理に委ねれば、良質な住宅を取得できるのは経済的に恵まれ

図　住居法実現への課題と内容

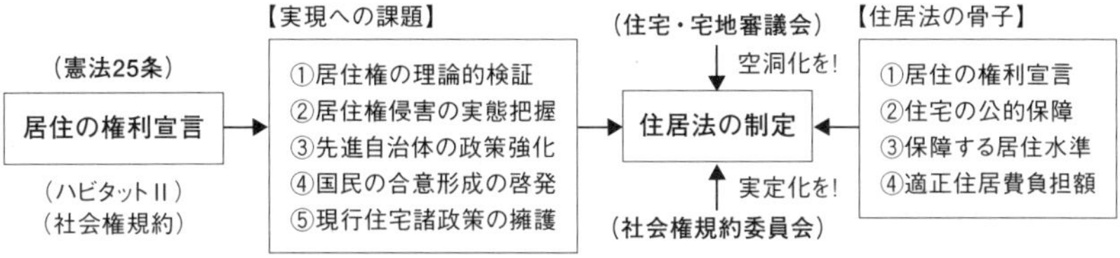

た人たちに限定されてしまう。また一方で、経済的弱者は低廉だが粗悪な住宅しか選択できなくなってくる。このことは火を見るより明らかであろう。

住まいはすべての人にとって、生活の基地であり人間成長の拠点である。子どもたちはそこで人格を形成し、家族はそこで家庭生活を営む、人間の生存にとって欠くことのできない財としての特性をもっている。貧しさゆえに、社会的事情ゆえに適切な住まいの確保から排除される人々が存在してはならない。だからこそ、住まいの基礎的部分については、差別・区別があってはならない公共性の高い財としての性格をもつのである。それゆえ、社会権規約やハビタットIIで、「住まいは人権」と定めているのである。だが、基本的人権は宣言することだけでは、実態としての効力をもったことにはならない。実態的権利として効力が発揮できるためには、それを国内法として実定化しておくことが求められる。

このため早急に「住居法」（住宅基本法）を定めることが求められよう。そのことによってはじめて国民の住まいに対する権利が実効的に保障されたことになる。したがって、この「住居法」は、憲法典的な機能を有する法律であり、各種の住宅関連法規や制度の上位にあって、母法的な役割を果たす法律であることになる。内容的には①人権としての居住権の承認、②住宅の公的保障、③保障すべき居住水準の内容、④適正住居費負担額等の最低限度、こうした内容が住居法に謳われるべき骨格となるだろう。

2　実現へのプロセスと課題

それをどのようにして実現するのか、その具体的プロセスを整理することも実務的には大切な課題となっている。ここでは、「住居法」（住宅基本法）の実現に向けての課題として、以下の5点を指摘しておこうと思う。

第1は、居住の権利についての学際的研究の強化である。

第2は、居住の権利侵害の実態を社会的に明らかにする取組みの強化である。今日、国民生活のあらゆる分野での痛みが拡大しているなかで、適切な住まいを放棄せざるえなくなっている人たちが急増している。路上生活者としてのホームレスはその最終段階であるが、ホームレス予備軍は着実に拡大している。その現実をできるかぎり社会に提起してゆく告発的運動の拡大も大切であろう。

第3は、自治体住宅政策レベルからの取組みの強化である。行政能力の高い先進自治体を中心に、居住の権利を前提にした自治体住宅政策の強化を、市民の側から求める運動を構築することが必要である。地方から中央を包囲する戦略の確立が求められる。

第4として、居住の権利についての啓蒙活動の展開を図ることも求められる。国民の間に、権利としての「快適な住まいの保障」の合意形成を図ることが重要な前提課題となってくる。すべての人たちが最低限度の住まいを権利として享受することの意義と必要性を、国民自身が正しく理解しないかぎり、居住の権利の実際的な適用は難しい。

そして最後に第5として、現行の公共住宅政策の空洞化を食い止めることである。現在の「3公」体制は、必ずしも完全な政策ではない。しかし、国民の住宅確保を自助主義と自己責任に転換しようとする動きに、現行の住宅政策を擁護する立場から対抗することは、「住居法」を実態化してゆくうえで重要な基盤を確保することになるし、国民の居住を守る制度が対置されないなかでは、不充分な制度でさえ擁護の対象とする必要がある。その意味では、イスタンブール宣言や社会権規約委員会勧告のフォローアップ活動も強化する必要があろう。

現政権の「財政・構造改革」路線は、国民生活の根幹的部分に対して、仮借なき「痛み」を要求してきている。財政再建の経済的負担を国民生活の犠牲によって切り抜けようとする改革の矛盾は、住宅政策に典型的に顕在化しているといえる。社会正義の実現や弱者の保護や公平の原則をかなぐり捨て、優勝劣敗と公共責任放棄の政策に変質しているが、それはやがて国民生活のすべての領域で、生活破壊をもたらすおそろしい結果を惹起するようになると思われる。住まいの権利をどのように守るのかは、換言すれば私たちの国民生活をどのように擁護するのかに直結する重要な問題でもある。国民生活防衛のためにも、公共政策強化を求める広範な声の結集が、国際世論を背景に急がれているように思う。

●ホームレス（野宿者）の権利

野宿者の権利を保障する施策の充実を

安江 鈴子（野宿者・人権資料センター）

I. 野宿を余儀なくされる人々の増加

日本では、1990年代以降、野宿を余儀なくされる人々が急増しているのだが、政府報告書はこれらの人々の問題を取り上げていないことをNGOレポートで指摘した。日本の野宿者は欧米におけるホームレスの人々とは微妙に様相を異にし、“経済難民”とでも呼ぶのが実情にふさわしいと思われる。90年代前半は大都市を中心に広がったのだが、当該の自治体で、これらの人々を、さまざまな社会権を侵害された人々と捉えるところは存在しなかった。政府報告書にはその現状が反映されていたのである。

総括所見は、日本にもホームレスの人々が多数存在すること、さらに、これらの人々が強制排除されていることに懸念を表明し《29、30》、野宿に至る原因の究明をはじめとする調査を行なうこと、生活保護の適用を含む充分な生活水準の確保を提言した《56》（〈12、272、280〜283、318〜319〉等参照）。

II. 調査

野宿者の聞き取り調査は1994年に東京・新宿の支援団体が行なったものが最初である。以降、自治体の行なったものも含めてさまざまな実態調査が行なわれている。大都会以外では、定住化の傾向は低いこと（定住化には一定の力が必要なので、定住化したくともできないのだ、と分析されている）を除けば、

・単身の男性が95パーセント以上である
・平均年齢は55歳前後
・最長職はあらゆる産業の技能職である
・直前職に建設・土木関連の非常雇職を経験した人の割合は約6割
・直前の住居が寮・飯場・簡易宿所などの不安定住居である人の割合は約6割

など、すべて共通の結果が出ている。

調査は、野宿生活の実態が、憲法に定められた健康で文化的な最低限度の生活以下であることを明らかにしており、また、野宿にいたる原因については就業できないことが原因であるために、これらの人々が経済難民であると考えるべきだということがいえるのである。

さらに、2001年に発表された名古屋市の「ホームレス聞き取り調査中間報告」には、「公園等の公共の場で生活せざるを得ない『ホームレス』に対し、個人の責任に帰するとする見方を改めるとともに、公共の場を不法に占拠している者としてのみ捉える見方から脱却し、地域社会の一員として社会生活が営めるよう、雇用・住宅・保健・福祉等各分野からの総合的な支援と新たな認識が必要である。そのためには、『ホームレス』の現状分析やニーズの把握が必要になる」と、その目的が述べられていた。「追い立て」では問題は解決しないとの認識がようやく広まりつつあることの証左であろう。

III. 野宿者と生活保護

日本では生活保護法が福祉の最後の砦として機能しているはずである。が、野宿者が生活保護を申請しても、「住所不定である」、「稼働能力がある」ことを理由に申請さえ受け付けられないのが現状だ。

定まった住居のない人のための生活保護実施機関である東京・山谷の東京都城北福祉センターと大阪・釜ヶ崎の大阪市立更生相談所は、非常に制限された運用を行なってきた。更生相談所の生活保護行政については、違法であるとの判断が示されている（釜ヶ崎労働者、佐藤邦男さんの「野宿から居宅保護を求める訴訟」2002年3月22日一審判決）。

1996年10月に、名古屋の日雇い労働者、林勝義さんの「林生存権訴訟」一審判決が出されて以来、厚生労働省は「住所不定である、稼働能力があるからといって保護の要件を欠くわけではない」との見解を示してきているが、現場の福祉事務所の反応は鈍く、改められる気配はない。

IV. 政府の対応

1998年頃から大阪市をはじめとするさまざまな地方自治体、政治家たちの政府への働きかけが活発になり、政府内に「ホームレス問題連絡会議」が設置され、「ホームレス問題に対する当面の対応策」が打ち出された。「対応策」は野宿者を3つのタイプに分けており、1つめが就労支援を必要とするタイプ、2つめが福祉的支援を必要とするタイプ、3つめが社会生活を拒否するタイプとされているのだが、この3つめのタイプは、上記の実態調査の結果からかけ離れた空論であると私たちは考えている。

「当面の対応策」により、国の予算の裏づけもなされて、大阪市・横浜市・東京都に「自立支援センター」が設置された。さらに、大型の緊急一時宿泊施設(いわゆるシェルター)も大阪・東京に開設されている。東京では、このシェルターでアセスメントを受けて自立支援センターに入所するという流れになっており、シェルター、自立支援センター、ともに法律にもとづかない臨時収容的性格の濃い施設である点、入所枠が圧倒的に少ない点、就労支援がないため入所者の就労は民間市場に任せており就労率がはかばかしくない点など多々問題はあるが、都の姿勢として、まず公共空間の適正化があるのではなく、野宿者の路上からの脱却がめざされていることを私たちは評価している。他都市では、ブルーシート小屋の集中する公園にシェルターを設置し、その公園の定住者に入所を強要するような事態が見られるからである。野宿者が路上から脱却するための施策ではなく、まず、公共空間の適正化を図ろうという姿勢があからさまである。

東京都では、国の「当面の対応策」がまとめられる以前から「路上生活者問題に関する都区検討会」の最終報告(1996年)にもとづき、自立支援事業のほかに、福祉・医療分野において種々の事業が開始されていた。結核検診・街頭医療相談・野宿者を受け入れる病院への謝金などである。野宿者問題に関心のある行政の職員、民間のボランティア・専門家たちは「予算がつき、国レベルでも社会的問題であるという議論がされるようになればとても仕事がしやすい」と言っている。

2001年6月には、民主党が「ホームレスの自立支援臨時措置法案」を国会に上程し、それに対して与党3党でも法案を作成し、超党派でこの法案の通過をめざした。私たちは、与野党に対してロビー活動を行ない、ヒアリングにも出席し、自立支援法にどのような内容を盛り込むべきか提言を行なった。そして、第154回国会において「ホームレス自立支援特別措置法」が成立した。日本のどんな都市にでも見られるほど多数の人が野宿を余儀なくされ、また、社会問題としても長期化する傾向が見える現在、野宿者が人として自分らしく生き、路上から脱却していくためには、生活保護の適用や公的雇用の創出だけではない、多角的なきめ細かい施策が必要なのだと痛感させられているからである。

●阪神淡路大震災

被災者の抱える最大の問題に言及

熊野 勝之（弁護士）

I. 政府報告書と回答書の問題

1995年1月17日に発生した阪神淡路大震災とその復旧過程は、居住の権利をはじめとする生活水準の権利の日本における実施（非実施）状況を、ドラスティックに顕在化させた。ところが、政府報告書には、阪神淡路大震災に関する言及は一切なかったため、社会権規約委員会は、政府に対し「阪神淡路大震災の被災者のリハビリテーションのために日本政府のとった措置」を事前に質問した。これに対する文書回答は、2001年7月下旬、審査の直前になってようやく提出された。この間、阪神淡路大震災に関してNGO、個人から、少なからぬNGOレポートが委員会に提出されていたが、政府の回答は、NGOの指摘した問題をまったく無視していた。

たとえば、回答は「厚生省は、被災者のうち自らの資力では住宅を確保できない者に対して仮設住宅49,681戸を設置し、入居戸数は最大時47,911世帯となった」として、仮設住宅の設置戸数は被災者の必要戸数を上回っていたかのような印象を与えている。しかし、日本弁護士連合会のオルタナティブ・レポートは、「兵庫県下の全壊・全焼の世帯数だけとっても188,068世帯で、これに対し県下の仮設住宅建設戸数は48,300戸で全壊等に対する比率は25.7%に過ぎなかった。その結果被災者の多くは仮設住宅に入居できず県外に避難し、或いは野宿、半壊の住宅での生活を余儀なくされた。これは、仮設住宅の建設戸数を、『全壊等住宅の最大限3割以内』とした『厚生事務次官通知』の基準によるものである」と指摘している。政府回答は、必要戸数を明らかにしていない。設置された仮設住宅が満杯にならなかったのは、もとの居住地から遠い山間部に建設され、通勤時間・交通費等の理由で入居できなかったからである。恒久住宅の建設数についても政府回答は、施策を列挙し、あたかも住宅問題は解消したかのような印象を与える記述になっているが、上記と同様の問題があった。

II. 総括所見のもつ意味

被災者の立場からすれば、日本政府に対し勧告してほしい事項は多岐にわたっていた。勧告で、2項目ではあったが、被災者が最も強く希望していたもののうち現在も続いていて、しかも将来の規範となる問題を取り上げたことの意味は大きい。

その1は、孤独死の防止である。総括所見は、「大規模な再定住プログラムにもかかわらず、もっとも大きな影響を受けた層がかならずしも充分な協議の対象とされず、その結果、ひとり暮らしの多くの高齢者が現在、個人的な注意をほとんどまたはまったく向けられないまま、まったく馴染みのない環境下で生活していること」等々に懸念を表明し《27》、「とくに高齢者および障害のある人々に対するコミュニティ・サービスを改善および拡大するよう」勧告した《54》。「被災したひとり暮しの多くの高齢者」に関する記述は、「孤独死」の生まれる環境に関するものである。それが「もっとも大きな影響を受けた層がかならずしも充分に協議の対象とされ」なかった結果であるという指摘はきわめて重要である。居住の権利は、ハコモノを作ってお仕着せ的に提供すればよいというものでなく、影響を受ける人々と充分な協議を行なって、住まいの位置、あり方を決定しなければならない(一般的意見第4号パラグラフ9「政策決定過程への参加の権利」)。「まったく馴染みのない環境下で生活している」との指摘は、「占有の保障」「立地条件」など居住の権利の基本的要素(一般的意見第4号パラグラフ8-a、f)が無視されたことの指摘である。コミュニティによるケアの必要性の指摘・勧告は、「人間固有の尊厳」を満たした「適切な生活水準の権利」から導かれる。経済的要因への言及はないが、孤独死の生まれる背景を除去しようとするものであることは明らかである。仮設住宅への入居の選別は、公平の名の下の抽選でコミュニティを破壊してしまった。その結果、1995年1月から98年12月までの間に、自殺者、餓死者を含む235名の孤独死が発生した。復興恒久住宅へ移るに際して、せっかく仮設住宅で形成されたコミュニティが再び破壊され、高層住宅の鉄の扉の中で孤独はいっそう深まった。政府回答は、ケアに関する施策を列挙するのみで、NGOのこれらの指摘を無視している。

その2は、震災で倒壊した家のローン残と再建した住宅の新ローンとの二重ローンの問題である。総括所見は、「被災者の貧困層」という表現を用いているが、これらの人々は日本人の感覚では決して「貧困層」ではない(島本慈子「倒壊――大震災で住宅ローンはどうなったか」筑摩書房、1998年)。政府は、回答の中で、融資額の増額、据え置き期間の延長、金利の低減など緩衝策をとったことを列挙している。しかし委員会は「ローンの支払いのため……資産を売却しなければならなくなる状況を回避する」ことを求めている《55》。政府が居住の権利の内容としてどのような住居を提供すべきかについては政府の裁量の余地が大きいが、人々がすでに持っている権利を後退させることは義務違反となる。総括所見が、人々が自己の責任でない原因で、すでに持っている住居を手放さなければならなくなったとき、これを売らずに済ませるよう緩衝策を講じる義務があることを明らかにしたことは、被災地だけの問題にとどまらず、その意味はきわめて大きい(〈275、317〉等参照)。

III. 「強制立退き」解釈の進化とベンチマーキング

社会権規約委員会は、居住の権利の第一の要素として「占有の法的保障」を挙げ、「強制立退き」からの法的保障がなされるべきこと(一般的意見第4号パラグラフ8-a)、国内法上の差止命令により立退き・建物解体の中止を求める上訴を認めることは規約の趣旨に合致すること(同パラグラフ17-a)、強制立退きは原則的に規約の要求に合致しないと推定されること(同パラグラフ18)等を明らかにした。また、ドミニカ、パナマ両政府の報告書審査を通じて、強制立退きには、①単なる正当化事由では不充分で高度の正当化事由の存在(規約第4条)、②関係者との真摯な協議、③適切な代替建物の提供等を要することを示した。さらに、「強制立退き」は、国内法と国際人権規約の諸条項(の双方)と一致して行なわれるべきこと(一般的意見第7号パラグラフ4)、規約第4条が遵守されるべきこと(同パラグラフ6)、立退きが正当化される場合にも、国際人権法と合理性・比例性の一般原則に厳密にしたがうべきこと(同パラグラフ15)、手続的保障が全うされるべきこと(同パラグラフ16)等を明らかにしてきた。

総括所見は、「裁判所の仮処分命令手続において、裁判所がいかなる理由も示さずに仮の立退き命令を発することができ、かつ当該命令が執行停止の対象とされないという手続の略式性をとりわけ懸念するものである。このことにより、いかなる不服申立権も意味のないものとなり、かつ仮の立退き命令が実際上は確定命令となってしまう。これは委員会が一般的意見第4号および第7号で確立した指針に違反するものである」と述べ《30》、「あらゆる立退き命令およびとくに裁判所の仮処分命令手続が一般的意見第4号および第7号に示された委員会の指針に一致することを確保するため、締約国が是正のための行動を起こすよう勧告」した《57》(〈265、277、309〜311〉等参照)。

これは、震災で損傷したマンションを解体して建て替えるか修繕するかの問題で、修繕を主張する住民や、都市再開発で権利変換手続の違法・無効を訴えている住民を強制立退きさせ、その所有建物を解体してしまう等のわが国の断行仮処分の実務が、民事保全法の規定に反して理由の記載がなく、規定上も執行停止が困難であるのみならず、運用においても容易に執行停止が認められず、仮の立退き命令が事実上恒久的な意味をもってしまうため、異議申立(上訴)が無意味となり、上記の一般的意見に違反することを明らかにしたものである。証人尋問などの認められない書面だけのしかも短時間の審査でなされることにより、自由権規約第14条の公正な裁判を受ける権利も侵害する。

今回の総括所見は、一般的意見違反を具体的に明確にし、違反を解消するために政府がとるべき措置の到達点を示し(ベンチマーキング)、委員会の審査の新しい方向を示した点で、またおそらく、仮処分による強制立退きという新しい分野における強制立退きに関する委員会の見解を、政府報告書の審査を通じて進化させた最初の事例であるという点できわめて注目すべきものである。わが国の裁判所は、速やかに現行実務を総括所見に合致するよう是正措置をとるべきであり、政府は2006年の第3回報告書に間に合うように、現行法を改正する義務を負っている。今回指摘された違反を解消するための措置をとるためには、社会権ではしばしば問題になる「利用可能な資源の配分」、すなわち予算措置という問題は生じないから、直ちに実行する義務があることは明らかである。

* 国際人権規約の審査におけるベンチマークの意味について、阿部浩己神奈川大学教授から次の文献の教示を受けた。同書1080頁以下に国際人権法におけるベンチマークの定義、使われ方が述べられている。
Maria Green: What We Talk About When We Talk About Indicators: Current Approaches to Human Rights Measurement, *Human Rights Quarterly* 23 (2001)

●ウトロ問題

強制立退きと「居住の権利」

斎藤 正樹・新屋敷 健（地上げ反対!ウトロを守る会）

I.　強制立退きを懸念

総括所見では、規約第11条1項「居住の権利」に関連し、原則として国際人権基準に違反する強制立退きについて、京都府宇治市ウトロ地区（在日朝鮮人集落）の問題がその具体例として取り上げられた。また同時に、社会権規約委員会（以下、委員会と略す）は、裁判所による簡単な（民事保全法上の）仮処分命令の手続のみで強制立退きが安易に行なわれている現状を指摘し、「委員会が一般的意見第4号および第7号で確立した指針に違反する」《30》と、強く警告した。

日本政府は第2回報告書の中で、国内で強制立退きは存在しないかのような報告をしている。しかし、全国各地の強制立退き事件は相当数に上るのではないのか。

日本国（国会、政府、裁判所）は1979年に社会権規約を批准、発効し、その国内的効力を生じさせた。しかし、規約の趣旨を受けた新たな法の制定や、既存の法の改正（少なくとも解釈変更）は今日までまったくといっていいほど行なわれていない。居住に関して、「住居に対する権利の内容を定義する観点から、この権利に実質を与える法」（いわゆる「住居法」あるいは「住宅基本法」）も、「あらゆる形態の強制退去を禁ずる法」も存在しない。また、裁判所は規約そのものの裁判規範性を否定し、批准前と同じ判例で、居住者に対して代替的住宅の提供等なしに退去判決を繰り返している。ウトロの判決もその一例である。

総括所見ではこの点について、「規約の規定の多くが憲法に反映されているにもかかわらず、締約国が国内法において規約の規定を満足のいく方法で実施していないことを懸念する」、「司法決定において一般的に規約が参照されないことに懸念を表明する。締結国がこのような立場を支持し、したがって規約上の義務に違反していることはさらなる懸念の対象である」《10》と厳しく指摘した。

II.　ウトロ住民の救済を勧告

ウトロとは地名。正しくは京都府宇治市伊勢田町ウトロ51番地。第2次世界大戦中、日本政府による「京都飛行場」建設工事に半強制的に動員された朝鮮人労働者の飯場跡である。現在も約70世帯、230人の在日韓国・朝鮮人が住む。戦時中の軍需企業を引き継ぐ日産車体（株）は、1987年に住民の承諾なしに集落の土地（約2ヘクタール）を売却し、これを買い取った不動産会社（有）西日本殖産が住民に立退きを迫り、1989年「建物収去土地明渡し」訴訟を提起。裁判では「ここに住み続けたい」という住民の主張はことごとく退けられ、2000年の最高裁上告棄却によって、全員の退去判決がすでに確定している。

委員会はウトロ問題を大きく取り上げた〈13、264、312〉。関連する総括所見の内容を見ていきたい。

まず「主要な懸念事項」として、「居住……の分野において、日本社会のマイノリティ集団ならびにとくに……韓国・朝鮮人に対する法律上および事実上の差別が根強く残っている」《13》としたうえで、「ウトロ地区において長期間居住を占有してきた人々の強制立退きについても懸念する」《30》と指摘した。次にこれを受けた「提案および勧告」では、「締結国が現在、ウトロ地区に住む韓国・朝鮮人の未解決の状況に関して住民との協議を進めていることに留意しながらも、……日本社会のあらゆるマイノリティ集団に対し、とくに……居住……の分野で行なわれている法律上および事実上の差別と闘うため、締結国がひきつづき必要な措置をとるよう勧告する」《40》、「あらゆる立退き命令およびとくに裁判所の仮処分命令手続が……委員会の指針と一致することを確保するため、締結国が是正のための行動を起こすよう勧告する」《57》と明記した。

III.　総括所見の意味と解決の方向

次に、この総括所見の意味について考えていきたい。委員会は強制立退きという用語について、「個人・家族・共同体を、それが占有している住居・土地から、その意思に反して、適切な法的な保護等を与えることなしに、恒久的・一時的に立ち退かせること」（一般的意見第7号）と定義している。ウトロはこの条件に合致する。

もともと規約の条文は相互に関連している。委員会が示した報告書作成のための「改正ガイドライン」には、「伝統的に保護を受けないグループを含む、居住に関するすべての形の差別を禁止する法律」との表現があるように、たとえば、規約第2条2項の「差別の禁止」と第11条1項の「居住の権利」を同時に読むことで、その国内のマイノリティ集団の居住問題がクローズアップされる。

総括所見ではこの点、明らかに、委員会はウトロ問題を戦後、日本社会が生み出した在日韓国・朝鮮人に対する差別という歴史的文脈で捉えている。そして、少なくとも規約を批准した1979年以降、日本政府はウトロ住民の権利侵害状況を放置すべきではなかったという認識がその根底に窺える。

さらに現実の問題として、委員会はウトロ住民を強制立退きから救済するよう求めている。所見に委員会が「一般的意見」などで示してきた人権基準を重ねて考察すると、日本政府（京都府、宇治市）には次のような即時的義務があることになる。

①住民と平和的な解決を求めて、実質的に話し合うこと

②強制立退きに代わるすべての合理的な代案が示されること

③必要な場合は、充分な代替住宅が提供されるべきこと

以上は、人権保障を基本としたウトロ問題の解決の方向性を示している。

Ⅳ．住民の強制執行との闘い

いま、私たちにとってもっとも重要なことは、総括所見の勧告をいかに国内で実施していくかである。ウトロの場合、司法的救済の道はすでに閉ざされ、新たな立法措置も期待できない……とすると、所見を武器に行政に救済を求める以外に進むべき道はない。

日本政府は「ウトロ住民とは協議中である」とジュネーブで言明し〈13、312〉、それが今回の所見にも反映されたが、住民はその協議の実現を求めて、さっそく小泉純一郎首相に手紙を書いた。今後、勧告の受入れと、強制立退きに代わる合理的な解決案の実現に向けて、政府、地方自治体と交渉を進めていくことになるだろう。私たちは住民のコミュニティを壊さない新たなまちづくり計画として、対案「ウトロまちづくりプラン」を地方行政に提示済みである。だが一方、土地所有者は期限を切って、住民への「強制執行」の策動を強めている。

ウトロの運命は「住民をホームレスにするな！　強制立退きを許すな！」という国内・国際世論が今後、大きく盛り上がるかどうか、住民が団結を維持できるかどうかにかかっている。もし、ウトロの闘いが前進し、強制執行が阻止されて、住民の「居住の権利」が実現するとしたら、それは差別に苦しむ人々、強制立退きの不安に怯える人々にひとつの希望を示すことにもなるだろう。

私たちは、ウトロから1人のホームレスも出さない覚悟で、闘うつもりである。

＊　本稿を作成するにあたり、シルビア・ブラウン・浜野龍谷大学教授から貴重なご教示をいただきました。記して感謝いたします。

●教育・文化

教育のあり方を問う力強い勧告

平野 裕二(ARC)

教育・文化に関わる規定(第13〜15条)は社会権規約の実体規定の最後に位置しており、報告審査でも最後に扱われる。日本の審査では、教育・文化の領域にたどり着いた時点で残り時間がわずか35分であったため、かならずしも充分な議論は行なわれなかった。それでも、教育に関しては、子どもの権利委員会や人種差別撤廃委員会のこれまでの総括所見や見解を発展させた、相応に力強い勧告が出されている。とくに総括所見パラグラフ58〜60の勧告は、連絡会議が提出した勧告案を相当程度取り入れたものである。

I. 教育におけるストレス等

第1に、「あらゆる段階の教育がしばしば過度に競争主義的でストレスに満ちたものとなっており、その結果、生徒の不登校、病気、さらには自殺すら生じていること」に懸念が表明され《31》、教育への権利に関わる社会権規約委員会や子どもの権利委員会の一般的意見を考慮にいれながら「教育制度の包括的再検討を行なうよう強く勧告」されている《58》。

これは、日本の競争主義的な教育制度が引き起こしている「過度のストレスおよび学校忌避」に対応するべきであるという、子どもの権利委員会の1998年6月の勧告(総括所見パラグラフ22、43)を発展させたものである。ハント委員は、この問題を取り上げる際、子どもの権利委員会のこの所見を事実上引用した〈333〉。サーディ委員も、入試関連のストレスから生徒の自殺まで生じていることの問題点を指摘した〈324〉。これに対して文部科学省は、入試改革をはじめとする種々の対策を紹介するにとどまっている〈348〜349〉。

子どもの権利委員会の勧告も、審査でのやりとりを踏まえれば教育制度の包括的再検討を求めていることは含意されていたものの(子どもの人権連等『子どもの権利条約のこれから』エイデル研究所、1999年参照)、はっきりとした要請にはなっていなかった。今回、そのことが明示的に、かつ「強く」勧告されたことは大きな意義をもつ。あわせて、社会権規約委員会の一般的意見第11号、第13号ならびに子どもの権利委員会の一般的意見第1号を参照するよう促されたことも重要である。これらの一般的意見も参照しながら、人権条約で求められている教育のあり方についてあらためて検討を深める必要がある。

II. 教科書問題

第2に、主としていわゆる歴史教科書問題を念頭に置いて、「学校教科書その他の教材において、諸問題が、……〔人権条約に掲げられた〕教育の目的および目標を反映した公正なかつバランスのとれた方法で提示されることを確保する」ことが促された《59》。

これは、第一義的には、歴史教科書における従軍慰安婦関連の記述に関するダンダン議長の質問〈172〉、また「新しい歴史教科書をつくる会」による歴史教科書の検定合格をめぐって生じた国際的批判に関するハント委員の質問〈334〉を背景としたものである。他方で、女性差別、マイノリティ差別、人権教育、環境をはじめとするさまざまな問題の取り上げ方とも深く関連している。

こうした点について文部科学省は、「学習指導要領の範囲内で具体的にどのような内容を取り上げ、またそれをどのように記述するかということは執筆者の判断に委ねられて」いることを前提とし〈244、350〉、明らかな誤り、著しくバランスを欠いた記述には検定意見を出すものの、執筆者の基本的な歴史認識等を修正することはできないと説明した〈350〉。教科書における男女平等理念の記述〈147〉、「従軍慰安婦」問題を取り上げている高校歴史教科書数〈244〉など、教科書の現状についても一部紹介している。

しかしこれまでにも、南京大虐殺や「従軍慰安婦」といった歴史上の問題はもとより、原子力発電所や政府開発援助の問題（公民）、家庭の多様なあり方（家庭科）といった問題について、政府の政策意図に沿った記述を教科書検定で迫られる例は多数生じてきた。自由権規約委員会の第3回日本報告審査（1993年11月）でも、自由権規約第19条（表現の自由）との関連で問題を指摘されたことがある。運用の改善が図られてきたとはいえ、教科書検定制度の本質はいまなお変わっていないのであり、今回のような答弁はいささかご都合主義的であるといわざるをえない。今回の所見も踏まえ、あらためて教科書検定制度のあり方、教科書執筆者に対する支援・情報提供の手段を検討していくことが必要である。

III. 言語的マイノリティへの対応／朝鮮民族学校

第3に、言語的マイノリティの教育のあり方について、他の人権条約機構よりも踏み込んだ勧告が行なわれている。

1つは公立学校における指導言語等の問題であり、総括所見では、マイノリティの子どもが「自己の言語による教育および自己の文化に関する教育を公立学校で享受する可能性がきわめて限られていること」について懸念が表明された《32》。この点は2001年3月に人種差別撤廃委員会からも批判され、「公立の学校におけるマイノリティの言語による教育を受ける機会を確保するため」の適切な措置が勧告されたところである(人種差別撤廃委員会総括所見パラグラフ16)。この問題についてのハント委員の質問〈332〉に対し、文部科学省は、日本の公立学校で日本語を使用するのは当然であるという立場を崩さなかった〈352〉。

この点について委員会からは、「言語的マイノリティに属する生徒が相当数就学している公立学校の正規のカリキュラムに母語による教育を導入する」ことが「強く勧告」されている《60》。これは子どもの権利委員会よりも具体的かつ現実的な勧告である。公教育は「国民」を育成するものであるという、文部科学省がたびたび表明してきた姿勢は権利としての教育という考え方とは相容れないものであり、今回の所見も踏まえて方針転換が求められる。

もう1つは、朝鮮民族学校をはじめとする外国人学校の位置づけに関わる問題である。朝鮮民族学校等が公的に承認されておらず、国公立大学の受験資格等の面で生徒に多くの困難を強いていることは、子どもの権利委員会(1998年6月、総括所見パラグラフ13、35)、自由権規約委員会(1998年11月、総括所見パラグラフ13)、人種差別撤廃委員会(2001年3月、総括所見パラグラフ16)などから重ねて問題にされてきた。今回はマリンベルニ委員がこの問題を取り上げたものの〈106〉、文部科学省は、外国人学校は認可のためのスタンダード(基準)を満たしていないという従来の主張にあくまでこだわり、これまでの立場を堅持した〈152～153〉。

総括所見では、朝鮮民族学校等の置かれている状況について懸念が表明され《32》、そこで行なわれている教育が学習指導要領に(事実上)したがっている状況においては公的に承認し、「それによって当該学校が補助金その他の財政援助を得られるようにすること、および、当該学校の卒業資格を大学入学試験の受験資格として承認すること」が勧告されている《60》。これも従来の条約機構よりも具体的な勧告であり、とくに「補助金その他の財政援助」の必要性が初めて明示的に指摘された点で重要な意義をもつものである。上述した教科書問題も含め、すべての子どもの学習権を充分に保障することを目的として、学習指導要領等の「スタンダード」のあり方を根本的に見直すことが求められている。

IV. その他の問題

以上のほか、中等教育・高等教育の漸進的無償化について定めた規約第13条2項(b)(c)への留保についても、日本の経済規模に照らして複数の委員から疑問の声が上がった(ラトレー委員〈52〉、リーデル委員〈74〉)。文部科学省は、非進学者と進学者の負担の公平を図るためという、社会権規約委員会に対する文書回答に掲げられた説明を繰り返すとともに、高校・大学等への進学の機会は保障されているので無償化は考えていないと表明している〈60、80、82〜84〉。総括所見では、「これらの権利の全面的実現がいまなお保障されていない」として《11》、撤回の検討が促された《34》。

また、公務員のストライキ権との関連で、権利を制限する必要のない職種として具体的に教職員が挙げられ〈197等〉、総括所見でも触れられている《21、48》。

このほか、障害児教育〈158〉、体罰等の学校における暴力〈259、270、303〜304〉、アイヌ民族の文化権〈336、353、355〜356〉、大学教員等の知的所有権〈337、357〉、国営テレビの教育目的利用〈339、351〉などの問題も取り上げられたが、いずれも総括所見には明示的には反映されていない。

なお、教育分野の審査の際にユネスコの代表が発言を行ない、日本政府およびユネスコ・アジア文化センターが教育・識字分野の国際協力で役割を果たしていることなどを報告した〈326〜330〉。他国の審査でも同様の発言を行なっていたが、教育に関わる当該国の問題点を具体的に指摘するわけでもなく、報告審査の目的にはそぐわない行動である。いたずらに時間を浪費するのみであり、委員会の作業方法の再考が求められる。

Consideration of Japan's Second Report
on the International Covenant
on Economic, Social and Cultural Rights:
the Record and Follow-up

第3部 社会権規約委員会日本報告審査全記録

社会権規約委員会
第2回日本政府報告書審査
審議録

〔解説〕
*この審議録は、2001年8月21日に2会合をかけて行なわれた、社会権規約委員会による日本の第2回政府報告書審査の速記録である。委員の発言は英語の録音テープから反訳・翻訳した。日本政府代表団の発言については、英語による発言は翻訳し、日本語による答弁は日本語による速記録に最低限の整理を加えた（なお、明らかな間違いまたは漏れ、ないし注釈が必要と思われる言葉については〔　〕で補足してある）。利用者の便宜のため、通しでパラグラフ番号をふるとともに、発言・答弁の内容ごとに段落の前に小見出しをつけた。
［英語テープおこし・翻訳・構成＝平野裕二／日本語テープおこし＝安部芳絵］

第1会合（午前の部）

I. 開会・冒頭ステートメント

ダンダン議長

〔開会宣言〕

1. おはようございます。今回は経済的、社会的および文化的権利に関する委員会の第42回会合です。本日、午前と午後を通じて委員会の議題となっているのは、日本の第2回定期報告書の審査です。委員会にその報告書を説明するために首都からお見えになった代表団を歓迎するとともに、今日は忙しい日ですから直ちに泉さんに発言していただきたいと思いますが、その前に、委員会を代表してあらためて歓迎の意を表させてください。これは泉さんに対する言葉です。こうして来ていただいて本当にありがとうございます。日本はすぐそこの国というわけではありませんので、はるばるおいでいただいたことに感謝しています。どうもありがとうございます。それでは、このへんで泉さんに発言していただき、まずは代表団のみなさんをご紹介いただければと思います。それから、ジュネーブの国連代表部の大使閣下にご臨席いただけることも歓迎したいと思います。みなさん、こちらに座っていただけますか？　泉さんのほうから、こちらに座っていただくようにおっしゃっていただければ。それでは泉さん、どうぞ。

外務省（泉人権人道課長）

〔代表団紹介等〕

2. ありがとうございます。本日は日本政府を代表いたしまして、外務省、原口大使をヘッドといたしまして、外務省、法務省、警察庁、文部科学省、厚生労働省、総理府男女共同参画室〔局〕、国土交通省よりなります代表団がまいっております。最初に、非常に、今回より会議時間が6時間ということで非常に短くなっておりますということでございますので、このメンバーリストにつきましてはすでに事務局のほうに提出しておりますので、個別のご紹介はここでは省略させていただきます。いま原口大使がお見えになりましたので、日本代表団としては大使からのステートメントから始めたいと思いますが、いかがでしょうか。

原口大使

〔冒頭ステートメント〕

3. 議長、委員会の委員のみなさま、ご出席いただいたみなさま、経済的、社会的および文化的権利に関する委員会が日本政府の報告書を審査されるにあたり、日本の代表団を代表していくつか申し上げたいと思います。

4. 日本は、人権保護、平和および全体的な経済的繁栄を高い水準で享受しております。とはいえ、規約に関する政府報告書が1986年に審査されて以降、日本社会には相当な変化が生じてまいりました。少子化、核家族の増加、急速な高齢化とともに、1990年代以降は、長引く経済的不況と停滞によって新たな課題を突きつけられております。わが国としては、こうした課題に立ち向かっていく結果として、本規約がますますもって重要性を増してきていると考えております。事前質問事項に対する回答のなかで、規約に関する報告書を1998年に提出して以降のわが国における進展が詳しく述べられておりますし、のちほど代表団のメンバーからも説明が行なわれる予定です。私どもは、男女共同参画社会を実現するための措置から新たな人権救済制度を設置する動きに至る多種多様な分野で、人権の保護と伸長に向けた効果的な努力を行なってまいりました。

〔ハンセン病問題への対応〕

5. ハンセン病国家賠償請求訴訟の問題につきましては、小泉首相が声明を発表いたしまして、次のように述べております。引用いたします。「我が国においてかつて採られたハンセン病患者に対する施設入所政策が、多くの患者の人権に対する大きな制限、制約となったこと、また、一般社会において極めて厳しい偏見、差別が存在してきた事実を深刻に受け止め、患者・元患者が強いられてきた苦痛と苦難に対し、政府として深く反省し、率直にお詫びを申し上げる」。これは、社会の安全を守りたいという思いが不遇にも人権侵害につながった珍しいケースであります。このことにより、すべての人々の人権をバランスのとれた形で守っていくことが時としていかに難しいものとなりうるか、あらためて感じた次第です。

〔NGOとの協力〕

6. 日本政府は、規約に掲げられた諸権利を保障するために効果的な措置をとってまいりましたけれども、その努力が完全無欠でないことも自覚しております。ですから、私どもは改善のための機会を歓迎いたしますし、今後ともそのように努力していく所存です。このような目的に向けた非政府組織のみなさまの援助には感謝しております。今年の1月と先月末には、多くのNGOと意見交換の機会をもち、要望をお聴きするとともに、諸問題をどのように認識しているかについて教えていただきました。日本からNGOの代表として来られた約70名のみなさまが、日本政府と委員会の意見交換を傍聴されるものと承知しております。そのような形で熱意と関心を示していただくことで、私どもも決意を新たにすることができます。

7. 最後に、委員会のご意見も私どもの努力にとって非常に重要です。代表団は、委員会の各委員のみなさまと建設的な対話を行ないたいと思っております。みなさまの勧告と識見を踏まえ、今後、規約をいっそう効果的に実施していくための努力を続けていく所存です。ありがとうございました、議長。

ダンダン議長

〔進行上の注意〕

8. ありがとうございました、大使閣下。泉さんに冒頭プレゼンテーションをしていただく前に、できるだけ効率的に議事進行できるようにしたいということを、議事録に記載するという意味で申し上げておきたいと思います。たくさんの質問に答えていただかなければならないことは承知しながらも、短く、簡潔に、要を得た発言をしなければなりません。テーブルのどちら側に座っているか、つまり委員会の委員であるか代表団であるかを問わず、です。ここであらかじめ申し上げておきますが、私はこの点については非常に厳しく対応していきます。取り上げるべき問題はとてもたくさんありますし、非常に効果的な形で仕事を済ませられるようにしたいためです。単に仕事を済ませるだけではいけません。目の前に控えている重要な問題をすべて扱えるよう、非常に効率的に進めていく必要があります。泉さんにご発言をいただいた後、どのように進行するかについてご説明します。それでは泉さんにご発言いただきますが、プレゼンテーションは10分以内で終わらせるよう努力していただきたいと、はっきり申し上げておきます。よろしくお願いします。泉さん、どうぞ。

外務省（泉人権人道課長）

〔第2回報告書提出以降の取組み〕

9.　ありがとうございます、議長。議長ならびにいまいるみなさま、いまの原口大使からの発言を補足する形で私のほうから、第2回日本政府の報告書提出以降の社会権規約に関する事項として特記すべき進展について、はじめに補足的に申し上げたいと思います。

〔ハンセン病問題への対応〕

10.　私、はじめに申し上げたいのは、ハンセン病問題の取組みでございます。政府は本年5月11日の熊本地方裁判所におけますハンセン病国家賠償請求訴訟判決におきまして、政府として控訴を行なわない旨の決定を行ないました。そして、政府は本年5月25日、全国の患者・元患者の全員を対象とし、本問題の早期かつ全面的な解決を図るために新たな補償・立法措置を講ずる、対象者給付金・年金の創設、ハンセン病資料館の充実、名誉回復のための啓発事業などの措置を講ずるとともに、患者・元患者と厚生労働省との間の協議の場の設定を決定いたしました。これを受けて本年6月には、「ハンセン病等療養所入所者等に対する補償金の支給等に関する法律」が公布・施行されました。また、患者・元患者と厚生労働省との協議会が6月以降すでに3回開催され、患者に対する医療の向上、福祉の増進に関する事項などが話し合われています。

11.　また、今後ハンセン病対策の過去の政策の検証を行ない、今後の対策に資すべく、「ハンセン病対策検証会議」を立ち上げる予定にしております。このほか、本問題の取組みといたしまして、医療・生活保障、入所者給付金、月額84,000円等の給付を内容とする入所者対策、生活保護に準じた措置を内容とする入所者・親族対策、1人当たり250万円を限度として給付する社会復帰者支援事業、普及啓発活動、在宅治療対策等を現在計画しているところであります。今次審査に先立ち行なわれたNGOとの意見交換におきましても、NGOより、本件、本問題につきましてはよい方向に解決しつつあるが問題はなお残っている旨の指摘がございました。本年5月、内閣総理大臣談話で明らかにしたとおり、政府としてはハンセン病問題の解決に向けて今後全力を尽くしていく決意でございます。

〔ホームレスの人々への対応／強制立退き：ウトロ〕

12.　次にホームレスの問題につきまして述べたいと思います。ホームレスの人々の概数は、政府の把握しております統計数字によりますと、99年10月末現在で20,451人となっております。ホームレス問題の取組みとして政府および関係地方公共団体で構成する「ホームレス問題連絡会議」が決定しました「ホームレス問題に対する当面の対応策」にもとづいて、ホームレスの人々に対する諸措置がいま講じられているところでございます。詳細な内容は省略いたしますが、主なポイントといたしましては、ホームレスの方々に対する総合的な相談・自立支援体制の確立の問題、ホームレスの人々の雇用の安定に関わる問題、3番目は保健・医療の充実の問題、さらに4番目といたしまして自立、ホームレスの方々の自立に向けた宿所提供施設等の提供の問題、これらの問題につきまして総合的な対策を講じようとしているところでございます。一口にホームレスの問題といいましても、就労する意欲はあるが仕事がなく失業状態にある方、医療・福祉等の援護が必要な方、社会生活を拒否する方とさまざまな類型があり、個々のケースに応じた施策を体系的にしていく必要があると考えております。

13.　また、今次審査に先立ち行なわれましたNGOとの意見交換におきまして、NGOのほうよりウトロの問題が居住の権利の観点から指摘がありました。本問題につきましては地区の地元住民と不動産業者との間で解決に向けた話合いが行なわれており、これを見守りたいと考えておりますけれども、密集住宅地の整備に伴い住宅に困窮することとなったものであれば、公的住宅への入居が可能であることをあわせて指摘したいと思います。

〔人権救済制度〕

14.　このほか3番目といたしまして、人権救済制度について説明したいと思います。日本国内におけます人権侵害に対応する救済制度につきましては、これまで法務省の人権擁護機関におきまして、人権相談所等を設けての人権相談および人権侵犯事件を通じて対応に努めてきたところではございますが、97年に法務省に設置されました人権擁護推進審議会、これは法務大臣の諮問に応じ、人権侵害に対する救済制度に関する調査審議を行なうところでございますけれども、2001年5月、「人権救済制度の在り方について」と題する答申を提出いたしました。それは「国内機構の地位に関する原則」、いわゆるパリ原則等の国際的なスタンダードや諸外国における取組み等を参考にし、政府から独立性を有する「人権委員会」――これは仮称でございますが――を中心とする新たな人権救済制度の創設整備が必要であることを提言しております。政府といたしましてはこの答申を最大限尊重いたしまして、人権侵害の被害者についての実効的救済を図ることができるよう、当該提言による新たな人権救済制度を確立すべく、現在鋭意準備を進めているところであります。

〔NGOとの協力等〕

15.　最後に、今次審査に先立ちまして、4月末に日本のNGOと政府との間で意見交換会を行ないましたが、その際に、以上のコメントに触れられなかった点としまして、たとえば過労死、過労性疾病患者の労災認定と政府等の対応についての問題、被災者の補償が充分でないという指摘もございました。さらに就職における男女差別の問題につきましても、NGOのほうから指摘がございました。これらの問題点につきましては、今次審査に先立ってNGO側からカウンターレポートの形で種々の論点が提起されていると承知いたしております。それらのすべてにつきましてここで回答することは困難でありますけれども、冒頭、原口大使からも指摘がありましたとおり、いかなる制度も完全無欠なものはなく、わが国としてもわが国の制度がそれ自体で問題のないものであると主張する考えは毛頭ございません。むしろ、社会権規約を効果的に実施していく観点から、現場の事情に通暁したNGOから意見を聴取しながら改善できる点を積み重ねていくことがなによりも重要であると認識しております。政府としてこれらの観点から提起されている要望、問題意識のうち汲み取ることができるものについては今後ともできるだけ汲み取っていくよう努めていきたいと考えており、社会権規約のより効果的な実施に努めていきたいと考えております。以上であります。ありがとうございました。

II.　規約実施の一般的枠組み

ダンダン議長

16.　ありがとうございました。時間内に終えていただいたことを非常にありがたく思っています。どうもありがとうございました、泉さん。さて、お手元に――これは私自身と委員のみなさんに申し上げているのですが、事前質問事項に対する日本政府の回答があります。もっとも、英語でしか用意されていないことは残念に思うものです。非常に分量が多かったものですから。

〔実施の一般的枠組みに関する質問の開始〕

17.　それでは、いつものように進めていきます。規約の規定をクラスターごとに取り上げていく、つまり、導入部である一般的情報と法的枠組みについてまず取り上げ、それから規約の具体的規定に進んでいくということです。委員のみなさんが――今度は代表団に申し上げているのですが――具体的クラスターについて質問した後、代表団に発言を認め、出された質問に答えていただきます。こういう進行でよろしければ、そろそろ第1部に焦点を当てたいと思います。一般的情報と、人権が保護される一般的法的枠組みについてです。いまのところ発言希望者は6人。順番に、ピレイ委員、マリンベルニ委員、ハント委員、チャウス委員、サーディ委員、グリッサ委員です。ピレイ委員、どうぞ。

ピレイ委員

18. ありがとうございます、議長。首都から来られた非常に高級レベルの代表団に対し、温かい歓迎の意を表したいと思います。代表団と建設的な対話がもてることを希望しますし、きっとそうなると信頼しております。いくつか……3つほど質問があります。

〔立法・行政措置における規約の考慮〕

19. まず、立法上・行政上の措置がとられるときに、締約国は規約の規定を考慮しているでしょうか。

〔規約の自動執行力〕

20. 2つめの質問です。日本では、規約は自動執行力を有していますか。この点がどうもはっきりしません。というのは、自動執行力を有しているという意見もある一方で、人種差別撤廃委員会によれば——2001年3月の報告書〔総括所見〕のことを言っているのですが、条約は自動執行力を有しておらず、したがって締約国は、人種差別、とくに外国人、外国籍の人々に対する差別と闘うために具体的な法律を制定しなければならないとされているからです。この点について、締約国としての立場はどのようなものなのでしょうか。規約第2条2項に挙げられた事由にもとづく差別を非合法化するためには、具体的な法律が制定されなければならないのですか。

〔規約の中核的義務の即時的実施〕

21. 第3に、3つめの質問です。締約国として、規約上の権利は単なる意見または意図の表明であって、漸進的に実施されなければならないものと捉えていますか。この点について、残念ながら、質問1に対するお答えにはわからないと書かれています。判断する立場にはないということです。私たちは、判断をしろと言っているのではなく、どういう方針をとっているか、規約上の権利をどのように捉えているか教えてほしいと言っているのです。日本は規約にもとづく義務を守ると約束しているのですから。規約を批准したということは、義務を守ると約束したということです。

22. この点について、日本弁護士連合会から提出された情報に言及したいと思います。同連合会にとっては、このような法的義務が単なる政治的義務にとどまらないことははっきりしています。引用すると、規約が課している義務のうち即時的に履行されなければならない義務は、第2条2項の差別の禁止であり、やはり差別の禁止規定である第3条であり、義務教育・無償教育であり、男女の平等な条件です。つまり、もちろんご承知のはずですが、委員会の一般的意見をご覧いただければ、規約上の権利にはそれぞれに対応する中核的義務というものがあり、それは締約国が即時的に遵守しなければならないということをわかっていただけるでしょう。言い換えれば、それらの義務は裁判で適用可能であり、裁判所で裁決できるのであり、中核的義務の効力は停止できないという意味で効力停止不能でもあるのです。公共の福祉とか、立法裁量とか、財源とか、あるいはたとえ非常事態であっても、それらを理由として制限を課すことはできません。

〔裁判所による規約の解釈〕

23. さて、私はどうしてこういうことを申し上げたのでしょうか。それは、判例を拝見すると——これは非常に興味深いことです、規約に掲げられたいくつかの権利について判例がある締約国は初めてだからです。それを見ると、司法がこうした中核的義務を理解していないことがわかります。そうでなければ、このような決定はしなかったはずだからです。日本国憲法の解釈を云々しているのではありません。それは日本の最高裁判所の領域です。立法上のどんな解釈補助手段を用いてもらってもかまいません。私が話しているのは規約の規定をどのように解釈するかということです。規約の規定は憲法の規定よりも優位にあるのであり、また委員会の一般的意見にしたがって、国際法の諸原則にしたがって解釈されなければいけません。

〔「合理的」な差別〕

24. この点について見てみると、たとえば、姜富中(カン・ブジュン)氏事件という興味深い事件があります。そこでは、地方裁判所ですけれども、国籍にもとづく法律上の差別の撤廃は単に……そのような差別の防止のために活動する義務は単に漸進的実施に過ぎないと判示されています。ところが、実際にはそうではありません。最高裁判所がこの事件についてどう判断したかを見てみると、第1に、申立が本規約にもとづいて行なわれたので、最高裁は……最高裁は上告理由がないとして棄却しました。なぜ上告理由がないということになるのでしょうか。規約上の権利が具体的法律として定められていないためでしょうか。最高裁はさらに、憲法にしたがって、またいくつかの解釈補助手段も援用しながら解釈を行ない、本規約に関するかぎり適用はないと述べています。しかしこうした義務は、先ほど申し上げたように中核的義務であって、効力停止はできないのです。さらに、政府自身が事前質問事項〔に対する回答〕で引用している判例を見ると、合理的な差別、合理的な理由にもとづく差別は区別していると述べられています。これも適用することはできません。憲法規定に関するかぎりは適用可能かもしれませんが、規約上課されている中核的義務に関しては適用できないのです。

〔裁判官等の教育〕

25. こうした判例に照らして、規約の規定に関するかぎり裁判官を教育する充分な理由があるとお考えになるでしょうか。裁判官だけではありません、政府側の弁護士についても同様だと思います。この点について教えていただければ興味深いと思うのですが、政府側の弁護士が規約に関する一般的意見に反する主張、規約の解釈に反する主張を行なったのでなければ、裁判官がこのような決定を行なうはずはないからです。最後に一般的意見第9号について触れておきます。そこでは、司法機関は規約にもとづく締約国の義務を実施するような国内法解釈を促進するべきだと述べられています。ありがとうございました。

ダンダン議長

26. ありがとうございました。マリンベルニ委員。

マリンベルニ委員

27. ありがとうございます、議長。私も日本の代表団、非常に大規模な代表団を歓迎したいと思いますし、建設的対話をもてることを希望するものです。私の質問はピレイ委員の質問に密接に関わっています。

〔規約の直接適用可能性〕

28. 最初の質問は、規約の規定が直接適用可能かどうかという点についてです。手元の文書によると、日本の公的機関は、行政機関か司法機関かを問わず、規約の規定はプログラム的性質のものであって直接適用はできないという見解をとっておられるように思えます。もちろん、これは規約のすべての規定について正しい見解ではありません。最初の質問はこれです。

〔国内法上の規約の地位〕

29. 2番めの質問は規約の規定の地位についてです。日本の最高裁が今年言い渡した3つの決定によれば、規約の規定は憲法的地位にはないように思えます。しかし、規約に掲げられた権利は明らかに憲法的内容を備えた権利です。なぜなら、経済的･社会的権利はいまや大多数の国の憲法で保障されているからです。

〔裁判所による規約の解釈〕

30. 3点めは規約の規定に関する日本の司法機関の解釈に関わるものです。日本の裁判所は規約を日本の法律に照らして解釈しており、その逆ではないように思われます。普通なら、上位の法律、つまり国際文書にしたがって解釈を行なわなければなりません。しかし日本では、裁判所は規約を国内法に照らして、しかも制限的なやり方で解釈しているようです。

〔立法裁量／「合理的」な差別〕

31. とくに、規約を制限的なやり方で解釈するにあたって役割を果たしている2つの概念が存在します。第1の概念は「立法裁量」というものです。制約を設け、規約の規定を制限的に解釈することが立法府に委ねられています。第2に、「合理的な差別」という概念の下で多くの……いくつかの種類の差別をすることができるようになっています。私は、差別の禁止の原則は実際には絶対的な原則だと思います。差別を行なう合理的動機などというものはありません。直接適用という点については、大阪最高〔高等〕裁判所の決定によれば、これはNGOから注意を促されたものですけれども、日本の公的機関は、第2条2項に掲げられた差別の禁止の原則を、規約で保障されているその他の権利と同じように漸進的に実現すべき権利だとさえ解釈しているようです。もちろん、差別の禁止の原則は漸進的にではなく即時的に実現できる権利であり、そのように適用されるべきものです。漸進的実現というのはほかの権利については当てはまるかもしれませんが、差別の禁止に関わる権利については当てはまりません。

〔人権条約上の個人通報制度〕

32. さて最後の質問ですが、日本がどのような意図をもっているかという点に関するものです。規約の追加議定書に対する日本の立場はどのようなものでしょうか。間違いでなければ、日本は現在条約システムの中に存在している既存の個人通報制度をどれも受託していません。社会権〔自由権〕規約の追加議定書も批准していませんし、拷問禁止委員会や人種差別撤廃委員会の個人通報制度についても同様です。一部の機関に個人通報を受理する権限を認めるのは日本の国内裁判所の独立の原則に反するという説明が行なわれていますが、もちろん、これはどこの国の裁判所についても言えることです。ですから、ここでお尋ねしたいと思います。これが、社会権〔自由権〕規約の追加議定書に対する日本の立場、政府の立場なのでしょうか。ありがとうございました、議長。

ダンダン議長

33.　ありがとうございました。ハント委員。

ハント委員

〔人権のための国内行動計画〕

34.　ありがとうございます、議長。どうしようもなく短い時間しかありませんが、大規模な代表団のみなさんに対し、心からの温かい歓迎を申し上げなければなりません。最初の質問です。事前質問事項の問4、ウィーン宣言で勧告された人権のための国内行動計画に関する問いについてお話しします。この質問に対する締約国の回答は目が覚めるほど率直なものです。すなわち、国内行動計画を作成する計画はない。理由を伺いたいのですが。日本がこの国連の勧告にしたがおうとしない理由は何なのでしょうか。

〔国内人権機関〕

35.　質問2。日本には、1991年のパリ原則、そして当委員会の一般的意見第10号にしたがった国内人権機関がありません。私の理解によれば、人権擁護推進審議会は、今年5月に発表した答申の中で、ある種の国内人権機関を提言しました。代表団もすでにこの進展について言及されたと思いますが、代表団のほうから、国内人権機関に関して政府が現在どのような計画を立てておられるのか説明していただけるでしょうか。さらに、国内人権機関の任務は経済的、社会的および文化的権利も含むものでなければならないことを、強調させていただきます。

〔行政措置における規約の考慮／住宅政策における規約の考慮〕

36.　3つめの質問です。政府は、関連のあらゆる国内意思決定過程で規約が考慮されることをどのように確保しているでしょうか。関連の憲法規定については資料を読みましたし、法務省の人権擁護局、数年前に設置された人権擁護推進審議会についても読みました。けれども、そこでは私が知りたいことはきちんと扱われていません。非常に短い例を1つ挙げさせていただきます。居住問題を担当する大臣が居住に関する新しい政策を検討しているときに、大臣が規約第11条、居住権に関する一般的意見第7号および第4号、イスタンブール宣言等々をきちんと考慮するようにするために、政府部内でどのような行政的手当が行なわれているでしょうか。誤解の余地がないように申し上げておけば、私は司法過程で規約の義務がどのように主張されているかという質問をしているのではありません。私がお尋ねしているのは、規約が国内意思決定過程で考慮されることを確保するための明示的な行政プロセスについてです。

〔国際協力〕

37. 最後の質問です。規約は国際協力に5回言及しています。私は日本のコア・ドキュメントのパラグラフ16を読みました。報告書ではありません、コア・ドキュメントの政府開発援助に関する部分です。日本は、私が判断するに、世界でもっとも多くの政府開発援助を拠出している国として賞賛に値しますし、そのような成績は世界第2位の経済大国にふさわしいものです。国連は、ODAの対GNP比を0.7パーセントにするという目標を掲げています。質問ですが、日本のGNPの何パーセントがODAに用いられているのでしょうか。UNDP〔国連開発計画〕によれば、1997年には0.22パーセントでした。現在のパーセンテージをお教えください。

〔国際経済政策〕

38. これが最後の質問です、議長。事前質問事項の問6についての質問を、議長のお許しを得て、ここで行ないたいと思います。あらためて質問を読み上げることはしません。質問事項に書かれておりますので、問6を繰り返すことはしません。問6に対する回答を拝見しました。しかし回答は主に日本のODAに関するものです。けれども、質問事項の問6は、日本が国際経済政策にどのような影響力を及ぼしているかというものなのです。そこで、問6をごく短く言い直させていただきます。世界銀行、IMF〔国際通貨基金〕、WTO〔世界貿易機関〕等々で日本の代表が政策を検討するとき、日本の代表は明示的に、意識的に次の2つの義務を考慮しているでしょうか。第1に、日本が規約上課されている、国際協力を実施する義務、第2に、援助受領国が規約にもとづきその国の市民に対して負っている国際的義務です。どうもありがとうございました。

ダンダン議長

39. ありがとうございました。チャウス委員。

チャウス委員

〔「合理的」な差別〕

40. ありがとうございます、議長。私も日本の代表団を温かく歓迎するとともに、建設的な対話をもちたいという希望を表明したいと思います。ごく短く。最初のコメントは問1に対する回答に関するものです。回答の第2パラグラフで、判例が——外国人による福祉申請の却下に関する東京高裁の決定が紹介されています。この申請を却下するにあたっての裁判所の理由説明は、規約は合理的な理由にもとづく差別を認めていることを根拠にしています。そして、各人に存する経済的、社会的その他種々の事実関係の差異を理由として法的取扱いに区別を設けることが認められると解すべきであるとされています。私の知るかぎり、このような区別は、それが社会権に関わるものであるとき、福祉手当の申請に関わるものであるときは、申請者の国籍に関わる区別にもとづくものであってはなりません。それどころか、私に言わせれば、申請者の国籍のみにもとづく区別は差別の合理的理由の範疇には入りません。経済的・社会的性質の差異にもとづくものではないのですから。経済的・社会的性質の差異というときには、申請者の国籍ではなく、申請者の資産、利用可能な経済的資産、申請者に生活上のニーズがあるかどうかが参照されなければならないのです。

〔公の休日についての報酬に関する留保／政府の積極的実施義務〕

41. 第2のコメントは問2に対して行なわれている説明、第7条(d)に対する留保を維持することについての説明に関するものです。留保の趣旨は、日本はその規定、公の休日についての報酬に関する規定に拘束されない権利を留保するということです。政府の回答では、将来、公の休日についても賃金を支払う慣行が確立した状況になれば、この留保について再検討することもありえるとされています。しかしながら、現在のところ、そのような慣行の確立に向けて行政的に誘導するまでの社会的同意はないとのことです。この点についても、国際的性質の約束に関して、市民の経済的・社会的権利を向上させることに関して政府がどのような役割を果たすべきかという点で、私は見解を異にします。私の考えでは、社会権というのは必ずしも社会の同意にもとづくものではなく、政府は率先してそのような権利を促進するべきなのであって、主に使用者側が確立する慣行にしたがうだけの立場に立つべきではありません。世界のどの国を見ても、公の休日についての賃金の支払いを喜んで受け入れる使用者などはいません。ですから、そのような権利、公の休日に対する報酬が認められるように主導すること、世論に影響を及ぼすことは政府の義務だと考えます。ありがとうございました。

ダンダン議長

42. ありがとうございました。サーディ委員。

サーディ委員

〔規約の実施に関する日本の影響力〕

43. ありがとうございます、議長。私も日本の代表団のみなさんに温かい歓迎の意を表するとともに、みなさんが時差ぼけから回復されることを祈ります。次のことを言わせてください。日本は非常に重要な国です。経済的な面では超大国です。私の考えでは、規約上の一連の権利に関して日本がどのような対応をしているかは、国境を超える影響力をもっています。だからこそ私たちは、日本がどのような対応をしているか、どのような態度をとっているか、規約をどのように捉え、対処し、解釈しているかということを、日本に対する直接的影響にとどまらないものとして見ているのです。このような点は、おわかりいただけると思いますが、地域的にも国際的にも重みをもっています。だからこそ、計画されている選択議定書についてどのような立場をとっているかと尋ねるのです。これは日本だけの問題ではありませんし、だからこそ私たちはこのような問題について日本の支持を引き出したいと考えています。日本に私たちの側に立っていただきたいからです。また、日本の対応は近隣諸国にも、そして日本が属している地域以外の地域にさえ、関係してくるからです。

〔規約の直接適用可能性〕

44. こう申し上げたうえで、私は規約の地位に関するみなさんの懸念を理解します。要は、規約は、規約の規定は裁判では適用できないということです。裁判で適用できるのは法律と憲法の規定で、それは規約の規定を一部、または全体的に反映しているかもしれません。しかし結局のところ、規約の規定そのものは裁判では適用できないのです。いささか率直に申し上げますが、本委員会の解釈は、規約を反映しているか何かする法律ではなく、規約の規定そのものが裁判で適用できなければならないというものです。私はいささか正直に申し上げておりますし、だからこそ日本に私たちの側に立っていただきたいのです。規約の規定が、規約の規定そのものが裁判で適用できなければなりません。

〔第1回審査のフォローアップ〕

45. 最後の点です。日本の第1回政府報告書について議論したときの委員会の勧告との関係で、日本は何をなさってきたのか知りたいと思います。ここでも、このことは日本が本委員会とその活動をどのぐらい真剣に捉えているかを反映するものです。日本が何を、どの程度委員会の勧告にもとづいて行動してきたのか知りたいと思います。

〔国際協力における規約の考慮〕

46. 最後の点はハント委員が触れられた問題です。日本は国際的に主要な援助供与国となっています。結構なことです。援助の受領国は、規約にもとづき、主要な援助供与国から援助を受け取ったり引き出したりしたときは規約上の義務を引き上げるように義務づけられています。同様に、主要な援助供与国にも、こうした援助受領国が規約上の義務を履行できるよう援助する義務があります。そこで、お答えいただきたい質問は、ハント委員がお尋ねになったものと同様です。他国に援助を供与するときにその国々が規約を援用した場合、規約上のコミットメントを尊重したいというこうした国々の主張を、どのぐらい共感をもって受け止めているでしょうか。現時点で言いたいことは以上です。どうもありがとうございました。

ダンダン議長

47. ありがとうございました。グリッサ委員。

グリッサ委員

〔国内法上の規約の地位／裁判所による規約の解釈〕

48. ありがとうございます、議長。私も日本の代表団のみなさんを歓迎するとともに、私たちの対話が実りあるものとなることを希望します。質問は1つだけです。コア・ドキュメントのパラグラフ69には次のように書いてあります。「憲法第98条第2項で定められている通り、日本国が締結し、国内法として確立された条約は全面的に遵守されなければならない。日本国が批准及び公布した条約は、人権条約も含め、国内法の一部として法的効力を有する。憲法は日本国の最高法規であって、国内的にはあらゆる条約に優位する」。これは非常に歓迎すべきことです。

49. しかし次のパラグラフではすべてが……台無しになってしまいます。「条約の規定を直接適用しうるか否かについては、当該規定の目的、内容及び文言等を勘案し、具体的場合に応じて判断すべきものとされている」。つまり、事実上は国内の解釈が考慮に入れられる、条約が何を意味しているかではなく、それが日本でどのように解釈されているかが適用されるということです。ここには矛盾があると思います。解釈に、その解釈にはある種の恣意性が伴うからです。条約の規定を直接適用しうるか否かについては具体的場合に応じて判断すべきものとされている。これは……それは恣意的解釈であるように思われます。ありがとうございました。この質問について満足のいくお答えが得られることを希望します。

ダンダン議長

50. ありがとうございました。最後の発言希望者はラトレー委員です。

ラトレー委員

〔裁判所による規約の解釈〕

51. ありがとうございます、議長。議長、私も同様に日本の代表団のみなさんに歓迎の言葉を申し上げ、非常に建設的な対話をもてることを希望します。規約の地位についてはもうコメントしませんが、ただ、規約から生ずる義務に関して、日本の司法機関が適用している解釈と本委員会が表明している見解との間に根本的な食い違いがあることがますますはっきりしてきているということだけ申し上げておきます。そして私は、発展しつつある国際的解釈においては条約上の一部の義務はそれ自体で法的効力を生ぜしめるものであり、少なくとも日本の法律の下では人権条約は国内法の一部となるのですから、こうした規定は、この問題について発展しつつある国際法上の見解にしたがって、一貫した形で解釈されるべきだと考えます。代表団がこの問題についての立場を再検討するよう希望するものです。

〔中等教育の無償化に関する留保〕

52.　これ以外に2つ、関心をもっている問題があります。最初は、中等教育の無償に関わる第13条2項についての留保に関するものです。この点について検討が行なわれたと回答に述べられていることには気づいていますが、日本は、これは漸進的に導入されるべき問題だからという理由で、この留保は正当であると考えているようです。世界第2位の経済大国に対し、いまなお〔無償の〕中等教育を漸進的に導入する段階に達していないのかと尋ねなければならないのであれば、私はどこの国がそれを達成できるだろうかと自問しなければなりません。だとすれば、世界第2位の経済規模の国にしてそれだけのことしかできないのであれば、この規約上の義務はそもそも何を目的とするものなのでしょうか。そこで質問したいと思います。日本の代表団に、経済的手段がないという理由で中等教育へのアクセスを否定される生徒は1人もいないと請け合っていただけるでしょうか。1人の生徒も、です。奨学金について触れられていることには気づいていますが、そこでは負担が減るとしか述べられていません。資源を見つけ出せないという理由でアクセスを否定されるか否かということを知りたいと思います。

〔行政措置における規約の考慮／人権影響評価〕

53.　2番目の関心事項は、規約がどのように実施されているかという点に関するものです。ハント委員の質問を引き継ぐものですが、もっと直截にお尋ねします。みなさんご存知のとおり、環境問題に関しては、政策問題を決定するとき、行政上の決定を行なうとき、まずは環境影響評価を行なわなければならないということが一般的に認識されるようになっています。したがって、居住や保健の問題に関するものであれ、その他のこの種の問題に関わるものであれ、なんらかの重要な政策決定を行なう前に人権影響評価を行なうことを条件とする必要があるということを、日本政府が受け入れるかどうか知りたいと思います。そうすることによって、実際の事案で規約の適用可能性を検証することができるのです。この問題はほかの場所で議論されてきました。いま現在も連邦で、英連邦で、少し前に行なわれたこの種の提案を受けて徹底的な検討が行なわれています。これは、規約上の義務の重要性に関する意識を高めるうえで、また行政上・政策上の措置の観点から、提案されている特定の政策が人権上の義務に照らした吟味ないし検証に耐えうるものかどうかを検証するうえで、非常に重要な基準だと思います。日本の代表団にこの問題を検討していただきたいと思います。ありがとうございました、議長。

ダンダン議長

54. ありがとうございました。もう発言希望者はおりませんので、ここで以上の質問にお答えする機会を代表団に与えたいと思います。残された時間を念頭に置いてお答えください。泉さん、どうぞ。

外務省（泉人権人道課長）

〔国内法上の規約の地位／規約の直接適用可能性〕

55. 議長、どうもありがとうございます。たくさんの質問をいただきましたので、それぞれいくつか同じような質問もございますので、まとめて回答していきたいと思います。まずはじめにありました第1の質問というのは、このA規約の、この経済的・社会的権利に関するこの規約のステータス〔地位〕の問題ということでございます。これにつきましての日本政府の立場をいまから申し上げます。第1に、わが国におきましても条約は国内法としての効力をもっておりまして、その意味で条約は法律に優先すると。本条約も同様でございます。A規約が単なる政策的な義務であるとか、プログラム的な義務であるということではなくて、A規約について法的な義務を負うということをはじめに申し上げておきたいと思います。他方におきましてA規約、この規約の第2条は、わが国、締約国の、この条約の諸権利に関しましてこれを漸進的に達成すべきことを定めておりまして、政府といたしまして、本規約の個々の規定が個人に対して即時に具体的な権利を付与するものであるとは解しておりません。この規約にかかる諸権利は、規約の性格を踏まえながら日本国憲法ならびに各種国内法令等によって保障されているというのが政府の解釈であります。このA規約に関する判例でありますけれども、この直接的な適用、規約の直接的な適用の可能性がある旨述べている判例は国内判例のなかではございませんが、判例のなかでA規約に、この規約に違反するものではないというふうな言及の仕方をした判例はいくつかあるところであります。これが本規約のステータスにかかる日本政府の立場であります。

〔「合理的」な差別〕

56. 次に平等原則に関しましていくつかのご質問がありました。これにつきましては、政治的・市民的権利に関する規約にも、第26条に同様の規定がございます。これにつきましては、合理的な区別、reasonable distinctionが認められておりまして、日本政府としてはA規約の第2条2項につきましてもこのB規約の規定と同趣旨であるというふうに解釈しております。これは決して差別ということではなくて、合理的な区別ということでございます。日本国憲法第14条1項は日本国民に対しまして平等を定めておりますけれども、これは決して絶対的な平等を保障したものではなくて、合理的な根拠をもった、それにもとづく区別であればこれは排除しないという趣旨であると解しております。

〔人権条約上の個人通報制度〕

57. 次に議定書、これはおそらく個人通報制度のことであると思いますけれども、これに関する質問がございました。現在、人種差別撤廃条約、女子差別撤廃条約、拷問禁止条約ならびに市民的・政治的権利に関する国際条約〔規約〕、この4つの条約におきまして、それぞれ選択議定書または条約本体において個人通報制度が設けられております。しかしながらわが国はそのいずれにも入っておりません。A規約、本規約につきましては、現在作成に向けた動きが見られているところだと承知しております。他方、わが国といたしましては、個人通報制度につきましては、条約の実施の効果的な担保を図るという観点、そういう趣旨から注目すべき制度と考えております。しかしながら、司法権の独立の問題を含め、わが国司法制度との関係で問題が生じるおそれがあるとの指摘もございます。したがいまして、これらの点につきまして、総合的に真剣かつ慎重な検討を行なっているところであります。

58. この点をさらに噛み砕いて言えば、次のとおりでございます。すなわち日本は、日本の国内裁判所で裁定された人権領域における事項がその後において、たとえば欧州人権裁判所のような国際機関での司法審査に付されるという制度を経験したことがございません。日本の司法制度が議定書の批准によってどのような影響を受けるかについては、非常に詳細な検討が行なわれているところであります。このような理由によりまして、検討過程において生じてきた多くの問題に対し、いっそうの検討が加えられる必要があると考えております。たとえば個別の法的な事案に関してさまざまな意見がある場合、とりわけ判決が下された後における場合、現在係属中の事案について選択議定書にもとづき提出された事案の場合、または再審請求が行なわれている場合などの問題は、裁判所の独立の侵害となるかもしれません。あるいはまた個人通報に関して手続の濫用が生じないか等の問題も検討すべき問題と考えております。

〔公の休日についての報酬に関する留保〕

59. わが国の本規約に対します留保についての指摘もございました。最初の点は、公の休日についての報酬に関する留保の問題でございます。わが国では、このような留保を付しておりますのは、以下申し上げるような現状の下では、現実にその労働を提供しない国民の祝日に賃金を支払うか否かという問題は、これは労使の話合いに委ねるのが適当であって、法をもって賃金の支払いを強制することは適当でないという判断にもとづいております。すなわちわが国におきましては、現実に労働を提供しない国民の祝日についても賃金を支払うことを労働協約、就業規則等に明定するものはきわめて少ないという状況がございまして、国民の祝日に賃金を支払うという社会的な合意はいまだに成立していないというふうに理解しております。国民の祝日を休日としていない企業は、1982年の調査でございますけれども、約34パーセントございます。また、国民の祝日を休日とする企業であっても、当該祝日に賃金を支給していると推定される企業に就労する労働者の比率は37.5パーセントでございます。将来、国民の祝日についても賃金を支払う慣行が普及した状況になれば、これについて留保を再検討することもあると考えますけれども、現在のところ行政的にこれを誘導するというまでの社会的な同意もないというふうに理解しております。それからもう1点につきまして、これは教科書の……これにつきましては文部科学省のほうから回答したいと思います。

文部科学省

〔中等教育の無償化〕

60. 文部科学省のほうから、高等教育、後期中等教育の無償化のことについてご説明させていただきます。まず確認させていただきたいのが、中等教育のなかでも前期中等教育に関してはすでに無償化が行なわれているということでございます。わが国におきましては義務教育終了後の後期中等教育および高等教育にかかる経費について、非進学者との負担の公平という観点から、当該教育を受ける学生等に対して適正な負担を求めるという方針をとっております。なお、後期中等教育および高等教育にかかる機会均等の実現につきましては、経済的な理由により就学困難な者に対する奨学金制度、授業料減免措置の充実を推進しているところでございます。このような政策の下、わが国では現在、後期中等教育に関しましては96.9パーセントの進学率、および大学・短期大学への進学率は45.1パーセントときわめて高い達成の状況になっていると認識しております。高等教育への進学の機会はこのような形で保障されているため、無償化の方針をとることは現在のところ考えていないところでございます。

外務省（泉人権人道課長）

61.　続きまして、裁判官の教育の問題につきまして、法務省のほうから回答したいと思います。

法務省

〔裁判官の教育〕

62.　法務省ですが、裁判官、それから検察官、弁護士になる者につきましては、日本の場合にはそれぞれが同一の司法試験という試験をパスすることによって法曹資格取得の条件が整うこととなっており、その試験を通りますと司法研修所において、現在であれば1年半の法曹教育を受けるシステムになっております。その修習期間中に、労働に関する諸権利やそれから少年の保護などを内容とする講義を行なっております。また裁判官に任官しました後も、各種の研修会、裁判所によって行なわれます各種の研修会、それから研究会において国際人権規約、それから日本国内の差別の問題等に関する講義、あるいはセクシャル・ハラスメントなどに関する講義を実施しているほか、少年事件や家事事件の問題研究というものを行なっておりまして、そのなかでも少年や児童の権利、あるいはその保護・福祉に関する問題等々を具体的に検討するカリキュラムが組まれております。また先ほど、政府の弁護士というもの、弁護士というものも同じようだと、研修すべきではないかというご指摘がございましたが、政府に所属する法律家という意味では、たとえばlegal attorneyであるとか、あるいは検察官 prosecutor に対しましては同じように、裁判所と同様にその経験年数等に応じまして各種の人権に関する研修等も行なっておりまして、そのなかでさまざまな教育を実施しているところでございます。

外務省（泉人権人道課長）

〔政策決定における規約の考慮〕

63.　それではひきつづきまして、本規約につきまして、日本政府の政策決定に関してどのような配慮がなされているかというご質問がいちばん最初にございました。もとより、政府の政策のなかで本規約上の諸権利については人権として認識しておりまして、これら規約上の権利というのは日本におきましてはさまざまな法律にもとづく施策で保護・促進されているところでございます。したがいまして、今後ともさらなる権利保障の充実に努めていきたいと考えております。また各種政策決定にあたりましては、この規約の規定の趣旨、内容を関係方面で処理いたしまして、適切にこれに対して考慮しているということを申し上げたいと思います。

〔規約の実施のための立法〕

64. さらにこの規約、これにつきまして、これを個々に、確実に保障していくために新たな立法を行なう予定はないのかというご質問がございました。本規約が裁判的な規範として活用されていないがゆえに、このような国内的な人権立法、新たな人権立法を行なうとの指摘につきましては、わが国におきましては本規約で言及されております諸権利は本規約の性格を踏まえまして日本国憲法および各種法令等によって保障されていると。したがいまして、ご指摘のような新規立法の制定といった、新規立法の必要性といったような状況にはないというふうに考えております。

〔国際協力における規約の考慮〕

65. それから日本の政府開発援助との関係でいくつかご質問がございました。まず数字でございますが、2000年におきまして、日本の政府開発援助の対GNP費は0.27パーセントでございます。国際目標として0.7パーセントの目標があるというご指摘がございましたけれども、これは日本政府としましてはまあ努力目標というふうに理解しておりまして、なかなかこれに数字的には乖離がございますけれども、これに向けて努力していくということには変わりがございません。現状としましては0.27パーセントという現状でございます。

66. それからODAの供与にあたって社会権、本規約をどれほど考慮しているのかということでございます。ここに私がもっています数字によりますと、日本国政府が行ないました2国間ODA、2国間政府開発援助のなかで、本規約と関わりのある分野、すなわち社会インフラとかサービスの分野に関しまして、たとえば教育とか保健とか人口計画とか水供給とか衛生とか行政とか市民社会に関わる協力でございますけれども、これはわが国の2国間ODAの約40パーセントを占めております。これらの数字として提供したいと思います。いずれにせよ、わが国がODAを供与する場合には、その原則として政府開発援助大綱というものがございます。このなかでは環境と開発、これを両立させること、基本的人権ならびに自由の保障状況に充分注意を払うということが明記されておりまして、援助施策の基本方針となっております。また援助、これを実際に実施する場合に際しましては、ODAに関する中期政策というものがございまして、この政策の下、環境および地域社会に与える影響につきまして、環境配慮ガイドライン等にもとづいて必要に応じて環境アセスメントを行なっております。このように事前に厳しく審査しておりますし、その結果に応じて適切な対策をとり、環境に与える影響が懸念される場合にはこれを実施しないということもあるということでございます。また事後評価につきましても、完了した事業について環境への影響の把握評価を含め、可能なかぎりの評価を行なって今後のフィードバックに資しているということでございます。それから、国内人権機関の設置に関しまして法務省のほうよりお答えします。

法務省

〔国内人権機関〕

67.　法務省でございます。先ほどお尋ねの人権救済機関について申し上げますと、人権擁護推進審議会が1999年9月から、「人権が侵害された場合における被害者の救済に関する施策の充実に関する基本的事項」について調査審議を行ない、2001年5月に「人権救済制度の在り方」について答申したところでございます。答申におきましては、政府からの独立性を有する人権委員会――これはまあ仮称でございますが――を中心といたします新たな人権救済制度を創設・整備し、あらゆる人権侵害を対象として、相談、斡旋などによる救済を図るとともに、雇用、商品、サービス、施設の提供、教育等の領域における差別的取扱い、児童虐待等を含む一定の人権侵害に対してより実効性の高い調査手続と救済手法を整備した積極的救済を図るべきであるというふうにしておりまして、経済的、社会的および文化的権利の確保にも結びつく救済策が提言されているところでございます。さらに答申におきましては、「人権委員会は人権救済とともに人権啓発、政府への助言等の事務を所掌すべきであり」とされておりまして、人権委員会は啓発活動や政府に対する所要の助言等を行なうことによっても人権規約の実施について相応の役割を担うことが期待されているところです。

68.　で、答申で提言されました新たな人権救済制度の大きな柱につきましては、さきほど若干触れましたように、政府から独立した人権委員会の創設でございます。この人権委員会においてはまず、あらゆる人権侵害に関して相談等の簡易な救済を提供することとされております。これに加えて、差別・虐待の被害者等自らの人権を自ら守ることが困難な状況にある人々を対象に、人権侵害が公的部門で行なわれるものかまたは私人間で行なわれるものであるかを問わずに、加害者に対する勧告、調査資料の提供、委員会の訴訟参加による、被害者の提起する訴訟への援助等の手法をもって、より強力な救済を提供するものとされております。政府といたしましては、審議会のこのような答申を最大限に尊重いたしまして、提言されました新たな人権救済制度を確立すべく、現在法制化も視野にいれて鋭意準備を進めているところでございます。以上です。ありがとうございました。

外務省（泉人権人道課長）

69. あの、現在ご質問に対する回答があと2つ残っていると思います。1つは、ウィーン宣言にもとづきまして人権のための国内行動計画をなぜ作らないのかというご質問がございました。それにお答えしました後で、日本政府の政策決定にあたって、たとえば住宅公団のケースが挙げられまして、これが、この本規約がいかに考慮されているのかということに関しまして国土交通省のほうからお答えして、一連の応答を終えたいと思います。

〔人権のための国内行動計画〕

70. まず人権のための国内行動計画の策定でございますけれども、日本政府は、人権啓発のための国内行動計画というのは、これはリスト・オブ・イッシューズ〔事前質問事項〕に対する回答のほうで答えておりますとおり、これは人権教育のための国連10年推進本部の決定の中で、95年に閣議決定によりましてこれを作っております。他方それ以外の分野につきましては、これにつきましてはこれまでにも諸法令、諸制度のなかで整備・充実、人権思想の普及等を通じて真剣に対応してきておりまして、当面この行動計画を作る予定は、すでに充分取り組んできておりますので必要ないというふうに考えております。いずれにしても、政府といたしましてすべての人権が尊重される社会の実現をめざしまして、その取組みのいっそうの強化を図っていくということには変わりはございません。それから次のことにつきまして国土交通省のほうからご説明したいと思います。

国土交通省

〔住宅政策における規約の考慮〕

71. 日本の住宅政策におけるA規約の反映ということでございます。まず、現在日本では住宅の数が世帯数をかなり上回っておりまして、住宅の絶対的不足は存在いたしません。この分野における第2次大戦後の日本政府の努力は正当に評価されるべきであると思います。今年始まりました第8次住宅建設5カ年計画におきましては、「市場原理の重視」ということを言っております。しかしこれは弱者や貧しい人たちの切捨てでは決してございません。むしろ、厳しい予算的制約の下で、政策を弱者、それから貧しい方の支援により重点を置いていくと、こういった趣旨でございます。

72.　その具体的な例を2つ申し上げます。日本国政府は、地方公共団体が比較的低所得者を入居させるために建設している……。もう少しゆっくり言います。例としまして、日本政府は、地方公共団体が比較的所得の低い方を入居させるための賃貸住宅を建設する場合に、その建設費用の2分の1から3分の2を補助しております。このような、公営住宅と申しておりますが、これは年間約5万戸供給されております。もう1つの例ですけれども、日本政府は住宅金融公庫housing corporationを通じまして、高齢者の方の住宅の中における生活の質を改善させるための措置、たとえば家の中の段差の解消とか、そういったものに対する特別の融資制度を導入しております。このように弱者対策、ハンディキャップを負った方の対策というものはわが国の住宅政策の最重点課題となっておりまして、まさしくA規約に則った施策を進めております。以上でございます。

ダンダン議長

73.　お答えをありがとうございました。そろそろ次にいく頃かと思います。次は……リーデル委員、発言をご希望ですか?

リーデル委員

〔中等教育の無償化に関する留保〕

74.　ありがとうございます、議長。時間の関係からごくごく短く済ませなければならないことはわかっていますが、私も代表団を温かく歓迎し、建設的な対話を楽しみにしたいと思います。短いフォローアップの質問を2つ。1つは留保一般に関わる締約国の慣行についてです。他の委員が質問をして、公の休日との関連ではお答えがありましたが、第13条2項との関連ではお答えがありません。第13条について議論するときに取り上げていただいてもよいかと思います。ただ、申し上げておきたいのは、批准のときに特段の困難があれば、留保をするのは国際法上普通の慣行です。けれどもそのような状況は、批准時には存在していたかもしれませんが、まだ関連があるのでしょうか。締約国がなぜ……第13条に留保を付したわずか4カ国のなかの1カ国として、日本がなぜその留保を維持しなければならず、撤回することはできない立場にあると考えているのか、その理由をお聞きしていません。この点についてどのようにお考えなのか、少しお聞きしたいと思います。

〔国際協力における規約の考慮〕

75.　2点めは、私の記憶が正しければ、政府開発援助との関連でハント委員が行なった質問へのお答えをお聞きしていません。どうもありがとうございました。

ダンダン議長

76. 2点めについては、ODAについてお答えがあった、というよりかなり詳細に議論されたと思います。けれども第13条に関する留保についてはいまお答えいただきたいと思います。第13条については後から取り上げますのでご注意ください。そこでは実体的問題についてさらに話し合います。泉さん、どうぞ。

外務省(泉人権人道課長)

77. 先ほどの文部科学省のほうからもお答えしましたけれども……いいですか。では文部科学省のほうからお答えします。

文部科学省

78. リーデル委員のご質問に対しまして、まず確認させていただきたいんでございますけれども、先ほど後期中等教育の無償についてラトレー委員からご質問がございまして、いまリーデル委員がおっしゃったのは高等教育に関する無償の留保についてでしょうか。

リーデル委員

79. 両方です。

文部科学省

〔中等教育の無償化〕

80. 先ほどもお答えさせていただきましたとおり、この無償化に向けまして、後期中等教育および高等教育の進学率というものは、世界的に見て非常に高いレベルで達成していると考えております。したがいまして、現在のところ無償化の方針をとることは考えていないということでございます。これは、先ほども若干述べましたけれども、非進学者と進学者の負担の公平という点からまずは行ない、それで経済的理由により就学困難な者に対してはそれに対する措置をとっていくという考えで政策を進めているところでございます。

ダンダン議長

81. 続けてどうぞ。

文部科学省
〔就学のための財政的援助〕

82. それと、追加させていただきますけれども、ラトレー委員のほうからございました、負担を軽減するということに関する言及でございますけれども、その点に関しまして、先ほど述べさせていただきましたとおり、奨学金制度、授業料減免措置等の充実を図っているところでございまして、たとえば奨学金制度についてでございますけれども、10年前の学生に対する貸付総額が1,814億円でございましたけれども、今年度におきますとそれが4,732億円というように、着実に充実を図っているところでございます。今後、まあ財政事情等の関係はございますけれども、ひきつづき主要な予算の充実には努めてまいりたいと、そのように考えているところです。

ダンダン議長
〔中等教育の無償化に関する留保〕

83. ありがとうございます。けれども、質問は具体的に留保そのものに関するもので、規約のこれらの規定についてどうしようとしているのかというものでした。その点にお答えいただけるでしょうか。なぜならこの問題は……いやいや。この点についていまお答えいただければ、あとから第13条の実体部分について検討しますので。留保についてです。具体的な質問です。

外務省（泉人権人道課長）
〔中等教育の無償化に関する留保〕

84. いまの点を申し上げますと、この留保につきましては、日本政府はこれを撤回する必要性を現時点では感じていないということでございます。これは、これらの教育に向けての進学率が非常に高いということ、それから、非常に学費の支払い等困難な学生に対しての制度面での充実が図られているということ、したがいまして、いまの段階ではこの留保の撤回ということは考えていないということを説明しております。

III.　規約第1条～第5条（差別の禁止・男女平等等）

ダンダン議長
〔規約第1条～第5条に関する質問の開始〕

85. ありがとうございました。それが私たちの聞きたかったお答えです。それでは規約の次の条項、第1条から第5条に進みます。ここでも、ランチタイムまでの時間が刻々と少なくなっていることに注意しなければなりません。発言希望者はたくさんいますので、委員のみなさんにはくれぐれも……質問はできるだけ短くしてくださるようにお願いします。バラホナ委員、アフメド委員、ウィマー委員、タパリア委員、マリンベルニ委員、チャウス委員、サーディ委員、グリッサ委員です。バラホナ委員、どうぞ。

バラホナ委員

〔政治的その他の意思決定への女性の参加〕

86. ありがとうございます、議長。まずは代表団のみなさんを温かく歓迎したいと思います。私の質問は第2条と第3条関連です。日本は、UNDPによれば人間開発指数がもっとも高い国のひとつ、第9位で、人間開発指数がもっとも高い国のひとつと捉えられています。ですから、経済的、社会的および文化的権利がどのように享受されているかということも、人間開発が高い水準にある国だという観点から検討しなければなりません。けれども、この人間開発指数の高さは、日本社会における真の女性参加とは完全に一致していないように思えます。手元の情報によれば、日本の経済に女性がかなりの規模で参加していることには留意しますが、それが政治的意思決定の機関、ハイレベルな行政決定、日本の意思決定機関、政治的·行政的意思決定機関には反映されていません。個人的には、女性に対する一定の差別と不平等があるように感じます。日本は、申し上げたように男女双方に関して高い水準の人間開発を達成していますが、政治参加に関するかぎり、また意思決定や生産的活動への女性参加に関するかぎり、明らかな不平等があるように思います。

〔男女共同参画基本計画の実施／男女平等確保のための措置／セクシャル·ハラスメント〕

87. そこで、私の質問は以下のとおりです。日本は男女共同参画基本計画を策定していますが、これがどの程度成功しているのか知りたいと思います。これが、男女平等の問題に関して私たちの手元にあるもっとも最近の情報です。この計画を実施するなかで効果的に達成されたものとしては何があるでしょうか。女性の平等に関して若干のデータをお願いします。また、基本計画の適用に関するデータもお願いできればと思います。職場における労働の平等に関して、基本計画の下で具体的な処罰は定められているのでしょうか。たとえば、女性と男性を平等に採用しない雇用主、女性を取締役や管理職に昇進させない会社に対して、とくにそのことについての処罰はありますか。たとえば職場のセクシャル・ハラスメントについてはいかがでしょうか。また、選挙で選ばれる公職に女性が平等にアクセスできるようにするために日本政府はどのような具体的措置をとっていますか。クォータ制はあるのでしょうか。たとえば政党内で選出される役職に女性が占める比率について、アファーマティブ・アクションはとられていますか。

〔財産権・子どもの養育に関わる男女平等〕

88. 所有権に関わる不平等についても質問があります。相続は平等なのでしょうか。夫婦が取得した資産に関しては平等になっていますか。離婚の場合、その資産の所有権はどのように配分されるのでしょうか。結婚中に、また離婚の場合に、子どもの養育に対して男女はそれぞれどのような責任を負っていますか。養育費はどちらが支払うのですか。どちらが子どもに対して責任を負うのですか。監護権はどちらが有するのでしょうか。

〔「従軍慰安婦」への対応〕

89. 処罰についてはいかがでしょうか。たとえば、第2次世界大戦中、日本は「従軍慰安婦」との関連で差別の禁止に関わる規定を侵害、規定に違反しました。こうした女性は未だに差別されているのでしょうか。そうだろうと思います、日本がこのような侵害に対する歴史的責任を認めようとしないのであれば。このような被害者には、自分が受けた侵害に対してなんらかの歴史的請求を行なう権利がありますか。この特定の事案について、日本政府は何をしようとしているのですか。ありがとうございました。

ダンダン議長

90. ありがとうございました。アフメド委員。

アフメド委員

91. ありがとうございます、議長。私のほうでも日本の代表団のみなさんに温かい歓迎の言葉を送るとともに、これだけ多くの省庁の代表が出席されていることを考えれば、非常に建設的な対話がもてるものと確信しています。ありがとうございます。

〔さまざまなマイノリティに対する差別〕

92. 議長、日本の弱者集団に対する差別行為の問題は、本委員会にとっても、委員会が話をする機会があった多くのNGOにとっても、大いなる懸念の対象です。委員会が挙げることのできる事例をいくつか、ごくごく短くご紹介します。彼らがどのような主張をしているか、どのような苦境に立たされているかについて詳しくは他の委員が取り上げてくださると思いますので。私がその主張や苦境について触れようとしているのは、日本におけるカースト制度の残滓を引きずらされている部落の人々であり、北海道のアイヌの人々であり、数千人もの外国軍が駐留していることによりあらゆる……基地とともにもたらされる邪悪と差別の対象になっている沖縄の人々、琉球民族です。多くの浄化行為、屈辱的行為、差別行為の対象になっている百万人強の在日韓国・朝鮮人その他の在日外国人についても同様です。そして、完全な日本語を話せず、やはり差別行為の対象になっている中国帰国者もいます。このような人々の苦情や苦境、そして主張は、私たちにとって、日本政府の代表にとって、そしてNGOや本委員会の委員にとって、よく知られているところです。

93. そこで、日本の代表団に対して、また日本という国そのものに対して話をしたいと思うのです、議長。1945年以降、日本は敗北を打ち倒し、経済、技術、産業、金融の面で華々しくトップの座を占めるに至りました。民主化という面でも日本は世界のリーダーに数えられる国であり、新たに獲得した富と力を活用して平和、国際協力、調和、民主化を促進しています。その証はODA政策であり、日本はここ10年間で世界の平和と民主化のための最大の援助拠出国となりました。日本が過去の軍事主義と拡張主義を払拭・克服したのであれば、日本が歴史の暗いページを排斥することに成功し、軍事主義や人種的優越という考え方の骸骨を無事にしまいこむことができたのであれば、それは確かに、偉大な日本国民、経済的巨人、海外援助・協力と平和的発展の使徒と呼ぶにふさわしい行為です。先ほど例を挙げたような差別、いまなおさまよっている本質的に差別的な過去にきっぱりと別れを告げること、勇気ある現実主義と精神的目覚めの行為によってそれを終わらせることは、日本が世界のなかで占めている最近の地位を考えれば、日本にとって、〔アジア〕地域にとって、そして世界全体にとって重要なことです。

94. 議長、だとすれば、日本にはこのような勇気ある精神的目覚めが、この人権革命が、その技術革命を、民主革命を完了させるために必要です。この2つの革命を同時進行させることによって、日本はいまよりもはるかに重要なふさわしい地位を、太陽の下で正当に占めることができるようになるでしょう。そうなれば、日本は人権の大義に非常な貢献をしたことになります。日本から遠く離れたこの場所に、その同じ考え方と使命を推進するために集まってきた約70の日本のNGOの力、精力的行動ぶり、真剣さ、情熱から判断するに、日本人はこの精神革命に対する用意を整えており、それればかりかその革命に、将来差別などということが一言も聞かれないようにするための人権革命に乗り出したくてしょうがないのではないかと思うのも間違いではないでしょう。日本政府も、あらゆる種類の差別を払拭するためのこの人権革命に乗り出す用意を早晩整えてくださるものと希望します。ありがとうございました、議長。

ダンダン議長

95.　ありがとうございました。ウィマー委員。

ウィマー委員

〔日本に対する評価〕

96.　どうもありがとうございます、議長。まずはもちろん、日本の大規模な代表団のみなさんを歓迎したいと思います。政府代表団だけではなく、ここに来られているNGOの代表のみなさんもです。これは……これほど多くの人が委員会の会期に出席したことはありません。私は長年委員を務めていますが、これほど大規模な代表団はかつてなかったということを請け合います。みなさんは、日本政府と日本社会が経済的、社会的および文化的権利に関心を示していることの証人だと思います。こう申し上げたうえで、日本は非常に矛盾に満ちた国のように見えるということも付け加えたいと思います。アフメド委員がたったいまおっしゃったように、日本は人権のための国際協力の多くの面でこの分野の先頭を走っており、人権の実施に大きな関心を払っている国です。けれども、矛盾や、それどころか後進性が表れたケースも数多く目につきます。

〔ILO諸条約の批准〕

97.　私は、非常に興味深いと考えている点、すなわち経済的、社会的および文化的権利に関わるILO〔国際労働機関〕条約に注意を向けていただきたいと思います。このようなILO条約は16本ありますが、日本はそのうち8本にまだ加入していません。それをさっと挙げます。あとからこれらの条約についての情報を求めることになるでしょう。強制労働に関する条約、これは批准されていません。雇用における差別。社会政策。差別待遇の禁止。就業の最低年齢。労働統計。先住民族に関する第169号条約。事故の防止。これらの条約、これらのILO条約はすべて批准されていません。そこで、日本の国内政策はこれらの条約に掲げられた基準に一致しているにもかかわらず、経済的、社会的および文化的権利に関わるこれらのILO条約に日本が加入していないのはなぜか、ぜひとも知りたいところです。そのなかにはずっと前に定められたものもあるからです。たとえば強制労働条約などは1959年から存在しています。日本の社会のなかに、これらの条約への加入をためらわざるをえないような状況なり現象なりがあるのでしょうか。だとすれば本委員会が求める基準にも反していることになります。

〔さまざまなマイノリティに対する差別〕

98. これに加えて、私は日本の状況に関するすべての資料を注意深く読みましたが、過去から引きずっている複数の形態の差別に関して、私たちの誰もが達するであろうものと同じ結論に達したということを申し上げたい。アフメド委員がすでに、北海道の状況、在日韓国・朝鮮人、部落の人々、その他報告書のなかで説明されている状況について触れられました。そこで私は、全般的な情報、具体的には、なぜアフメド委員が挙げられたような問題が解決されていないのか、これらのマイノリティ集団が日本で直面している差別を軽減するための措置がなぜとられないのかについての情報をいただきたいと思います。ありがとうございました。

ダンダン議長

99. ありがとうございました。タパリア委員。

タパリア委員

〔さまざまなマイノリティに対する差別〕

100. ありがとうございます、議長。私も日本の大規模な代表団のみなさんを温かく歓迎し、実りある議論が行なえることを希望します。私の質問は差別の禁止と平等待遇についてです。差別の禁止と平等待遇は経済的、社会的および文化的権利にとって中心的な問題です。部落、アイヌ、外国人労働者、障害者、精神障害者、難民について差別と不平等な待遇の問題があります。けれども、時間の関係上、2つの点にだけ触れます。1つは性差別、もう1つは難民です。

〔雇用面における女性差別〕

101. 質問ですが、労働基準法と男女雇用機会均等法は女性に対する賃金差別を禁じています。1999年には、働く女性の平均収入は男性の平均収入の62パーセントしかありませんでした。20〜24歳の女性の収入は、同じ年齢層の男性の収入の91パーセントです。同様に、52〜54歳の女性の平均収入は、この年齢層の男性の収入の54パーセントにしかなりません。自治省の99年の調査によると、女性は全地方公務員の32パーセントを占めていますが、地方自治体の幹部のうち女性は4パーセントです。女性に対するこのような不平等かつ差別的な待遇を改善するために、政府はどのような措置をとっていますか。これが1つです。

〔難民に対する差別〕

102.　次に、法務省の消極的な決定は日本で庇護申請者の権利擁護をしている人々から批判されています。一部の国の政府との関係を悪化させたくないため、とくに政治的理由にもとづく決定が行なわれており、その結果、一部の難民が国籍によって差別されてきているというのです。そこで質問ですが、難民に対するさまざまな国際的義務に関して、政府としてどのようなコメントをしていただけるでしょうか。ありがとうございました、議長。

ダンダン議長

103.　ありがとうございました。マリンベルニ委員。

マリンベルニ委員

〔「合理的」な差別〕

104.　ありがとうございます、議長。本題に入る前に、差別の禁止の原則に関する一般的議論のなかで日本の代表団がおっしゃったことに、完全には納得していないということを申し上げておきたいと思います。いずれにせよ、ポイントは2つあります。まず、第2条2項で扱われている差別の禁止の原則は、規約第6条以降で保障されているその他の権利と同じく、漸進的に実施しなければならないという主張です。しかし、第2条2項は別のタイプに属するものであって、規約の……これは、規約のシステムのうち即時的に実施されなければならないものに属するのです。規約第3部の他の権利と比較したり、それと同列に扱ったりすることはできません。第2に、経済的・社会的権利に関する合理的な差別という考え方にもまったく納得できませんでした。経済的・社会的権利は、最貧層を含む住民の経済的・物質的生活にとって必要不可欠な基盤です。一定の場合には差別が合理的になりうるなどとどうしておっしゃれるのか、本当にわかりません。とくに、外国人に経済的・社会的権利を否定するために国籍を利用できるというのはわからないところです。

〔障害者の雇用〕

105.　以上のことを申し上げたうえで、差別に関してあと2つ、具体的なポイントを挙げるにとどめます。最初のポイントは障害者差別に関してです。手元の資料によると、日本では障害者の統合が充分に実施されていないように思えます。障害者は570万人いるようですが、仕事に就いているのは25万人に過ぎません。確かに措置はとられており、1977年以降、300人以上を雇用する民間企業は一定数の障害者を雇わなければならなくなっていますし、公務部門でも最近、雇わなければならない障害者職員の割合が2.1パーセントに引き上げられました。にもかかわらず、実際にはこれは守られていない模様であり、多くの企業はたとえ制裁を受けても障害者を雇っていません。日本の代表団から、障害者が社会に出られるようにするための措置について情報をいただければと思います。

〔韓国・朝鮮民族学校の取扱い〕

106.　第2のポイントは在日韓国・朝鮮人差別です。この点はすでに他の委員からも提起されました。私は具体的な問題について1つだけ、すなわち学校における差別について触れたいと思います。日本政府は、在日韓国・朝鮮人が設置した韓国・朝鮮学校を、教育に関する国内法で規制されている学校とは考えていないようです。その結果、このような学校の卒業生は国立大学の入試を受けるときにこのうえなく苦労することになります。日本語と日本文化に関する知識が不充分だからです。この点についても日本の代表団にお答えいただけるでしょうか。ありがとうございました、議長。

ダンダン議長

107.　ありがとうございました。チャウス委員。

チャウス委員

〔在日韓国・朝鮮人の待遇〕

108.　ありがとうございます、議長。私も在日韓国・朝鮮人の問題に簡単に触れたいと思います。私は、報告書と文書回答を読む前から、韓国・朝鮮籍の人々が日本に住んでいることは知っていました。基本文書によると、日本には韓国・朝鮮籍の人が639,000人いるということです。私も、ほとんどの人と同じように、その背景については多少知っています。20世紀初頭の出来事を受けて、朝鮮の人々は住んでいるところを追われ、自分の意思に反して日本にやって来ました。なかには朝鮮半島で生まれた人もいるでしょうが、在日韓国・朝鮮人のほとんどは日本で生まれたと思います。私は、戦争後、日本を離れなかった人々は日本の市民権を取得するものと思っていました。しかし、私たちが受け取った証拠によれば、そうではないようです。私たちは何人かの人々、いくつかのNGO、在日韓国・朝鮮人の方々から証拠を受け取りましたが、その人たちは、日本国籍を有していないために一定の差別を受けていると苦情を申し立てています。その人は姜富中さんで、戦争中は日本軍で戦い、その後日本国籍を剥奪されたために、援助、軍人年金、つまりは日本政府からの年金をまったく受け取っていません。

109.　私の見解では、議長、639,000人の在日韓国・朝鮮人は、日本の土地に特別な立場で暮らしています。他の外国人、たとえばペルー人やブラジル人と同じ形で日本にいるのではありません。私は、1905年以降に彼らとその子孫に対して行なわれた過ちは権利を創設する類の過ちであったと思います。歴史の変転により意思に反して連れて来られた場所に留まり、そこに住み続ける権利、日本の完全な市民になる権利です。あえて比較を試みれば、アメリカの黒人、フランスのアルジェリア人などなどのように。だからこそ、議長、私は日本がそろそろ歴史を背負うべき時期、歴史と和解すべき時期だと考えるのです。その歴史には、すべての国々の歴史と同じように、幸福なページもあれば悲しいページもあります。在日韓国・朝鮮人に対して正義が実現されなければなりませんし、彼らは、経済的、社会的および文化的権利に関しては日本の他の居住者と同じように扱われるべきです。ありがとうございました、議長。

ダンダン議長

110.　ありがとうございました。サーディ委員。

サーディ委員

〔自由権・社会権の実施の区別〕

111.　ありがとうございます。男女平等について、日本は市民的および政治的権利と経済的、社会的および文化的権利とを区別しているでしょうか。その実現という点に関して区別をしていますか。

〔さまざまなマイノリティに対する差別〕

112.　部落の人々、アイヌ、ウィルタ、ニブヒ——発音が正しいことを願いますが——、そして琉球の人々、在日韓国・朝鮮人、その他の外国人のような弱者集団に対して古くからある偏見と差別については、このように古くからある偏見や差別を解決するためには、ホリスティックなアプローチと積極的政策・キャンペーンが必要だという命題に同意しますか。そして、これらの偏見を解決するためのそのような政策やキャンペーンがありますか。たとえば、具体的には、政党が立候補するときや政権に就こうとするときに、綱領でこのような問題についての立場が明らかにされていますか。

〔「合理的」な差別〕

113.　3つめの、そして最後の点は、合理的な差別という考え方についてです。日本は、このような考え方があらゆる人権機関の解釈に反しており、濫用されかねない危険な先例となることを考慮していますか。そしてこうした点を踏まえ、日本は合理的な差別に関する立場を再検討してくださるでしょうか。ありがとうございました。

ダンダン議長

114. ありがとうございました。グリッサ委員とテクシエ委員が残っています。グリッサ委員。

グリッサ委員

〔教育面における女性差別〕

115. ありがとうございます、議長。他の委員のみなさんと同じく、私も差別に関する日本の立場を憂慮しています。報告書の7ページでは、パラグラフ9で、1ページ全体を使って、(a)から(g)まで9項目に、10項目にわたって、差別を禁ずる法律が挙げられています。報告書では法律が挙げられているだけです。それは私たちが報告書に求めることではありません。知りたいのは法律の羅列ではなく、日本の現状なのです。どんな国にも美しい法律はありますとも。しかし、法律の下に何があるのか、法律の前に何があるのか、法律の背後に何があるのか、私たちがいちばん関心があるのはそこなのです。みなさんは、「第何条で学校で差別は禁じられている。職場での差別は禁じられている。賃金差別は禁じられている。賃金は平等である」云々とおっしゃいます。

116. しかし私たちは、日本に、とくに男女の間にものすごい差別が確かに存在することを知っています。たとえば、この資料によれば、大学進学に関するかぎり、1991年には——これは1991年に遡るデータですが——大学入学者、大学入学希望者が916,600人いました。そのうち女性はどのぐらいだったかご存じでしょうか。わずか255,000人です。28パーセント、大学に入学する全学生の28パーセントにも満たないのです。私の国は日本と比べれば貧しいチュニジアですが、大学では男子学生よりも女子学生のほうがたくさんいます。これは事実です。わが国は貧しい国、充分に発展していない国ですが、大学では男子学生よりも女子学生のほうが多いのです。日本では、女子学生は大学生の3分の1以下です。これは差別の源泉になります。女性は高給の仕事につける可能性がきわめて小さくなり、たいていは労働力の低い階層を占めることになるからです。これは差別の源泉のひとつです。

〔政府代表団の男女比〕

117. 代表団のみなさんを拝見すると、この部屋には20人の代表団がいらっしゃいます。そのうち、20人のうち女性は5人だけです。女性5人、これは20パーセントです。数えました。委員会にはいろいろな国の代表団が見えられますが、そのほとんどは発展途上国の代表団です。いえいえ、代表団はここからここまでですね、20人いらっしゃいます。そのうち女性は5人です。みなさんと同じように大規模な代表団を組む国もありますが、女性ははるかに重要な存在になっています。そして、〔日本の〕代表団の女性は答弁をされていないことに気づきました。つまり、女性のみなさんは代表団のなかで低い立場に置かれているということです。これは、私に言わせれば差別の源泉です。ありがとうございました。

ダンダン議長

118.　ありがとうございました。テクシエ委員、どうぞ。

テクシエ委員

119.　ありがとうございます、議長。私も、日本の代表団のみなさんを温かく歓迎したいと思います。何人かの委員がおっしゃったように、委員会の委員の5倍近い日本人がこの部屋にいるというのは明らかに非常に印象的なことであって、この点は強調する価値があります。また、政府代表団やNGOとの対話の質も私にとっては非常に優れたものに思え、日本について1日しか話ができないことを本当に残念に思います。

〔無国籍関連条約の批准〕

120.　そこで直ちに本題に入ります。難民の問題について1、2点、コメントがあります。日本は難民に関する1951年の条約と67年の条約〔議定書〕を批准しています。しかし、無国籍者に関する54年の条約と、無国籍の削減に関する61年の条約は批准していないと思います。批准をしていないことには何か特段の理由があるのでしょうか。日本の法律の現状と両立しないのか、それとも単に見過ごされているだけなのでしょうか。

〔難民に対する差別〕

121.　難民の人数は、非常に人口の多い国にしては、その規模に対してきわめて少ないと言わざるをえません。手元の数字によれば、庇護希望者は3,000人にさえ満たず、そのほとんどはたまたま東南アジアから、とくにベトナム、一部はカンボジアとラオスからやってきた人々です。また、東南アジア出身者とその他の場所の出身者との間には、はっきりとした地位の違いがあるように思えます。これには何か理由があるのでしょうか。この状況を是正し、すべての難民に同じ地位を認める意思はおありでしょうか。

122. そして、最後の質問です。タパリア委員がすでに難民の問題を取り上げましたが、難民は時として日本人による差別的措置、ある種の排外主義的行動の被害を受けているようです。この点についても、このような行動と闘うためになんらかの措置はとられているでしょうか。ありがとうございました。

ダンダン議長

123. ありがとうございました。それでは、日本の代表団に以上の質問に答えていただきます。どうぞ。

外務省(泉人権人道課長)

124. ありがとうございます。たいへんたくさんの質問をいただきまして、なかにはあるいは直ちに答えられないものが、われわれが準備していない都合上、〔答えられない〕ものもあるかもしれませんが、極力答えていきたいと思います。

〔外国人に対する権利保障〕

125. まず少数者の人権保護に関しまして非常に高い関心が示されました。これにつきましては、以下基本的な考え方をいくつか述べていきたいと思います。まず最初に、日本におきます外国人の地位に関しましてでございますけれども、日本国憲法は、権利の性質上日本国民のみを対象としていると解されるものを除きまして、すべての在日外国人に基本的人権を保障しております。これを受けて政府は、外国人の平等の権利と機会の保障、外国人の自己の文化・価値観の尊重、外国人との共生に向けた相互理解の増進等に積極的に取り組んできているところです。わが国は本規約以外に、市民的及び政治的権利に関する国際規約を批准しておりますほか、1951年難民の地位に関する条約を1982年に、1967年の難民の地位に関する議定書を1982年に、それぞれ加入しております。たとえば教育については、公立の義務教育諸学校で就学を希望する外国人児童に対しまして教育への平等な権利と平等な待遇を保障しておりますし、職業紹介についても人種や民族による差別なくすべての人々に提供されております。労働条件について国籍による差別的な取扱いは罰則をもって禁じられておりますし、住居についても居住関係および身分関係について居住地の市町村に登録した者については外国人も日本人と同様に公的な住宅への入居が可能であります。社会保障制度についても国内法の国籍要件の撤廃などの整備を行なってきており、たとえば年金制度、医療保険制度の加入、児童手当、児童扶養手当等の支給にあたり国籍要件は撤廃されております。わが国に適法に滞在する外国人に対しましては、原則として日本人と同様に制度が適用されております。また、生活保護制度についても、永住者・定住者などについては、行政上の措置として日本人と同一の条件で給付を行なっております。

〔在日韓国・朝鮮人〕

126. 次に在日韓国・朝鮮人の方々でございますけれども、朝鮮半島が韓国と北朝鮮に分かれている現状から、その自由意思にもとづいて韓国籍を取得している方およびその国籍を取得していない方に大別されます。これらの方々は特別永住者として日本に在留しておられます。その数は2000年末現在で507,429人となっております。在日韓国・朝鮮人の方々のうち、日本の学校に通うことを希望しない方の教育に関しては、韓国・朝鮮人学校が、そのほとんどが地方自治体の認可を受けて運営されておりまして、そこでは母国語・母国文化などの民族教育についてその自主性が尊重されております。また在日韓国・朝鮮人の方々を含めた在日外国人に対する差別等の人権侵害に対処するため、法務省の人権擁護機関では種々の啓発活動を行なっているほか、個別の人権侵害事案については人権相談および人権侵犯事件としての調査を通じて適切な措置を講じてきているところであります。

〔アイヌ民族〕

127. 次にアイヌの方々でありますけれども、北海道庁が99年に実施しました北海道ウタリ生活実態調査によりますと、北海道におけるアイヌ人口は推定23,767人です。1974年以来北海道ウタリ福祉対策といたしまして、高校大学進学支援事業、地区道路や生活館等の生活環境改善のための施設整備事業、農林漁業分野における生活基盤の整備、アイヌ民芸品の販路拡大を図るための中小企業振興、雇用促進および技術習得の対策等の北海道ウタリ対策が講じられてきております。アイヌの人々の生活実態につきまして、アイヌの人々の生活保護適用率、これを見てみますと、1972年の調査時点では11.57パーセントだったのが99年の調査時では3.72パーセントへと減少しております。また、全国平均との格差も1972年の調査の9.1倍から99年の調査で4.7倍へと縮小しているところでございます。このようにアイヌの方々とそれ以外の人々との間の格差は、徐々にではありますが着実に縮小してきておりまして、以上申し上げた福祉対策が着実にその効果をあげてきていることを示すものと認識しております。北海道では2001年度が第4次ウタリ福祉対策の最終年度でございまして、2002年度以降のアイヌの方々のための総合的対策、アイヌの人たちの生活向上に関する推進方策、これを先般策定したところであります。

〔被差別部落〕

128. 次に同和問題でございますが、わが国におきましては、一般に同和地区といわれている、歴史的・社会的理由により生活環境等の安定向上が疎外されている地域につきまして、同和問題の早期解決は国民的課題であるという認識のもと、これまでに3度にわたる特別措置法にもとづき、30年あまりにわたって生活環境の改善、産業の振興、職業の安定、教育の充実、人権擁護活動の強化、社会福祉の増進等の関係諸施策の推進に努めてきたところであります。対象地域といたしましては、国内36府県4,603地区となっておりまして、同和関係世帯数約30万世帯でございます。これらの法律にもとづく事業におきましては、地方公共団体に対して手厚い財政援助が行なわれており、このような国・地方公共団体の長年にわたる施策の推進の結果、93年の実態調査によりますと、同和地区の生活環境の改善をはじめとする物的な基盤整備は概ね完了するなど着実に成果をあげ、住宅環境の状況の改善——これは同和地区におきまして1世帯当たり平均5.5部屋でございます。これは全国平均4.9部屋と比べまして、これを上回っております——など、格差は大きく改善されました。なおこのような状況を踏まえ、1997年度以降、このような特別対策や同和地区とその他の地区を区別しない一般対策に逐次移行しつつございまして、現在は2002年3月までの経過措置として職業講習事業、受講給付金事業等を実施しております。それ以降につきましては必要に応じ、各般の一般対策にて対応することとなっております。

〔沖縄〕

129. これに加えまして、あと沖縄の話がございました。沖縄につきましては、米軍基地が多くの、広い面積を占めているというご指摘がございました。もとより、わが国の憲法22条にありますとおり、「何人も、公共の福祉に反しない限り、居住、移転及び職業選択の自由を有する」という規定の下、沖縄の方々についても当然日本国民としてこのような自由、基地以外、基地という問題はございますけれども、こういう権利が保障されているところでございます。他方、日本政府としても在日米軍施設区域が沖縄に集中することにより沖縄県民の方々に多大な負担をかけているということは充分に承知しておりまして、またこうした県民の気持ちの表れとしてさまざまな意見が出されているということ、このことも承知しておるところでございます。日本政府としましては、この沖縄への基地の集中の問題に関しまして、SACO〔沖縄に関する特別行動委員会〕の最終報告の着実な実施を通じ、沖縄県民の負担の軽減に最大限努力していく所存でございます。なお日本政府は、沖縄の経済振興を図る観点からこれまで3度にわたり振興計画を策定し諸施策を実施してきたほか、現在沖縄振興新法の制定と新たな沖縄振興計画の策定によって、これを検討しているというところでございます。

130. そのほかにもいろいろご指摘がございました。まず男女平等の問題がございますが、これにつきましては内閣の男女共同参画室〔局〕のほうからお答えしたいと思います。

内閣府男女共同参画局

〔政治的その他の意思決定への女性の参加〕

131. 内閣府の男女共同参画局でございます。gender equalityに関する質問につきまして順次お答えをしていきたいと思います。まず開発の指標についてのお話がございました。委員ご指摘の部分はおそらくHDI〔人間開発指数〕に比べましてGEM〔ジェンダー開発指数〕が低いと、低すぎるという、ご指摘だったと思います。最新のこれらについての数値につきましては、わが国はHDIについては世界で9位、そしてGEMにつきましては、1999年38位でございましたが、最新の数字では31位になっております。HDIに比べてGEMが低い、わが国は低いというのは従来から指摘されていることでございまして、これの最大の原因はまずいちばんに国、国会議員も含めた国の政策決定過程についての女性の参画率が低いということがまず原因でございます。それからもう1つは意思決定過程、企業それから公のポジションも含めたところにおける女性の参画率が低いことが原因でございますが、ただいまご紹介を申し上げましたように、GEMにつきましても着実に、漸進的ではございますが、地位が上がってきているというふうに認識しております。

〔男女共同参画基本法の実施〕

132. また男女共同参画の基本法、basic lawがございますけれども、この中におきましても、男女が社会の対等な構成員として社会のあらゆる分野に参画する機会が確保されるということ、そして同法の第5条におきまして、やはりその参画の機会が確保されることを旨として政策が行なわれなければいけないことが謳われてございまして、この政策については国および地方公共団体も含めて責務を負っているという法の構成になっております。もとよりこれは基本法でございまして、個別の施策に配慮してあるいは個々の施策について具体的に規定したものではございませんが、わが国がgender equalityという分野におきまして進むべき方向を示した法律というふうに位置づけられております。

133. 法律におきまして、ですから基本法の性格からいって罰則等はございませんが、ただひとつのこういった参画率を高める方法といたしまして、幹事局といたしましては、あらゆる職業、重要な職業あるいは地方公共団体における職業において情報をかなり網羅したデータベースを作っていくと。そしてそのデータベースをかなり、年に2度くらいのペースかもしれませんが、示すことによって、そもそもそれぞれの団体あるいは会社あるいは組織は自分たちの組織における女性の参画率がどれくらいであり、かつ比較してどの程度の位置にあるかということ自体がまずわからないわけでございますから、そうしたことをわかりやすくして、「自分のところがほかのところより劣っているな」ということがすぐに認識できるような形での情報を示していくことが、その推進に役立つ大きなひとつの手法ではないかなというふうに考えております。

〔男女共同参画基本計画／男女平等確保のための措置〕

134. それから計画についてのご質問がございました。計画は2000年の12月、去年の12月にできたものでございまして、まだ半年ちょっとしか経っていないわけでございますが、その計画の中におきまして、11の重点項目を立てて国が進むべき施策についての方向性を出しております。その中で、10年をタームとして行なうものと5年をタームとして行なうというふうに分けて記述はしてございますが、その中に、最前も申し上げましたように、法律の趣旨も受けたうえで、女性の参画の拡大や、あるいはgender equalityの観点から見たときに中立的に働いていないんではないかという社会制度や慣行の見直し、あるいは仕事とそれから家庭生活の両立の点、それから女性に対するあらゆる暴力を排除するという5つくらいのポイントに絞って、今年度は重点的に施策を進めているところでございます。

135. この計画について、ですから、いまのところ何ができたのかというと、すぐにこれができたというふうに言えるところはないわけではございますが、たとえばわが局におきましてこの半年間について何をしたかとたとえば問われればですね、男女共同参画会議という会議がございまして、これは男女の政策についての総合調整を行なえる会議でございますが、この中で、ただいま申し上げましたような仕事と家庭の両立、あるいは女性に対する暴力の排除について、それからこういったgender equalityの観点から国の行政がどう行なわれているかということを監視するための機構の検討等々が行なわれております。それから本年4月には、「配偶者からの暴力の防止及び被害者の保護に関する法律」、いわゆるDV法が公布されまして、10月には施行されることになっております。それから6月には仕事と子育ての両立支援についての閣議決定が行なわれております。また同じ6月には、積極措置の一環としてですが、女性の国家公務員の採用についてそれぞれの省、府省庁が数値目標等を作りそれをめざしていくということについて、推進本部という機構での決定がなされておりますし、また本年11月には、女性に対する暴力をなくす運動の国民運動的なキャンペーンが行なわれることが同じように決定されています。また6月には、こういった計画をフォローアップする一環としてのアニュアルレポート〔年次報告〕が閣議決定されております。同じ6月には第1回目の男女共同参画週間を設け、普及啓発に努めました、等々。短い期間ではございますが、政府としてできるかぎりのことをやっているというのが現状でございます。

136. またもう1点、クォータ制についてのご質問がございました。男女共同参画基本法におきましては、先ほど申しましたように、男女が社会の対等な構成員として参画する機会を確保するべきであるということが法律上謳われておりまして、この機会にかかる、現在存在する男女間の格差を解消するために、必要な範囲内において男女いずれかの一方に対して機会を提供する、いわゆるポジティブ・アクションの条項が盛り込まれておりまして、このポジティブ・アクションを履行することが法律の中でも国および地方公共団体の責務としてなっております。ただクォータ制そのものにつきましては、これは個々にその制度にクォータ制を当てはめるかについては、男女平等という観点からいって果たしてそれが合憲であるかということも含めたうえで1つ1つ判断していかなければいけないと考えておりますので、この現在クォータ制についてはとっておりませんが、先ほどご紹介いたしましたように、女性の国家公務員につきまして、あるいは国の政策決定に非常に影響をもつ審議会における女性の役員の比率につきましては、タイム・アンド・ゴールと申しますか、何年までに何パーセントを目標として行なっていくという形で、クォータ制よりはやや拘束力はないかもしれませんが、強い目標を設定したうえで行なっていくという形での閣議決定等が行なわれております。

137. それから苦情についてどういう機関があるかということについてのご発言がございましたが、先ほど申しました男女共同参画会議の下に1つ、苦情に関する専門調査会を置いております。現在わが国には苦情処理およびそれに類似した制度をもっているものがいくつかございますけれども、これまでに専門調査会におきましてはそういった既存の制度についてのヒアリングを行ない、現在の状況を把握するとともに、それぞれの地方公共団体レベルにおいて現実にどのような苦情処理が行なわれるかについてヒアリングをし、また秋以降については地方に出向いて実情を把握して、わが国のジェンダーの観点から見た苦情処理のシステムが今後どうあらねばいけないかということについて検討して早急に結論を出していきたいというふうに考えております。以上でございます。

外務省（泉人権人道課長）

138. この女性の問題につきまして、さらに厚生労働省ならびに法務省のほうから補足していただきたいと思います。

厚生労働省

〔雇用面における女性差別〕

139. 厚生労働省でございます。職場における男女差別についてたくさんのご指摘をいただきました。まず最初に職場における男女差別について罰則があるのかというお尋ねでございます。男女雇用機会均等法を私ども1999年から改正・施行いたしまして、その中で事業主の、これまで努力義務となっておりました募集・採用それから配置・昇進について女性に対する差別を禁止いたしまして、雇用管理の全ステージにつきまして男女異なる取扱いを禁止をいたしました。これらの差別の禁止規定につきましては、全国に47カ所あります均等法の施行機関におきまして厳正に企業を指導しておりまして、必要な場合に、法律違反の場合には助言・指導・勧告を出しております。そして勧告にしたがわない企業があった場合には、その企業名を公表するというようなペナルティをもっております。また従前より労働基準法第4条におきまして男女同一賃金を規定しておりまして、これにつきましては刑罰法規をもってその禁止が担保されているところでございます。それ以外に、均等法の違反につきまして、当事者から紛争の解決の援助を求められた場合には、均等法の施行機関におきまして、まず解決のために助言・指導・勧告の援助を行ないますし、必要な場合には機会均等調停委員会におきまして調停を行なうことによって法律の実行を確保しているところでございます。

140. 次に管理職ですとか意思決定のポジションにある女性の比率についてのご指摘がございました。職場におきまして意思決定をするポジションにある女性はまだまだ少のうございますが、私ども努力をいたしまして、着実に増加しているというふうに認識をいたしております。

〔セクシャル・ハラスメント〕

141. それからその次に、職場におけるセクシャル・ハラスメントにつきましてお尋ねがございました。セクシャル・ハラスメントにつきましても、1999年の4月から施行されました改正雇用機会均等法におきまして、事業主はこれを防止するための配慮の義務を負うことになっております。現在、均等法の施行機関に対しましてセクシャル・ハラスメントに関する相談が多数寄せられております。ちなみに2000年度におきましては年間に寄せられた相談が全体で約2,300件、失礼いたしました、23,000件ございましたが、そのうち8,600件がセクシャル・ハラスメントに関する相談でございます。均等法の施行機関ではこういうような相談に応えるほか、事業主の理解を深めるための周知啓発、積極的な行政指導を行なっております。またセクシャル・ハラスメント、日本においては比較的新しい問題でございまして、企業に取組みのノウハウがなかなかないものですから、防止対策のノウハウを企業に提供していっております。また均等法の施行機関におきましては、セクシャル・ハラスメントについて深刻な打撃を受けました女性労働者に対する配慮のために、セクシャル・ハラスメント・カウンセラーの配置も行なっているところでございます。このセクシャル・ハラスメントに関する個別紛争についてでございますが、本年の10月から都道府県労働局におきまして紛争調整委員会という制度ができまして、個別的な労使間の紛争につきまして、紛争の解決援助そして斡旋を行なうという制度が施行されます。その中でセクハラに関する紛争についても調整を行なうこととしております。

〔男女平等確保のための措置〕

142.　その次にポジティブ・アクションについてのお尋ねがございました。ポジティブ・アクションにつきましても、1999年4月から施行しております改正男女雇用機会均等法におきまして、男女労働者間に事実上生じる格差を解消するために企業がこのポジティブ・アクションに取り組む場合に、国が援助を行なうという規定が設けられたところでございます。現在この規定にもとづきまして、厚生労働省におきましては、企業の自主的取組みのガイドライン、それから現状分析や問題点の発見のためのワークシートの策定・普及、それから企業のトップセミナー、あるいは業種別使用者会議、また日本の代表的な経営者団体と連携いたしまして全国的にこのポジティブ・アクションを進めていくための戦略を決定するための協議会を開催しているところでございます。

〔雇用面における女性差別〕

143.　次に賃金格差についてのご指摘がございました。女性の決まって支給される賃金が、グループ全体、平均いたしますと男性の62パーセントであるというご指摘でございました。まだまだ格差は大きいものがございますが、これも着実に縮小の傾向にございます。そもそも日本における男女の賃金の格差でございますけれども、どういうところに原因があるかと申しますと、1つは職務、職種、職位、職階が男女で異なること。それから女性の勤続年数が男性に比べて短いということが大きな原因であるというふうに考えております。男女で職務あるいは就業分野が違うということにつきましては、これまで女性に対して男性と必ずしも均等な機会が与えられていなかったことにより生じている面がございますので、募集・採用・配置・昇進における女性差別の禁止をしっかり施行していくとともに、ポジティブ・アクションの促進によって事実上の格差を解消していくということに努めてまいりたいというふうに思っております。それから男女の勤続年数の差異につきましては、時系列に見ますと改善をしてきております。継続して就業していくためには、やはり育児・介護をしながら働き続けるということの支援がないといけませんので、職業生活と家庭生活との両立支援対策、あるいは労働時間の短縮を積極的に進めているところでございます。職場における男女差別関係は以上でございます。

法務省

〔財産権に関わる男女平等〕

144.　続いて法務省です。遺産相続における男女の取扱い等についてご質問がありました。遺産相続において、わが国の民法では基本的に男女の差別・区別を設けておりません。平等となっております。ただし配偶者、現実には女性の地位を向上させるために、1980年以前においては法律上定められる相続分というのが、配偶者の相続分が3分の1というふうに定められていたのですが、それを1980年の法改正によりまして2分の1、子どもと配偶者が相続する場合であれば奥さんが2分の1、残りの2分の1を子どもで分けると、こういう遺産相続体制を基本としております。

〔子どもの養育に関わる男女平等〕

145.　それから養育費、親権等の男女間の取扱いについても質問がございましたが、親権についても平等となっておりまして、あるいは離婚の際に監護、誰が子どもをみるかという点についても男女平等となっております。養育費の定めにつきましては、男女が協議離婚する際に養育費を定めなければ離婚ができないという法制度にはなっておりません。その意味では養育費の定めがなくても離婚が可能なのでありますが、他方、協議離婚が整わない場合には、典型的な制度として家庭裁判所による救済というものが……すみません、調停離婚というものがございます。その家庭裁判所が調停する際には養育費をさまざまな観点から検討し決定することが多いのですが、その場合にも男女間、男女がゆえに差別・区別があるということはなく、その家庭状況等を踏まえて総合的に決定されるという制度になっています。以上です。

文部科学省

〔教育面における女性差別〕

146.　文部科学省ですが、先ほど女子の進学率についてのご指摘がありました。女子の進学率について申し上げますと、まず高校段階への進学率といたしましては女子が97.7パーセント、また男子が96.3パーセントでございます。1969年以来男子の進学率を女子が上回っているという状況がございます。また、高校を卒業した後進む高等教育の機関といたしまして短期大学、また大学というものがございますが、この大学・短期大学への進学率、2000年には女子が48.7パーセント、男子が49.4パーセントとなっております。男女の比率に大きな違いはございません。また大学のみの進学率ですが、確かに2000年には女子が31.5パーセント、男子が47.5パーセントということで男女間で開きがございますが、これも1999年には、2000年の差は16パーセントでしたが、1999年にはそれが17パーセントの差、1998年には17.4パーセントの差と、少しずつではございますけれども男女の進学率の差というものが縮まってきているということでございます。

147. もとより学校教育におきまして、そういう男女平等の理念を生かした教育というものはきわめて重要でございます。学校で、道徳ですとか各教科などにおきまして、そういう男女平等、男女協働の理念にもとづく教育というのが行なわれておりますけれども、たとえば教科書の記述の例を申し上げますと、たとえば「男性だからとか女性だからとかという理由だけで社会における役割を決めつけてしまうことは、個人の尊重を損なうものであること」等の記述が具体的にあります。挿絵、また写真につきましても、たとえば男性が家事に従事した写真、また父親が育児に携っている写真など、また女性が新しい分野の職場で働いている、そういったものなど、それぞれ工夫されたものが多数掲載されているところでございます。今後とも男女平等を推進する教育の充実に努めていきたいと考えております。以上です。

外務省(泉人権人道課長)

〔政府代表団の男女比〕

148. 先ほど委員のほうから代表団の構成につきまして示唆に富む意見がございましたけれども、いまのご説明を聞いておわかりのとおり、日本政府代表団のなかの幹部クラスの代表として女性が入っております。厚生労働省のトップは女性の代表が来ておりますし、文科省のトップも女性の代表で来ております。この点よく、名簿を事前にお配りしておりますので、ご理解いただきたいと思います。

〔「従軍慰安婦」への対応〕

149. 次に「従軍慰安婦」の問題についてご指摘がございました。いわゆる「従軍慰安婦」の問題に関しましては、多数の女性の名誉と尊厳を傷つけた問題であるというふうに日本政府として認識しております。したがいまして、日本政府はこれまでにもお詫びと反省の気持ちをさまざまな機会に表明するとともに、元慰安婦の方々に国民的な償いを行なうことなどを目的に、国民と政府の協力の下で設立されましたアジア女性基金に対し、最大限の協力を行なってまいっております。「従軍慰安婦」の方々には、総理大臣から個々の方々に手紙を出しまして、お詫びの気持ちを表明しております。以下一部分を引用いたしますが、「このたび、政府と国民が協力して進めている『女性のためのアジア平和国民基金』を通じ、元従軍慰安婦の方々へのわが国の国民的な償いが行なわれるに際し、私の気持ちを表明させていただきます。いわゆる従軍慰安婦問題は、当時の軍の関与の下に、多数の女性の名誉と尊厳を深く傷つけた問題でございました。私は、日本国の内閣総理大臣として改めて、いわゆる従軍慰安婦として数多の苦痛を経験され、心身にわたり癒しがたい傷を負われたすべての方々に対し、心からおわびと反省の気持ちを申し上げます。我々は、過去の重みからも未来への責任からも逃げるわけにはまいりません。わが国としては、道義的な責任を痛感しつつ、おわびと反省の気持ちを踏まえ、過去の歴史を直視し、正しくこれを後世に伝えるとともに、いわれなき暴力など女性の名誉と尊厳に関わる諸問題にも積極的に取り組んでいかなければならないと考えております」。このような内容を含む手紙を個々の人々に総理大臣から直接出し、お詫びを申し上げたことがございますので、ここで引用してご紹介させていただきました。次に中国に残留されました日本人の個人の方々の問題につきまして、厚生労働省のほうからお答えいたします。

厚生労働省

〔中国帰国者〕

150.　厚生労働省でございます。お答えいたします。中国残留邦人に対する施策についてでございますけれども、中国から帰国された方に対しては、中国帰国者定着促進センターやあるいは中国帰国者自立研修センターにおきまして日本語指導を行なうほか、厚生労働省をはじめとしまして関係省庁と地方公共団体とが緊密な連携を図りつつ、子どもの教育の確保であるとか、あるいはですね、就職促進措置としては職業相談、職業訓練等、こういったきめ細かな対策を講じているところでございます。以上です。

外務省（泉人権人道課長）

151.　次に、在日韓国・朝鮮人の方々の問題につきまして、これは最初に朝鮮人学校の問題につきまして、まず文科省のほうからお答えいたします。

文部科学省

〔韓国・朝鮮民族学校の取扱い〕

152.　文部科学省でございます。在日外国人の教育について、とくに委員からご指摘のありました朝鮮人学校のことを中心に日本の状況をご説明したいと思います。まず確認していただきたい点は、日本の公立義務教育の学校にはですね、希望する外国籍の子どもは誰でも受け入れているという状況がございます。これは入学の案内は出しておりますけれども、決して強制しているものではございません。その場合、公教育にですね、外国籍の子どもを受け入れた場合は、日本の児童と同じように授業料無償、教科書の無償供与等が行なわれているところでございます。また日本の学校教育を受けることを希望しない外国人、外国の子弟につきましては、たとえば韓国・朝鮮人学校、アメリカ人学校、ドイツ人学校等の外国人学校において教育を受けているというような状況でございます。したがいまして、日本国籍をもたない在日外国人は、日本の学校教育を受けるという選択肢と、外国人学校において民族固有の文化を尊重した教育を受けるという選択肢の両方が存在しているという状態でございます。

153.　外国人学校についてでございますけれども、韓国・朝鮮人学校等の外国人学校を公教育として認めないのはこれは差別につながるんであるということに関しまして、必ずしも政府として同意しておりません。多くの国では、公教育制度において定められたカリキュラムや、教育条件についてのスタンダードが存在しているということで、これは世界各国でも同様であると考えております。日本の外国人学校のほとんどは公教育と認められていない現状でございますけれども、これは単に学校が認可を受けるためのスタンダードを満たすということを行なっていないということでございまして、この取扱いの違いは国籍等の違いにもとづくものではなく、カリキュラムの違いにもとづくものであるということでございます。いかなる学校でもスタンダードを満たすならば、その申請があれば公教育として認められるということでございます。ほとんどの、現在、外国人学校はこのスタンダードを満たしていないために、その卒業生は、大学受験の際に日本の高等学校卒業生と同等の学力を有しているということを示すために、大学入学資格検定試験を受けることが要件とされています。この要件は、外国籍をもつ子どもだけではなくして、たとえば日本人であっても、そのスタンダードを満たさない公教育以外の教育を受けた子どもたちはこの試験を受ける、大学受験のためにはこの試験を受けるということでございまして、これも国籍の違いによる差異ということではないと考えております。以上でございます。それと、このシステムについてまとまれば基本的な考え方についての資料をのちほどご提出できるかと思っています。以上です。

外務省（泉人権人道課長）

154.　次に法務省のほうからお願いします。

法務省

〔在日韓国・朝鮮人の待遇〕

155.　法務省です。在日韓国・朝鮮人の方々の帰化の問題についてですが、委員の方々からご指摘がありましたような事情を踏まえまして、そういった方々からの帰化の許可申請がなされた場合には、日本の国籍法の定める条件を満たしているかぎり、これを、原則として帰化を許可するという方針で政府としては臨んでおりまして、そういった配慮を行なっております。また帰化まではされない方々の在留の資格につきましても、先ほど若干泉課長のほうからもご説明が冒頭にありましたとおり、1991年に入国管理法の特例法という法律を定めておりまして、そこで特別永住者という資格をそういった方々に認めております。これらの方々に対しては、たとえば日本から退去強制される事由、理由というものがより限定されていること。それから、日本からいったん出国し、さらに日本に戻ってくるまでの期間を再入国許可の期間というふうに言っておりますが、その期間が延長されて特別の期間が認められているということ。さらに日本に再入国される際の審査におきまして、上陸拒否の事由に該当するか否かというようなことにつきましては審査しないというようなことがこの入管特例法という法律で定めておられまして、その地位に鑑みて一定の配慮を行なっているところでございます。以上です。

外務省（泉人権人道課長）

156.　次に障害者の方々に関する状況について厚生労働省のほうからご説明いたします。

厚生労働省

〔障害者の雇用〕

157.　厚生労働省でございます。厚生労働省におきましては、障害者、障害のある方々に対する雇用についてさまざまな施策を行なっております。たとえば、事業主等に対して身体障害者または知的障害者の雇用を義務づけております。これは、この法定雇用率は民間事業主の場合1.8パーセントになっておりまして、この1.8パーセントを満たさない事業主から徴収した障害者雇用納付金を運用することにより、障害者を多数雇用する事業主に対して各種助成金を支給しております。このほか、障害者等を雇い入れた際に一定期間賃金の一部助成を行なう特定求職者雇用開発助成金の活用であるとか、あるいはきめ細かい職業支援・職業リハビリテーションの実施などの対策を行なっております。以上です。

文部科学省

〔障害児の教育〕

158.　障害児への教育についてご説明を申し上げます。わが国で特殊教育諸学校の就学率、これは0.4パーセントとなっております。OECDの調査によりますと他の欧米諸国よりも低い数字となっております。わが国におきましては、障害のある児童・生徒がその可能性を最大限に伸ばし自立し、社会参加するために必要な力を培う、そのことのために盲・聾・養護学校また特殊学級、通級による指導などさまざまな指導の形態によりまして、それぞれ個別の児童・生徒のニーズに応じました適切な教育を行なっているところでございます。さらに障害のある子どもと障害のない子どもの交流というものも積極的に推進をいたしております。今後とも障害児の教育のため必要な制度の見直し、また施策の改善充実を行ないまして、1人1人の特別のニーズに対応した教育的支援の充実に努めてまいりたいと考えております。以上です。

外務省（泉人権人道課長）

〔「合理的」な差別〕

159.　それでは次に、先ほど規約第2条の非差別原則に関しまして漸進的実施との関係でコメントがございました。これにつきましては、日本政府の立場はですね、この非差別原則が憲法第14条1項に体現されておるということでございまして、さらに、もう1点ございましたのが……〔非差別原則は〕日本国憲法にすでに体現されてあるということでございます。それからもう1つ、合理的な区別に関しましてこの基準は何かということでございますけれども、これは日本国内で最高裁の判例がございまして、一般的基準はないと、具体的な事案ごとに合理性の有無を判断していくしかないという判例が出ております。次に難民の問題が提起されておりました。法務省のほうからお答えします。

法務省

〔難民に対する差別〕

160.　難民の問題につきまして、国籍によって差別が行なわれているのではないか、あるいはそういった取扱いをしているのではないかというご指摘がございましたが、日本国政府といたしましては国籍による差別は行なっておりません。制度上、どの国からの難民の方々につきましても、難民条約にもとづきまして、迫害のおそれ等々の要件を判断し決定するという手続をとっております。これまでに、難民認定制度が設けられました、難民認定制度が設けられましたのはわが国におきましては1982年でございますが、それ以来これまで、2000年末現在までに2,179件の難民申請がございました。そのうち途中で申請が取り下げられたものが312件ございましたので、結局、請求から決定までのプロセスを経たものが1,867件ございました。そのうち難民認定が許可されたものにつきましては265件というふうになっております。1,867件のうち265件という数字についてさまざまな評価はあろうかと思いますが、わが国といたしましては、諸外国の例、それから諸条約等を鑑みましても、わが国の難民認定の比率等々が少ないというふうには理解しておりません。

外務省（泉人権人道課長）

〔無国籍関連条約の批准〕

161.　難民に関しまして、いくつか、2つの条約になぜ、日本はこれを批准していないのか、その理由は何かということにつきまして、いま準備がございませんので、これは午後に説明したいと思います。

〔ILO諸条約の批准〕

162.　それからILOに関しまして、ILOのいくつかの条約、8つの条約ということでございましたけれども、これになぜ日本は入っていないのかということでございますが、これは主として国内法制の整合性との観点から検討の余地があり、その適合性について慎重に検討を加えていきたいということが、一応いずれについても当てはまるのではないかなと思っております。このそれぞれの条約につきまして、いまの実態的なところの詳細な理由につきましてはいま手元に準備がございませんので、これも調べてまた後で、のちほど報告するということにしたいと思います。

ダンダン議長

163.　ありがとうございました。フォローアップの質問が2つあります。ただ、午前中にお答えいただく必要はありません。次の条項群に移り、できるだけ多く質問を出してもらってランチタイムの間に準備していただけるようにしたいからです。フォローアップの質問が3つです。サーディ委員、ウィマー委員、それに私自身です。サーディ委員、どうぞ。

サーディ委員

〔「従軍慰安婦」への対応〕

164. ごくごく簡単に、「従軍慰安婦」に対するお詫びの書簡について、これでおしまいでしょうか。次は何が行なわれるのですか。お詫びの書簡が配付された後、みなさんは、日本は何をしようとなさっていますか。書簡の中で、「従軍慰安婦」の問題、懸念もなんらかの形で考慮すると表明されているだけに、なおさらです。ですから私の質問はこうです。お詫びの書簡は癒しのプロセスの締めくくりなのでしょうか、それとも別にフォローアップの手続があるのですか。

〔被差別部落〕

165. もう1つ、部落の人々について質問があります。まだ答えられていないのではないかと思いますが、お答え済みであれば無視してください。部落に関する特別法が来年期限切れになります。日本はこの特別法の延長をお考えでしょうか、それとも次のステップは何でしょうか。ありがとうございました。

ダンダン議長

166. ありがとうございました。ウィマー委員。

ウィマー委員

〔在日韓国・朝鮮人の人口〕

167. はい、私は1点だけ説明をいただきたい点があります。少し前に韓国・朝鮮人のお話をされましたが、5万人とおっしゃいました。正確な数字を知りたいと思います。『エコノミスト』誌によれば695,000人で、その差は非常に大きいからです。韓国・朝鮮人が5万人しかいなくても私たちは非常に関心をもっていますが、それでも正確な数字を知りたいのです。

ダンダン議長

168. ありがとうございました。グリッサ委員。

グリッサ委員

〔「従軍慰安婦」への対応〕

169. 短いコメントを2つ。まず、「従軍慰安婦」へのお詫びの書簡についてです。これらの女性に賠償を行なうつもりはあるのでしょうか。お詫びだけでは充分ではないかもしれません。ヨーロッパには、第2次世界大戦の被害者に賠償金を支払った国々があります。みなさんご自身は、このような人々に賠償金を支払うことを検討していますか。日本はそれだけの豊かな国であると思いますし、ヨーロッパほどたくさんの賠償対象者もいません。

〔教育面における女性差別〕

170. 第2に、大学における女子の比率について。文書回答では、その87ページに表が載っており、そこでは大学における女子の比率は1999年でわずか35.5パーセントとなっています。これはみなさん自身の数字です。いちばん上には……さらに上級の課程、つまり博士課程等々になると女子の比率は31.8パーセントまで下がります。ですからこれは……私はみなさんご自身の数字に一致するようにしたいと思います。これは事前質問事項に、みなさんの回答に掲載された数字です。ありがとうございました。

ダンダン議長

〔「従軍慰安婦」への対応〕

171. ありがとうございました。この権利群に関する最後の発言者は私自身です。私も「従軍慰安婦」の問題についてフォローアップしたいと思います。賠償について質問しようと思っていましたが、この点についてはもう質問が出されました。けれども、賠償に関わってもう1つ問題があります。お話しされた基金というのは、これは政府の基金なのでしょうか、それとも日本国民の基金なのでしょうか。それが1点です。

172. それから日本の見解についても知りたいと思います。「従軍慰安婦」の要求の1つに、慰安所がどのように運営されていたのかについて日本が資料を開示すべきだというものがあることは承知しています。また、「従軍慰安婦」たちは、教科書でも開示を行ない、なぜ「従軍慰安婦」が第2次世界大戦中に侵害を受けたのかを明らかにしてほしいとも考えています。これは要求であって要請ではありません。「従軍慰安婦」は、女性の権利がとくに性的奴隷制を通じて侵害されたことを教科書でも説明し、性的奴隷制が2度と起こらないようにすることを要求しているのです。これは要求です。日本がどこまでそれに応えてきたかを知りたいと思います。この特定の要求に関する見解はどのようなものでしょうか。

IV.　規約第6条～第9条（労働権・社会保障）

ダンダン議長

〔規約第6条～第9条に関する質問の開始〕

173.　これで、規約の第2条・第3条に関わる質問は終わりです。それでは1時になるまでにできるだけ多くの質問を受け付けたいと思います。規約の第6条、第7条、第8条および第9条に関して、以下のとおり発言希望が出されています。順番に、クズネツォフ委員、マルティノフ委員、テクシエ委員、マリンベルニ委員、バラホナ委員、チャウス委員です。クズネツォフ委員。

クズネツォフ委員

〔国家公務員の範囲・人数〕

174.　ありがとうございます、バージニア。まずは、今日この部屋に出席なさっている日本の代表団のみなさんと、NGOの多くの代表のみなさんに温かい歓迎の言葉を送らせてください。第7条についていくつか質問があります。全体としては、資料を読んだ後、第7条に関わる日本の状況についてどうも判然としない思いを感じたということを申し上げたいと思います。いくつか疑問が浮かんできました。まず、国家公務員の職種についてですが、ここにはどのような人々が含まれているのでしょうか。国家公務員として働いている人々は何人いるのですか。こういう質問をするのは、日本の報告書のパラグラフ48に、公務員は労働条件に影響を与える労働協約に参加することができないと書かれているからです。

〔最低賃金〕

175.　2つめの質問は最低賃金に関わるものです。日本には最低賃金を定めるシステムがあるようです。なにか誤解していれば訂正してほしいのですが、最低賃金を定める方法には2種類、地方・産業別と地域別のものがあります。報告書の表6では、〔労働基準〕局長が251の職種について最低賃金を定めるとされています。251種というのはかなり多いものです。しかし地域レベルでは、このレベルでは労働交渉の結果で最低賃金が定められます。交渉の結果、最低賃金が定められるのです。私が本当に関心をもっているのは、最低賃金の問題がどのように対応されているのかということです。協約で定められた地域的賃金と、公務員について、労働基準局長が定める最低賃金との間に矛盾はないのでしょうか。

176.　次の質問は報告書のパラグラフ51に関するものです。そこでは、軽易な業務に従事する被雇用者は最低賃金制度から除外される、最低賃金制度から適用除外されると書かれています。これはどういう意味でしょうか。最低賃金よりも低い賃金ということでしょうか。この点について説明をいただきたいと思います。

〔有給休暇の取得〕

177. 最後の質問は、私がどうにも理解できない事実に関するものです。報告書のパラグラフ77、77ですね、そこでは、日本人のなかには病気など有事への備えをするために有給休暇を完全取得しない人がいると書かれています。翻訳の問題なのかもしれませんが、私は病気が有事などとは考えたことがありません。だれでも病気にはなるものですが、世界中で、病気にかかった人の法的地位がどうなるかというのは定められているものです。そして私が知るかぎり、少なくとも先進諸国では、労働組合の組合員は病気休暇中も賃金を満額支払われています。パラグラフ77はどういう意味でしょうか。病気の期間は本当に休暇に、休暇の長さに影響を及ぼしているのでしょうか。だとすれば、病気休暇の際の賃金はどうなっていますか。ありがとうございました。

ダンダン議長

178. ありがとうございました。マルティノフ委員。

マルティノフ委員

〔障害のある人の雇用〕

179. ありがとうございます、バージニア。他の委員と同様に代表団のみなさんに歓迎の言葉を申し上げたうえで、第6条についてコメントを、第9条についていくつかの質問をしたいと思います。第6条については、障害者の権利についてマリンベルニ委員が表明した懸念を、私もまさに共有すると申し上げたい。障害者の多くの権利は、労働権も含めて、日本では充分に守られていないように思えます。障害者の法定雇用率は1.8パーセントと定められていますが、統計によれば、実際の雇用率はそれよりも低い1.49パーセントです。200以上の欠格条項によって障害者がさまざまな職種から締め出されていることと考えあわせれば、これは依然として懸念すべき状況であり、私が理解するかぎり日本には障害者差別を禁じた法律が存在しない状況では、なおさらです。

〔障害年金〕

180. 次に第9条のほうにまいりますが、議長のお許しを得て、年金と諸手当について一連の質問があります。質問1ですが、委員会の手元にある情報によれば、日本では障害者の半数が手当を支給されていません。障害者の半数が諸手当を支給されていないのです。この点について政府はどのような意図をおもちなのか、代表団からなにがしかのコメントをいただければと思います。

〔最低年金制度〕

181. 2番目の質問ですが、日本には最低年金制度はあるでしょうか。ないと理解していますが、だとすれば導入する意図はあるでしょうか。日本は最低年金制度を導入する財政能力があるはずだと思います。

〔年金の給付水準〕

182. 質問3は、年金は受給者が人間らしい生活を送るのに充分な水準のものになっているかということです。入手できた統計から私が理解するかぎり、平均給付額は約47,000円です。被用者年金からは約17万円かそこらの給付を受けられますが、仕事のない高齢者夫婦の生活費は月額で約245,000円となっています。そこで質問を繰り返しますが、この水準は人間らしい生活を送るのに充分なものでしょうか。

〔年金における男女差別〕

183. 次の質問ですが、年金制度は日本では充分に洗練されていますけれども、ジェンダー差別の要素があります。私の理解では、政府は1986年以降、年金の、男女間の不均衡を是正する役割を果たしてきた基礎年金の定額部分を減らしてきています。定額部分を減らすことで、実際には、本日非常にたくさん話が出ているジェンダー差別を高めることになっているのです。

〔年金支給開始年齢〕

184. 次の質問ですが、政府の情報によると、被保険者が仕事に就いていれば年金が支給されない年齢をさらに引き上げようとしているということです。それが、日本政府として今後行なっていきたいと考えている政策なのでしょうか。

〔社会保障支出〕

185. 最後の質問は、国民所得に対する社会保障支出の比率です。日本ではその比率がドイツやフランスの2分の1という低率であり、それどころか多くの、実に多くの先進国よりも低い割合になっています。これほど低率のままにとどめておくというのが政府の政策なのでしょうか、それとも比率を高める意図はあるのでしょうか。

ダンダン議長

186. ありがとうございました。もうランチの時間ですが、午前中の会合を閉会する前に、委員のみなさんに、午後2時からこの部屋で役員の打合せがあることをあらためてお知らせしておきます。それでは本会合は閉会し、3時から再開します。

第2会合（午後の部）

ダンダン議長

187.　こんにちは。今回は……第何回会合ですか？（事務局：次の会合です）次の会合です（笑）。それで……。（事務局：43回）経済的、社会的および文化的権利に関する委員会の第43回会合です。ひきつづき日本の第2回定期報告書の審査を行ないます。午前中に委員会の委員から質問を受け付けましたが、ひきつづき規約の第6条、第7条、第8条および第9条について質問を受けます。発言希望者はテクシエ委員、マリンベルニ委員、バラホナ委員、チャウス委員です。テクシエ委員。

テクシエ委員

〔ILO諸条約の批准〕

188.　ありがとうございます、議長。尋ねたいことはたくさんあります。時間の関係上、できるだけ短く切り上げるように努力します。まず、多くのILO条約が批准されていないことに関するジャビエ・ウィマー委員のコメントをあらためて取り上げたいと思います。全部の条約には触れませんが、とくに3つの条約を強調したいと思います。強制労働の廃止に関する第105号条約ですが、この条約を批准しない具体的理由はあるのでしょうか。刑罰の等級として、強制労働の刑罰が存在するのですか。この条約がなぜ批准されていないのか、実質的な理由を知りたいのです。次は雇用における差別に関する第111号条約です。この点についても、どうしてこの条約が批准されないのか、本当にわかりません。最後は就業の最低年齢に関する条約です。日本では、就業の最低年齢はILOのそれと同じではないのでしょうか。一致していると思いますので、この条約を批准しない理由はまったくないと思います。

〔失業率〕

189.　それでは第6条に戻ります。まずは失業についてお話ししたいと思います。失業率は、公式の数字では5パーセントよりも低い、確か4.8パーセントだったと思います。けれども、この統計に含まれていない失業者もいるようです。失業してはいるけれども、職を探している人々は数字に反映されていないからです。そこで、本当は15パーセントなのではないかということを知りたいのですが。本当の失業率は何パーセントかを知りたいと思います。

〔解雇事由／裁判官への研修〕

190. 次に、失業が経済再編、雇用の柔軟化にどのような影響を及ぼしているのか知りたいと思います。これは、手元にある証拠からも、非常に高齢の労働者が解雇されることが多いということを意味します。解雇される人々は45〜64歳で、若い層よりも再就職がはるかに難しいのに、それでもクビにされているのです。私は……私は日本のあるNGOからもらった文書に衝撃を受けました。東京地裁が最近の判決で、解雇は自由に行なえる性質のものだと判示したというのです。これは、私に言わせれば完全に規約に反しています。解雇には、労働者の側になんらかの理由ないし過失がなければいけませんし、リストラであってもなんらかの保障がなければなりません。ですから、委員のみなさんが他の条項について言われたことをあらためて述べたいと思います。つまり、日本では経済的、社会的および文化的権利に関する裁判官の研修が非常に必要なように思えるということです。

〔最低賃金〕

191. 最低賃金、最低給与については1つだけ。締約国報告書では、最低賃金が、労働者とその家族のために本来あるべき姿からかけ離れていることが認められています。これはなぜなのでしょうか。どうして、労働者とその家族が人間らしい生活を送れるようにするために必要な額に、最低賃金が一致しないのでしょうか。この点についてコメントをお聞かせいただければと思います。

〔労働時間〕

192. 今度は第7条についてですが、ある懸念事項、すなわち労働時間の問題を強調したいと思います。規約第7条は、労働者には合理的な労働時間、休日および合理的な日数の休暇が保障されなければいけないと述べています。日本と比較できる国々では、労働時間は普通は1日8時間で、日本も公式にはそうだと思います。1日8時間ですが、場合によってはそれよりもはるかに少ないこともあります。ヨーロッパの多くの国では〔週当たり労働時間が〕39時間になりましたし、私の国でも35時間ですし、一部北欧諸国では週当たり32時間です。日本ではどうも、民間企業でも国営企業でも、こうした労働時間が守られていないように思えます。

193. そして公務員について触れたいと思います。とくに、霞ヶ関、発音が間違っていたら申しわけありません、すべての省庁が集まっているらしい霞ヶ関では、省庁で働く公務員の労働時間は1日最高14時間だと聞かされました。これは明らかに公務員の正常な労働時間には一致していません。一部のNGOから写真をもらいましたが、その地区の建物は全部、本来なら真っ暗でなければならない午後8時半とか9時に灯りがついています。こちらにいらっしゃる〔代表団の〕すべての方々にお伺いしたいのですが、みなさんは1日に何時間働いていらっしゃいますか。午後9時、10時、11時まで働いているのでしょうか。帰宅にはどのぐらいかかりますか。けれども、この問題は……(政府代表団メンバーが苦笑したのを受けて)これは笑いごとではありません。ヨーロッパの水準に照らせば、これはまったく受け入れられないことで、労働者にも影響を及ぼし、鬱や、ときには自殺につながったりするからです。それに、このような労働時間は民間企業が守るべき基準にも一致していません。手当も完全に支払われていません。そこで、この点について、また私に言わせれば有害なこのような状況を終わらせるための労働監察官の役割について、コメントをいただければと思います。労働監察官の人数は、遂行すべき活動量のわりには充分ではないと聞かされています。

〔同一労働・同一賃金の原則〕

194.　第7条について最後の質問です。同一労働・同一賃金という労働法の普遍的原則を、日本が企業の中でどのように適用しているか、また裁判官がどのように検証しているか、知りたいと思います。私たちの知るところによれば、若干の……男女によって、また職業上のカテゴリーによって、給与にはかなりの格差があります。パートタイム労働者には、同じ仕事をしていても、フルタイムの労働者より不釣合いなほど低い給与しか支払われていないと思います。しかし同一労働・同一賃金は普遍的原則であって、日本の裁判所が適用すべきものなのです。

〔公務員の争議権の禁止〕

195.　最後の条項、第8条ですが、この条文についてはILOの委員会が多くのコメントを行なってきています。公務員の労働組合の問題についてです。あらためて申し上げますが、第8条は確かに、これは、労働組合を結成する権利は制限できると規定しています。けれどもそれは公の秩序に関わっている人々、つまり通常は軍隊、刑務所、ときに警察に限っての話です。しかし日本の公務員については労働組合が制限されているようで、ILOもこの点について、争議権が禁じられていることについてコメントしています。ILOは特定業種の公務員、すなわち消防職員についてコメントしてきました。しかし、それはすべての公務員について当てはまることだと思います。すべての公務員が争議権を有していないはずです。私の理解が正確であれば、最高裁は、これは憲法上の問題であると述べています。これは、他の条項についても指摘されてきた、規約の実施上の問題点です。憲法が第8条に一致していないのであれば、憲法を改正しないかぎり、裁判官が第8条を適用するのはきわめて困難でしょう。こうした問題についてはたくさん情報をもっておりますので、もちろんほかにもお尋ねしたい質問はありますが、他の委員にも、対話を続ける時間を少しは残しておきたいと思います。ありがとうございました。

ダンダン議長

196. ありがとうございました。マリンベルニ委員。

マリンベルニ委員

〔公務員の争議権の禁止〕

197. ありがとうございます、議長。私がお尋ねしたかった、公務員の争議権に関する質問はテクシエ委員のほうから出されました。これはどうもおかしな話です。私がお尋ねしたかった質問は、公務員の争議権を禁止するのは、公務部門で権威ある立場にある者、あるいは言葉の厳密な意味で必要不可欠なサービスを提供している者、つまり職務を遂行しなければ人々の生命、安全または健康が危険にさらされるような仕事に就いている者に限ってはどうかということです。教師の争議権の禁止をどのような根拠で正当化できるのか、私にはわかりません。テクシエ委員がすでに質問されたので、この点についてあまり強調するのはやめておきます。ありがとうございました、議長。

ダンダン議長

198. ありがとうございました。バラホナ委員。

バラホナ委員

〔雇用面における女性差別〕

199. ありがとうございます、議長。第7条に関する質問です。私が受け取った情報によれば、女性の約40パーセントが雇用されており、パートタイムで働いています。これは、雇用者がますます女性を軽く見るようになっているため、女性にはパートタイムで働くよう要望するからのようです。また、契約時、既婚女性や子どものいる女性に対する差別も行なわれています。午前中に伺ったように、管理職や取締役への昇進に関しても差別があります。質問ですが、女性が権利を保障してもらえるようにするための制裁の制度はないのでしょうか。調停制度はありますか。もう少し説明していただければと思います。なんらかの制裁によって……雇用者に対しては制裁が存在しません。

〔女性の年金〕

200. 年金についてですが、女性の最低年金はいくらですか。働いてきた女性、パートタイムやインフォーマル市場で働いてきた女性を含め、すべての女性を対象とした制度があるのでしょうか。ありがとうございました。

ダンダン議長

201. ありがとうございました。チャウス委員。

チャウス委員

〔年金支給開始年齢と定年／賃金カット〕

202. ありがとうございます、議長。義務的退職年齢に関する問21への回答について取り上げます。回答から理解するところによれば、日本には法令等による義務的退職年齢はないが、事業主が定年を定める場合には60歳以上とすることが法律で義務づけられているということです。銀行労働者組合から受け取った文書によって、年金制度の改正が2001年4月から施行されるものと理解しています。この情報によれば、高齢者年金の支給開始年齢は、3年ごとに1歳ずつ、65歳になるまで引き上げられるとのことです。したがって、今年から1歳ずつ引き上げられるわけです。この労働組合の述べるところによれば、銀行業界では60歳が定年とされているので、61歳まで待たなければならなくなったことによって、被雇用者は生計手段を完全に失ってしまうことになります。これが本当かどうかお尋ねします。国民年金制度がこのように改正されることによって、銀行の被雇用者は1年間年金を得られなくなってしまうからです。同時に、銀行業界には、被雇用者が55歳に達すると給与を35パーセント以上カットする慣行が存在するとも苦情が出されています。政府は何を……このような慣行を防止するために政府はどのような対応をとろうとしているのでしょうか。これは、私の理解では、彼らの職業生活の最後の5年間の収入だけではなく、その後受け取る年金の額にも影響します。ありがとうございました。

ダンダン議長

203. ありがとうございました。とりあえず、もう発言希望はありません。それでは代表団のみなさんに発言していただき、午後に出された質問と、午前中から残されたままになっていた質問にお答えいただこうと思います。泉さん、どうぞ。

外務省（泉人権人道課長）

〔国家公務員の範囲・人数〕

204. たくさんの質問ありがとうございます。それではまずはじめに、午前にいただきました質問から順を追って答えさせていただきたいと思います。まず、国家公務員の数について質問がございました。これについてお答えいたします。私がいまもっております数字によりますと、国家公務員の数は1,143,000人でございます。そして地方公務員になりますと3,325,000人、百分率、パーセンテージで言いますと地方公務員が全公務員の74.4パーセント、国家公務員が25.6パーセントを占めているということでございます。このうち、国家公務員のうち人事院の管理にかかる人数でございますが、これは507,000人という数字になっております。それから若干数字の関係でございましたけれども、在日韓国・朝鮮人の方々の数字の問題がございました。これにつきまして法務省のほうから正確な数字をお伝えします。

法務省

〔在日韓国・朝鮮人の人口〕

205.　法務省でございます。在日韓国・朝鮮人の数につきましては先ほど、午前中に申し上げましたとおり在留特別許可というものを、すいません、特別永住者としての資格で日本にいる人が約50万人、5万人ではなくて50万人でございます。そして先ほど60万人という数字の指摘がございましたが、日本に外国人として登録している在日韓国・朝鮮人の方が約60万人おられます。残り10万人ほどにつきましては比較的新しく、最近、たとえば学業に就く目的あるいは日本で働く就労目的、あるいは日本人の配偶者として入ってきたような方が約10万人のなかに相当数含まれていると、こういった背景になっております。以上です。

外務省（泉人権人道課長）

206.　続きまして、障害者の……障害者のこと、大丈夫ですか？　就業率の話と、障害者の雇用・就業率の問題につきまして、これは厚生労働省のほうからお願いいたします。

厚生労働省

〔障害のある人の雇用〕

207.　厚生労働省でございます。午前中にもご説明したと思うんですけれども、民間企業における障害者の雇用率ですけれども、1995年の1.25パーセントから徐々にではありますけれども上昇していますが、まだ1.49パーセントということで、法定雇用率である1.8パーセントにはまだ達していないということでございますけれども、ひきつづき、午前中も説明しましたが、障害者雇用納付金制度の運用であるとか、職業リハビリテーションの実施等々の施策を通じて障害者雇用の促進に努めてまいりたいと考えております。

外務省（泉人権人道課長）

〔障害のある人の「欠格条項」〕

208.　障害者の関係では欠格条項、制限条項のご質問がございました。これにつきましては、日本におきまして免許資格または業務許可等にあたり障害を理由とした制限を設けている制度、これは総理府が調査・整理したところでございますけれども、医療関係制度をはじめとして63制度が存在しておりましたが、2001年6月末現在、この63制度のうち41制度の見直しを終了しております。なお1999年8月9日でございますが、これらの見直しを促進するための方針が政府の障害者施策推進本部により決定されておりまして、この決定では、各制度について関係省庁においてその必要性を再検討し、必要性の薄いものは廃止することとし、真に必要なものについても改善を検討し、必要と認められる措置を新長期計画の初期、すなわち2002年度末までに行なうこととなっていまして、現在鋭意見直しが進められているところだということでございます。障害者の最低賃金の点。

厚生労働省

〔障害のある人の最低賃金〕

209.　厚生労働省ですけれども、先ほど最低賃金法において障害者は適用除外になっているのではないかというお話がありましたので、これについてお答えいたします。最低賃金はすべての労働者に対して適用されるものであり、障害者についても原則として適用はされております。しかしながら、精神または身体の障害により著しく労働力の低い障害者に対しても画一的に最低賃金を適用する場合、かえって障害者の雇用機会を狭めることとなる可能性も考えられます。そのため特例といたしまして、最低賃金法第8条におきまして、都道府県労働局長の許可を得ることを条件に、障害者に対して個別的に適用除外を認めることとしております。ただ、この適用除外の許可にあたりましては、当該障害者の障害の程度であるとか労働の実態等を充分に調査したうえで、労働実態に見合った適正な賃金が支払われるようにしており、障害者の保護に欠けることのないように慎重な配慮を行なっております。以上でございます。

〔有給休暇の取得〕

210.　それからですね、年次有給休暇の関係で、病気に備えるためという記述がちょっといかがなものかというお話があったかと。本来的に、年次有給休暇については使用目的等は問われないものですけれども、本来病気に備えるためにあるわけではないわけであります。ですから、年次有給休暇についても取得率がわが国の場合必ずしも高くないということでありますけれども、これにつきましては、労働基準法におきまして年次有給休暇の計画的付与制度というのがございます。こういった制度の活用により年次有給休暇についてさらに取得を促進してまいりたいと思います。

外務省（泉人権人道課長）

〔ILO諸条約の批准〕

211. それではいくつか、午前中は答えられなかったご質問もございますので、それもあわせて答えていきたいと思います。まずILO条約でございますが、ILOの138号条約、これにつきましては、雇用の最低年齢ですね、これにつきましては日本はこれに加盟しております。それからILOの105号条約ならびに111号条約の問題でございますけれども、これにつきましては国内法制と条約の整合性の観点から政府内でさらに検討する必要があるため現在未批准となっております。具体的には、105号条約につきましては公務員の争議行為の問題、これが従来から指摘されておりまして、また111号条約につきましては、条約が規定する広範な差別の禁止が国内法令上充分に担保されているかどうかという問題が指摘されておりまして、いま政府部内で検討中だということでございます。このため直ちに批准できる状況にはありませんが、今後ともこの検討はひきつづき進めてまいる所存であります。

〔無国籍関連条約の批准〕

212. それから午前中の質問でございますが、無国籍者にかかる条約です。2つございました。無国籍者削減に関する条約と無国籍者の地位に関する条約、この2つに日本が入っていないことの理由についてのお尋ねがございました。まず無国籍者の削減に関する条約でございますが、これは、領域内で生まれた個人でそのこと以外によっては無国籍者となる者に対してその国籍を与えなければならないと規定しておりまして、本条約は血統主義を原則としているわが国の国籍法と合致しない点があるということでございます。それから無国籍者の地位に関する条約につきましては、本条約の規定する無国籍者に対する利益については、難民条約の締結に際して初等教育、社会保障、結社の権利等に関する国内法令の国籍条項を撤廃したことがある、国内法におきまして保障されておりまして、条約締結の必要性は小さいと考えておることによる、以上の理由によるものでございます。それから最低賃金の話とリストラの話につきまして厚生労働省から説明します。

厚生労働省

〔リストラへの対応〕

213.　厚生労働省でございます。まずリストラについて、つまり失業率が4.8パーセントであるけれども、その失業を解消し、安定的な雇用を実現するためにどのようにすればよいかということかと思います。国民のこうした不安を解消し雇用の安定を図ることはわが国の最重要課題のひとつであるというふうに認識しております。このため政府としましては、1999年の8月に第9次雇用対策基本計画というのを策定しております。この雇用対策基本計画は雇用の動向や中長期的な雇用政策の目標など雇用対策の基本条項、基本的な事項を示すものであります。この計画におきまして、関係行政機関と密接な連携をとりつつ積極的に雇用の創出・安定を図るとともに、職業能力開発の推進、円滑な労働移動の実現等、総合的に推進することとしております。厚生労働省としましては、この計画にもとづき雇用の創出・安定等人々の意欲と能力が生かされる社会の実現に全力で取り組んでいくこととしております。

〔最低賃金〕

214.　それから午前中にありましたけれども、最低賃金制についてご質問があったかと思いますけれども、国家公務員に対しても適用されるかという委員のご指摘がありましたけれども、わが国の最低賃金制は国家公務員に対しては適用されないということでございます。

215.　一応この最低賃金制の趣旨は、国が賃金の最低限度を定め、使用者はその最低賃金額以上の賃金を労働者に支払わなければならないという制度でございます。この最低賃金の種類につきましては、午前中委員のご指摘もありましたけれども、地域別に最低賃金、これは47県で、各都道府県に1つずつ定まっているものでございます。それから、あと産業別最低賃金、これは各都道府県内の特定の産業の特定の労働者にのみ適用される最低賃金、こういう2本立てになっているというシステムになっております。以上です。

外務省（泉人権人道課長）

216.　さらに午前中の質問でございますが、わが国におきます部落の関係の方々に関する特別措置法、地対財特法の関係でご質問がございました。これに関しまして総務庁のほうからお答えいたします。

総務庁

〔被差別部落〕

217. 同和問題について補足説明させていただきます。先ほども説明いたしましたが、同和問題につきましては国民的課題であるという認識の下に、30年余にわたって13兆円を超える、同和地区に対象を限定した関係諸施策を積極的に推進してまいりました。その結果、生活環境など同和地区を取り巻く状況は大きく改善されたものと認識しております。このように同和地区を取り巻く環境が大きく変化した状況において同和地区に対象を限定した特別対策をなお続けていくということは、同和地区関係者とそれ以外の者とを区別することになり、差別の固定化・永続化を招き差別解消に必ずしも有効ではないということ、人口移動が激しい状況において同和地区、同和関係者に対象を限定とした施策を続けることは実務上困難であることなどを考えまして、2002年3月をもって特別対策は終了することとしております。それ以降につきましては、施策ニーズに応じまして、他の地域と区別をせずに同様に通常の施策によって対応していくこととしております。以上です。

外務省(泉人権人道課長)

218. はい。さらに、年金制度に関しましていくつかの質問がございました。最低年金制度があるが今後どうするのかとか、年金水準等の問題がございまして、これについて厚生労働省からお答えいたします。

厚生労働省

〔障害年金〕

219. 厚生労働省です。障害にかかる年金支給について、まずご説明いたします。障害にかかる年金につきましては、全国民を対象とします国民年金制度にもとづきまして、20歳以上の障害者に対して障害年金を支給しているところでございます。障害年金を受給するためには、年金に加入中の病気や傷害などが原因で障害を有すること、それから障害発生までの被保険者期間中に原則として被保険者期間の3分の1以上の保険料の未納がなかったことが必要ということになっております。わが国の公的年金制度は、一定の要件を満たしている者に対して老齢・障害等の保険事故が発生した場合に給付を行なうという、いわゆる社会保険方式をとっておりますので、すべての障害を有する方にもれなく給付を行なう仕組みを採用しているものではございません。なお障害者の方々に対しましては、年金給付以外にもですね、地域における活動の場の確保であるとか、介護サービスの充実、障害者雇用の推進、バリアフリー化の促進など、1996年からの7カ年計画、これを障害者プランと呼んでおりますが、これにもとづきまして総合的に生活の安定に取り組んでいるところでございます。

〔最低年金制度〕

220. 続きまして最低年金についてのご指摘がございました。わが国の年金制度は一定の保険料を拠出した方に対しまして給付を行なうという社会保険方式を採用しております。したがいまして、最低年金制度のような拠出の程度にかかわらない仕組みはとりえないものでございます。なお生活保護制度におきまして、社会連帯により最低限度の生活を保障しているところでございます。

〔年金の給付水準〕

221. 続きまして年金の水準が合理的であるかどうかというご指摘がございました。基礎年金の給付水準の考え方でございますが、老後生活のすべてを賄うという考え方ではございません。その基礎的な部分、すなわち食糧・住居・光熱・水道・被服あるいは履物などを賄うという考え方にもとづいて設定されておりまして、2000年度の夫婦2人分の年金額は満額で134,000円となっております。これは月額でございます。1998年の家計調査によりますと、高齢者世帯の消費状況を見ますと、高齢者夫婦世帯の場合、基礎的消費支出に保健･医療費を加えました額というのがやはり134,000円程度となっておりますので、基礎年金の水準はこれを賄う水準になっているというふうに考えております。

〔年金における男女差別〕

222. 続きまして年金における男女の差があるかどうかというご指摘がございました。わが国の年金制度は個々の受給権者に一身に専属するという考え方をとっておりますので、原則としましてそういった性による差というものはございません。しかしながら被用者年金におきましては、専業主婦に対して、その登録によって拠出したこととするような制度がございます。女性の社会進出や家族形態･就業形態の変化などによりまして女性のライフスタイルが大きく変化してきておりまして、こうしたなかで女性と年金のあり方についてさまざまな議論がございます。これらの指摘につきましては2001年に行なわれました改正においてもさまざまな議論がありましたが、一致した意見というものが見出せなかったため今後の検討課題となっております。2001年には専門家からなる検討会を設けておりますので、そちらのほうで今後議論を進めていきたいというふうに考えております。

223. それから定額部分を減らしているのではないかというようなご指摘があった

かと思いますが、国民年金制度創設以来その年金制度の充実を図っておりますので、その指摘は当たらないものと考えております。

〔年金支給開始年齢〕

224.　続きまして年金の支給開始年齢についてのお話がございました。老齢厚生年金の支給開始年齢は原則65歳ということになっておりますが、現在は60歳から特別支給の老齢厚生年金が支給されております。この特別支給の老齢厚生年金のうち定額部分の支給開始年齢につきましては、1994年の改正によりまして、2001年度から2013年度にかけまして段階的に引き上げるということとされております。また残りの報酬比例部分につきましても、2000年の改正によりまして、2013年度から2025年にかけまして段階的に引き上げることとされております。これらについて、いずれも女子の場合は5年遅れで引上げということとしております。支給開始年齢の引上げにあたりましては、高齢者の雇用促進施策といっそうの連携を図りながら、21世紀の活力ある長寿社会を築くように努めていきたいと考えております。

〔社会保障支出〕

225.　それから関連いたしまして社会保障費のGDP比というお話がございました。ご指摘では、日本の社会保障給付費が国際比較で見ると著しく低位にあるのではないかというようなご指摘であったかと思います。わが国の社会保障制度は、年金額あるいは医療の受けやすさなどの面におきまして、欧米諸国と比較して遜色ない水準にあるものと考えております。ご指摘のようなことがございますのは、主な原因といたしましては、まず高齢化率がこれまで低かったこと、それから年金制度のスタートが遅かったためにその成熟度が依然として低いことが原因として挙げられます。しかしこの現行制度を前提といたしますと、2025年には、国民所得比でございますけれども31.5パーセントという水準に達します。この水準はドイツ・フランス・イギリスなどの水準と同等となっております。今後わが国は未曾有の少子高齢化あるいは経済成長の鈍化、それから家族形態の変化など急激な社会構造の変化に直面することになっております、直面しております。経済の伸びを大きく上回って社会保障の給付と負担が増大することが見込まれております。経済・財政と均衡のとれた持続可能な社会保障制度を再構築することが必要というふうに考えております。以上です。

外務省（泉人権人道課長）

〔公務員の給与〕

226.　地方公務員と国家公務員の給与の差についてのご質問があったかと思

います。これにつきましては、地方公務員の給与でございますが、従来より、人事委員会を置く地方公共団体におきましては、この人事委員会の給与に関する勧告、これを尊重するという基本方針の下にあらゆる努力を尽くしてこれを実施することとしてきております。人事委員会を置かない地方公共団体におきましては、職員の給与等の勤務条件、これが社会一般の情勢に適合するように随時適当な措置を講ずるべきだと、これは地方公務員法の第14条に書いてございますけれども、職員の給与はそれにしたがいまして、生計費、ならびに国および他の地方公共団体の職員ならびに民間企業の従事者の給与その他の事情を考慮して定めることという、これは地方公務員法第24条第3項でございますが、こういう給与の決定原則がございます。したがいまして、これにもとづいてあらゆる努力を尽くして人事院勧告によって決められる国の措置、これに準じた給与改定を実施するように、地方のレベルでも努めてきているということでございます。それからいくつか東京地裁の解雇に関する最近の判例についてご指摘がございましたので、法務省のほうからお答えいただきます。

法務省

〔解雇に関する判例〕

227. 法務省です。解雇が自由であるか否かという点に関する裁判所の判決につきましては、そのリーディング・ケースとなるものとして1975年の最高裁判決がございます。その判決は、使用者の解雇権の行使もそれが客観的に合理的な理由を欠き、社会通念上相当として是認することができない場合には権利の濫用として無効になるとしておりまして、解雇の仕方によっては権利の濫用として無効になる場合を、解雇が無効になるような場合を認めており、解雇が自由であるというふうにされているわけではないというふうに承知しております。裁判所におきましては、その解雇の有効性に関する判断において、人員を削減する必要性、それから人員の削減という手段をとることが、整理解雇の手段としてそれが妥当なのかどうかという点、すいません、整理解雇等をする際に人員削減をしなければならないその必要性、それから解雇となる対象者を選定する方法、その妥当性、それから解雇手続が妥当であるか否か等々の判断要素を充分に考慮したうえで、その有効性について慎重に判断されているものと承知しております。

外務省（泉人権人道課長）

228. さらに年金について、女性についての最低額が決まっているのかというお話がございました。銀行の職員の給与の話がございました。この2つについて厚生労働省からお答えいただきます。

厚生労働省

〔女性の最低年金〕

229. 厚生労働省でございます。まず、女性の最低年金という話ですけれども、とくに女性について最低年金というのは定められておりません。

〔賃金カット〕

230. それから次に銀行の関係ですけれども、55歳以上で賃金が下がっているのではないかと、そういうお話だったと思いますけれども、そもそも、わが国の法律で高年齢者雇用安定法がございまして、この高年齢者雇用安定法におきましては、1998年の4月より、企業が労働者の定年を定める場合には60歳を下回ることができないということになっております。こうしたなかで、それからあわせまして、事業主は定年の引き上げであるとかあるいは継続雇用制度の導入その他の措置によりまして、65歳までの安定した雇用の確保に努めなければならないこととされております。こうした状況におきまして、実際個々の企業においてどのような賃金制度を構築するかということは、基本的に労使の自主的な話合いにより決定されるべきものでありまして、賃金制度の見直しにあたりましては、労使で充分検討され、労働者の理解を得つつ行なわれることが望ましいと考えております。なおそうした労使の自主的努力が円滑に行なわれますよう、厚生労働省といたしましても賃金制度についての情報の提供であるとか助言等の相談援助に努めているところでございます。以上です。

外務省(泉人権人道課長)

〔公務員の争議権の禁止〕

231. このほかに今度は労働者、とくに公務員の争議権の関係で質問がございました。とくに、一般市民の生命の安全を脅かすおそれがある場合にはわかるけれども、なぜ教師について〔争議権の制限を〕行なわなければ、そういうものが制限されているのかということでございますが、公務員の争議権の制限ないし禁止につきましては、わが国におきましては、全体の奉仕者として公共の利益のために勤務するという公務員の地位の特殊性、それから職務の公共性、これを根拠としておりまして、国家公務員・地方公務員の別または職種を問わずすべての公務員に対して当てはまることとされております。したがって職種によりまして争議権を認めるということは公務員法上行なっていないということでございます。教師につきましては、まさにこの地方公務員にあたっておりまして、そのように争議権は制限されておりますけれども、その代償措置といたしまして人事委員会がございまして、その労働条件等がまた法律で定められ法律で保障されておるということでございます。

〔消防職員の団結権の制限〕

232. それから次に消防職員の団結権につきましてご質問がございました。わが国の消防でございますが、その成立以来警察組織の一部門とされてきたところでございまして、1948年に組織としては警察から分離されましたが、任務権限の性質・内容には基本的には変わりはないということ、現行法制上、国民の生命、身体および財産を保護し、安寧秩序を保持するという警察と同様の目的・任務が与えられ、かつその職務の遂行にあたっては警察と同様に広範な強制権限が与えられていること、実際の活動にあたっては警察と同様に厳正な規律と統制のとれた迅速果敢な部隊活動が要求されることなどから、国際規約、本規約第8条2の警察の構成員に含まれると解釈するという宣言を行なっているところであります。

233. この関連で指摘したいのが、わが国が労働者の団結権を保障するILO87号条約に入りました際に、ILO結社の自由委員会というものがございますが、そこにおきまして、わが国のいわゆる消防が同条約にいう警察に含まれる旨の見解が記されたということを踏まえて、1965年にこの同条約を批准した経緯等がございます。わが国におきましては、わが国の消防の目的、業務内容等から、火災その他の災害から国民の生命・財産等を保護するという国民全体の共同利益を確保するために、消防職員については警察職員と同様に団結権を認めていないところでございます。他方、ILOに関しましてはその後、ILO条約勧告適用専門委員会の指摘もありまして、わが国は消防職員の団結権問題に関しまして自治省、消防庁および自治労――労働組合でございますが――、精力的に協議を重ねた結果、1995年に国民的コンセンサスが得られる方策として、消防職員が現に勤務する各消防本部におきまして、消防職員の参加を得て勤務条件等の改善を行ない、また個別の勤務条件等に関する問題を処理するものであって、勤務条件決定の消防職員の参加を保障し、その権利保護の趣旨に沿うようにするために、消防職員委員会制度というものを導入しております。この解決策につきましては、1996年にILOに対して報告を行ない、ILO条約勧告適用委員会におきましてこの解決策を歓迎する旨の、歓迎されております。わが国としては、国際規約、本規約の第8条2に関する解釈宣言に関する考え方を今後訂正する予定はございません。

〔労働時間〕

234. それから国家公務員の働き過ぎの問題につきまして、ヨーロッパの水準では受け入れがたい水準であるというお話がございました。国家公務員全体の超過勤務の実態としましては、人事院が調査したものとして、各職員の超過勤務がもっとも多い月の平均超過勤務時間数というものがございます。これによりますと、1999年は29.5時間、霞ヶ関の省庁が40.9時間、その他では28.5時間ということになっております。なお、正規の勤務時間を超えて勤務を命じられた時間に対して超過勤務手当が支給されるべきことは当然でございまして、各省庁において適切な勤務時間管理が図られているものと承知しております。政府といたしましては、国家公務員の労働時間短縮対策について、これは人事管理運営協議会というものの決定でございますが、これにもとづきまして全省庁一斉定時退庁日を設定したり、超過勤務縮減キャンペーン週間、これを設定したり、情報交換の電子化等、超過勤務の縮減の取組みを推進しているところであります。さらに現在、わが国では公務員制度改革に取り組んでおりまして、本年の6月29日に政府行政改革推進本部において決定しました「公務員制度改革の基本設計」におきましても、国家公務員の超過勤務の縮減に取り組むことを明らかにしております。政府といたしましては、今後とも業務等の徹底した見直し、適切な勤務時間管理のよりいっそうの徹底等を通じてひきつづき超過勤務縮減に努力していく所存であります。午前中の最後にですね、非常にあの……ごめんなさい、どうぞ。

厚生労働省

〔職場における女性差別〕

235.　厚生労働省でございます。職場における女性差別についてご指摘をいただきましたのでご説明申し上げます。既婚の女性、それから子どもがいる女性に対する差別、あるいは管理職になるにあたっての女性の差別についてのご指摘でございました。男女雇用機会均等法におきましては、採用・配置・昇進において男女差別は禁止をされております。具体的には、女性労働者についてのみ既婚であること、子どもがいることを理由として採用・配置・昇進において不利な取扱いをすることは、均等法違反になります。これは国による助言・指導・勧告の対象となりまして、勧告にしたがわない場合には企業名公表による制裁の対象となります。また、女性であることを理由に管理職につけない場合も同様でございます。

236.　紛争の仲裁というご指摘がございましたが、現在の紛争調整の仕組みは、一般の民事訴訟のほかには機会均等調停委員会による調停がございまして、当事者の一方からの申立により調停が行なわれることになっております。

237.　また、女性のパートタイム労働についてのご指摘がございましたが、現在、女性雇用者のなかでパートタイム労働者、これは勤務時間が週35時間未満の者ですが、この割合は36パーセントとなっております。以上でございます。

外務省（泉人権人道課長）

〔「従軍慰安婦」への対応〕

238. それでは最後に午前中3人の委員からご指摘いただきました、「従軍慰安婦」の問題に関しまして少し述べさせていただきたいと思います。「従軍慰安婦」の問題に関しましては、国連人権委員会の下でも議論がなされ、わが国としてもすでに充分な報告を行なってきたところでございまして、この点本規約の第17条3項〔すでに提供された関連情報をあらためて提供する必要はない旨の規定〕が想起されるところでありますが、本件取組みに対して、わが国の取組みを各委員のみなさまに説明しご理解いただくよい機会であると考えますので、ここであらためてご説明させていただくことにしたいと思います。

239. 「従軍慰安婦」の問題につきましては、謝罪ならびに個人への賠償という形でしばしば問題提起されるところでありますけれども、最初の謝罪の問題につきましては、戦後50年にあたる1995年に公表されました当時の村山総理談話におきまして、明確に謝罪、apologyの言葉が使用されているところでございます。日本語では「お詫び」と申しますが、英語ではapologyという言葉が使用されているところでございます。ならびに、午前中も紹介いたしましたけれども、アジア女性基金の発足に際しまして、フィリピン、韓国ならびに台湾の慰安婦の方々に対しまして直接総理ご自身から手紙を差し上げた次第がございます。

240. 他方、個人への賠償の問題につきましては、個人の請求権の問題になると思いますけれども、連合国およびわが国より分離しました地域との間の請求権の問題につきましては、わが国としてサンフランシスコ平和条約ならびに2国間の平和条約その他の関連する諸条約にしたがいまして誠実に対応してきているところでございまして、個人の請求権にかかる問題についても、これらの国家間における条約上の処理の対象となってきております。たとえばサンフランシスコ平和条約におきましては、国および国民の請求権を放棄する旨の規定がございまして、同条約の締約国間においては個人の請求権にかかる問題は解決済みでございます。したがいまして、個人に対する、個人としての賠償請求権の問題につきましては、すでに個人に対して、これはこの国家間の間において、条約締約国家間におきましてすでに解決済みであるというのがわれわれの、日本政府の前提でございまして、その前提の下で、この「従軍慰安婦」の方々に対して道義的な観点から政府としてできるかぎりの対応を行なってきているということでございます。

241. その内容でございますけれども、アジア女性基金にこれまで民間募金の形で5億6千万円ほどの募金が集まりまして、これを用いまして台湾・韓国・フィリピンの元「従軍慰安婦」の方々、あるいはインドネシアの方々、オランダの方々に対しましてさまざまな事業を行なっております。そのなかには償い金、atonement moneyでございますけれども、この償い金の支払いを行なった例もございますし、償いの事業としまして、フィリピン・韓国・台湾ではこの支払いをしております。さらにインドネシアでは高齢者のための社会福祉施設建設の事業も行なっておりますし、またオランダにおきましてはアジア女性基金とオランダの実施委員会との間で覚書を行ないまして、この委員会に対しまして3年間で2億4,150万円の財政的支援を行ない、この事業を行なうということというようなことが行なわれております。さらにこのアジア女性基金におきましては、「従軍慰安婦」に関わります過去の歴史にかかる資料、これの収集・整理の事業等も行なっておりますし、これを保存しまた記録にとどめるという事業でございますけれども行なっておりますし、さらに今日の女性の問題、諸問題ございますけれども、これについてもシンポジウムを行なったり研究会を行なったりしまして、さまざまな事業を行なってきているところでございます。なお、アジア女性基金の本事業に関しまして、日本政府が、この運営経費については日本政府が財政的に支出しておるということでございます。さらに日本政府の財政支出にもとづきまして医療・福祉支援事業というものも行なっておりまして、これは5年間で総額7億円規模の財政支出がアジア女性基金に対してなされております。

242. いずれにせよ、この「従軍慰安婦」の方々に対する問題につきましては、すでに先の大戦にかかる賠償、財産請求権の問題についてすでに各条約において解決済みであると、しかしながら同時に本件が多数の女性の名誉と尊厳を深く傷つけた問題であるという認識から、政府としてこの道義的責任を感じ、さまざまな機会にこれらの事業を進めてきておる次第であります。政府としましては今後ともこれらの事業を着実に実施していくことが肝要だというふうに考えております。以上です。

243. あと資料の公開でございますが、日本政府はこの「従軍慰安婦」の問題に対しまして1991年12月から全力を挙げて調査を行ないまして、92年7月ならびに93年8月の2回にわたって調査結果を公表しております。とくに93年8月の調査結果発表に際しましては、調査対象を米国国立公文書館等国外に広げるとともに関係者からの聞取り調査も行なっておりまして、政府として全力を挙げて誠実に調査した結果を全体的にとりまとめました。また、同調査結果を発表した際には官房長官談話を発表し、元慰安婦の方々に対しあらためてお詫びと反省の気持ちを表明したところであります。なお、日本政府といたしましては、個人のプライバシーの問題もございますので、これに配慮しながらも、これらの資料を公開、できるかぎり公開しておるところでございます。資料が発見された省庁におきましてその資料の閲覧が可能となっておりますほか、基金が97年3月から98年7月にかけてこれらの資料をとりまとめた書籍を発刊しております。以上です。教科書について、文科省、お願いいたします。

文部科学省

〔「従軍慰安婦」への対応：教科書における記述〕

244. 文部科学省ですが、教科書についてご説明をさせていただきます。わが国の教科書につきましては、学習指導要領の範囲内で具体的にどのような内容を取り上げ、またそれをどのように記述するかということは執筆者の判断に委ねられております。「従軍慰安婦」につきましては、現在使用されております高等学校の日本史の教科書、全部で26種類ございますが、そのうち25種類において取り上げられているところでございます。以上です。

外務省（泉人権人道課長）

245. 午前の質問と先ほどの質問に対するお答えは以上でございます。

ダンダン議長

246. ありがとうございました。グリッサ委員からフォローアップの質問があります。

グリッサ委員

〔「従軍慰安婦」への対応〕

247. はい、議長。代表団の方は、サンフランシスコ条約によって賠償の問題は解決済みだとおっしゃいました。これは政府間の条約ですが、提起されているのは個人としての苦情です。そしてこうした人々のほとんどは、こうした人々の多くは日本の領域に住んでいるのです。サンフランシスコ条約が、国際法にもとづいて特定の苦情を有している個人の権利を押し潰したり消滅させたりできるものかどうか、私にはわかりません。ありがとうございました。

ダンダン議長

248. ありがとうございました。チャウス委員。

チャウス委員

〔年金支給開始年齢と定年〕

249.　ありがとうございます、議長。1994年の退職、高齢者年金制度改正が実際の年金支給開始年齢にどのような影響を及ぼすのかについて質問があります。代表団からお答えがあったとき、通訳にちょっとした途切れがあって意味をとれませんでした。そこで質問ですが、被雇用者が実際に退職する、つまりは賃金が支払われなくなる時点と、施行された法律、今年から実施される法律にしたがって年金の支給が開始される時点との間に空白期間はあるのでしょうか。ありがとうございました。

ダンダン議長

〔「従軍慰安婦」への対応〕

250.　ありがとうございました。賠償の問題に拘泥するつもりはありませんが、記録にとどめておくために、泉さん、あなたの発言についてはっきりさせておきたいと思います。アジア女性基金が多くのお金を……多くの事業を実施しており、巨額のお金を集めているとおっしゃいました。これは民間の基金であって、政府の基金ではないと思うのですが、その点を明らかにしてほしいと思います。また、これまでのところ日本政府は医療……医療サービスしか提供しておらず、賠償金そのものという形態はとっていないということです。この点についても、記録にとどめておくという意味ではっきりさせておきたいと思いました。どうぞ、泉さん。

外務省（泉人権人道課長）

〔「従軍慰安婦」への対応〕

251.　これはあの、民間から集められた寄付金、これを使いまして、atonement moneyの部分につきましては民間のお金が使用されているふうに理解しております。しかしながら基金の運営のための経費等、先ほどさらに申し上げましたけれども、いろんな医療福祉支援事業等につきましては日本政府のお金が入っているということでございます。それから年金の話につきまして厚生労働省からお願いいたします。

厚生労働省

〔年金の支給開始年齢と定年〕

252.　支給開始年齢につきまして再度ご説明いたしたいと思います。わが国の被用者年金ですが、定額部分と報酬比例部分からなっております。いずれにおいても60歳から65歳への支給開始年齢の引上げということを予定しております。ご指摘の1994年の改正におきましては、このうち定額部分についての支給開始年齢の引上げでございます。この計画によりますと、2001年度、本年度から2013年度にかけまして段階的に引き上げるということにされております。また残りの報酬比例部分につきましても、2000年の改正によりまして、2013年度から2025年度にかけまして段階的に引き上げることとしております。いずれの場合も女子の場合は5年遅れでございます。

253. また、退職年齢と年金の支給年齢の間に差があるのかという点でございますが、先ほど定年制の問題につきましては、企業において定年制を設ける場合には60歳以上というのが義務づけられておりますし、また65歳定年制について努力義務を払うという規定もございます。いずれにいたしましても、退職年齢につきましては各企業においてさまざまでございますし、また継続雇用制度というものも普及してまいっておりますので、このへん、これらの関係について一律に申し上げることはできないんではないかというふうに考えております。以上です。

厚生労働省

〔失業率〕

254. それからあの、先ほどのなかで、失業率が4.8パーセント、政府の統計では4.8パーセントになっているんですが実際にはもっと高いんではないかという話ですが、失業率についても、日本政府のとり方はILOやOECDの基準にもとづいた算定方式で、世界的にも共通のものでございます。ですから、5パーセントとかもっと高いのではないかという、個々のいろいろな批判等があるかもしれませんけれども、それは日本政府としてはとくにコメントができないものと考えています。

外務省（泉人権人道課長）

〔「従軍慰安婦」への対応〕

255. もう一度繰り返しますが、先の大戦に関わります賠償、財産ならびに請求権の問題につきましては、個人の請求権の問題も含め、これはサンフランシスコ平和条約に明文の規定がございます。第14条B項でございますけれども、これにつきましては締約国間ですでに解決済みであるというのが法的な立場であります。私は先ほど、かかる立場を前提としたうえで、道義的な観点から日本政府が行なっております、アジア女性基金を通じました支援事業について説明した次第です。以上です。

V. 規約第10条～第12条(子ども等の保護・居住権・健康権)

ダンダン議長

256. 結構です。これで、規約第10条、第11条および第12条に関する次の一連の質問に移ることができるようになったかと思います。この点については以下のとおり発言希望が出ています。順番に、アタンガナ委員、アフメド委員、ピレイ委員、マルティノフ委員、テクシエ委員、チャウス委員、リーデル委員です。アタンガナ委員。

アタンガナ委員

〔ドメスティック・バイオレンス〕

257. ありがとうございます、議長。私はこれが初めてですので、日本の代表団、非常に大規模な代表団のみなさんを歓迎したいと思います。第10条について3つの質問があります。最初の質問は家族間暴力に関するもので、これは懸念の対象です。すでに立法措置がとられているにもかかわらず、またこの現象が大規模に存在するにもかかわらず、裁判所はこの問題にあまり関心を払わず、人生や家庭では当たり前のことと考えています。これは、規約の実施に関する締約国の見方との関連でこれまでいわれてきたことを例証するものです。家庭における暴力を少なくするために締約国が具体的に何をしようとしているのか、知りたいと思います。

〔女性・子どもの人身売買〕

258. また、女性や幼い子どもの人身売買は今日的関心事です。2001年2月に政府が設けたプログラム〔児童の商業的性的搾取に対する国内行動計画〕を受けて、どのような影響があったか教えていただけるでしょうか。

〔学校における教師の暴力〕

259. 最後に、学校で子どもたちにかなりの暴力が振るわれていることを指摘したいと思います。体罰も、この点に関する法規定、とくに子どもの保護に関する法律があるにもかかわらず行なわれています。そこで、この法律を実施し、このような慣行を少なくするために政府は何をしようとしているでしょうか。ありがとうございました、議長。

ダンダン議長

260. ありがとうございました。アフメド委員。

アフメド委員

〔子ども買春／児童虐待〕

261.　ありがとうございます、議長。私が提起しようと思っていた質問のいくつかはすでに他の委員がお尋ねになりましたので、1点だけ付け加えたいと思います。とくに、公の道徳と政府の姿勢、公の道徳に対する政府と社会の姿勢の問題です。日本の人権慣行に関する米国務省報告書によれば、国務省は、メディアの関心が高まり、公にも認めないという姿勢が表明されているにもかかわらず、政府と社会は一般的に、10代の買売春や、性行為を伴うことも伴わないこともある援助交際に対して寛大な姿勢をとっているように思われると記しています。13歳未満とのセックスは禁じられていますが、13歳以上との同意にもとづくセックスは刑法では処罰されません。同様に、国連人権高等弁務官の1999年のニュース・データベースから引用すれば、日本における児童虐待の件数は、政府の調査によればこの8年間で5倍に増加しています。政府〔自治体〕が運営する〔児童〕相談所には97年に総計5,700件の通報が寄せられ、90年の1,000件から増加していると厚生省の報告書は述べています。問題はまだまだあります。

262.　そこで、日本はどうなっているのかというのが私の質問です。日本社会の近代化はこうした現象に関係しているのでしょうか、いないのでしょうか。こうした現象の根本的原因は何ですか。日本社会の変化のなかで、なぜ道徳はこのように悪い方向に進んでいるのでしょうか。日本政府は、日本の社会と道徳に関して生じているこのような堕落を食い止めるために何をしようとしていますか。ありがとうございました、議長。

ダンダン議長

263.　ありがとうございました。ピレイ委員。

ピレイ委員

〔強制立退き：ウトロ〕

264.　ありがとうございます、議長。強制立退きについていくつかコメントと質問があります。まず、事前質問事項に対する代表団あるいは締約国の回答では、強制立退きは……そのようなものは存在しないとのことです。なぜでしょうか。なぜなら、それは法律にしたがい、国際人権規約に反せずに行なわれているからです。言い換えれば、定められた手続をすべて遵守しているということです。しかし状況は、現場の状況はどうでしょうか。機能しているでしょうか。手元の情報、私がもっている情報によれば、たとえばウトロ地域は住民が約50年にわたって占有して生活してきたところですが、住民が立ち退かされそうになっており、政府は介入したり代替住居を提供したりしたくないということです。住民は……住民は地主のところに行なって話をするよう言われてきました。これはまさに締約国がその中核的義務を考慮に入れるべき機会です。午前中に申し上げたように、居住権に関してでさえ中核的義務は存在するのであり、政府は、締約国は規約の批准と同時にその義務を引き受けたからです。

〔強制立退きの手続〕

265. さて、強制立退きに関する2番目の問題です。強制立退きは裁判所の仮処分命令手続にしたがって行なわれるということですが、これは非常に略式の手続で、1時間ぐらいしかかからず、書面で審理されるのみで、判決にあたっては理由が示されることもなく、またこのような略式の手続に対して異議申立の権利もないようです。これは、委員会が強制立退きに関する一般的意見第4号と第7号で定めた指針に直接違反するものです。強制立退きに関して、一般的意見第4号で委員会が次のように述べていることを参照していただきたいと思います。「そのような法律には、……」、失礼しました、構成要素ですね、「〔委員会は、〕充分な居住に対する権利の多くの構成要素は、国内法上の救済の提供と少なくとも矛盾しないと考える。法体系によって、そのような分野には、裁判所の差止命令の言渡しを通じて、計画されている立退きまたは取壊しを防止することを目的とした法的異議申立……が含まれる場合がある。ただし、これに限られない」。つまり、〔日本では〕判決の執行停止が行なわれないということです。略式手続を用い、それで幕切れとなってしまって、強制立退きで影響を受ける者の異議申立権を否定しているのです。ですからこれは、委員会が定めた指針に違反するものですし、規約に掲げられた居住権に矛盾しています。そこで質問ですが、締約国は、とくに強制立退きとの関係で判決の即時執行手続をやめるための法律の制定を計画していますか。現状では多くの困難が生じるためです。また、強制立退きの多くの事案がこの略式手続に係属中だと理解していますが、そのために状況はいっそう悪くなっています。ありがとうございました。

ダンダン議長

266. ありがとうございました。マルティノフ委員。

マルティノフ委員

〔婚外子差別〕

267.　ありがとうございます、議長。私たちの手元の情報のなかに、婚外子が法的、制度的および社会的に差別されているというものがあります。代表団から、これが真実がどうか、そうであるとすればどの程度本当かについてお聞かせいただければと思います。

〔居住権の法的地位〕

268.　次の質問は、日本では居住権が法的に確立されているのかどうか、確立されていないとすれば、法的に確立する意図が政府にはあるかという点です。

〔原子力施設の事故〕

269.　最後の質問は、締めくくりの質問ですが、環境保健の側面はどの国でも非常に重要なことで、日本のように大きな、人口密度の高い国ではなおさらです。この点で、原子力発電所、原子力発電施設の安全性の問題があります。このような施設の運営に関して透明性が不充分だという見方があります。たとえば、関連のすべての情報が住民に対して充分に開示されていない、事故の可能性に対する地域住民の備えが不充分であるということなどです。この懸念は、日本で1997年に起こった不幸な原子力事故によっていっそう高まりました。

〔学校における教師の暴力〕

270.　最後の質問ですが、学校における教師の暴力についての情報があります。これは非常に憂慮させられるものです。この問題について少々ご説明を願えるでしょうか。ありがとうございました。

ダンダン議長

271.　ありがとうございました。テクシエ委員。

テクシエ委員

〔ホームレスの人々への生活保護の適用〕

272.　ありがとうございます、議長。居住権に関する質問です。他の委員からいろいろと発言がありましたので、手早く済ませることができるはずです。住居のない人々に対しては社会保障に関する法律が適用されないというのが本当かどうか、知りたいと思います。住居を所有していることによって社会保障に関する法律を利用できる、そこから利益を得られるようになるのか、ホームレスの人はその法律から利益を得られないのかどうか、知りたいのです。

〔居住権の法的地位〕

273.　次の質問は第11条関連で、これが適用されない場合に裁判に訴えることができるのかどうかということです。日本は、イスタンブールで開かれたハビタットII〔第2回国連人間居住会議〕ではこの居住権の問題についてどちらかというと慎重な立場をとっていましたが、その後、認められるようになったと承知しています。けれども、居住権そのものが法律で規定されているのかどうかを知りたいと思います。たとえば興味深い判決があります。高齢者の立退きについて高等裁判所で言い渡された、1999年7月の非常に最近の決定です。88歳と82歳の夫婦で、控訴審では……詳細には立ち入りません、法律上の議論は非常に長いものになってしまうからです。けれども判決では結局、規約上の義務は居住権に関わる個人の権利には直接適用されないと判示されました。これは要約です。手元にコメントと決定があり、それははるかに複雑なものですが、全体的な趣旨はそういうことです。これは、規約の具体的条項、居住権に関わる第11条との関連で裁判官の姿勢に矛盾があるということにならないでしょうか。

274.　最後にあと2つ質問があります。委員会が一般的意見第4号と第7号で述べたように、居住権の保障において所有権を確保することが中心的要素にあるとお考えになるでしょうか。

〔阪神淡路大震災後の住民の移転〕

275.　そして最後の質問ですが、委員会は居住権についてコメントする中で、多くの機会に、たとえば天災後の住民の移転——これは日本でも95年の震災後に問題になりましたが——にあたっては、公的機関が天災の影響を受けた人々と協議することが重要だと指摘してきました。例の震災が起こった後、神戸のさまざまな地区で、影響を受けた人々と協議することなく住民が仮設住宅に移転させられたようです。地震かその他の天災かを問わず、天災後に、あるいは公共事業のために住民を移転させるにあたり、影響を受ける人々と協議しながら行動することは重要だとお考えになるでしょうか。ありがとうございました。

ダンダン議長

276.　ありがとうございました。時間が非常に気になっています。1時間半しか残されておりませんので、質問はできるかぎり短くするようにして、代表団も質問にもっと簡潔に答えられるようにしましょう。まだ取り上げなければならない一連の条項があります。チャウス委員、リーデル委員、そのあとウィマー委員です。チャウス委員。

チャウス委員

〔強制立退きの手続〕

277. ありがとうございます、議長。強制立退きについてごく短い質問があります。事前質問29への回答で、締約国は土地収用法にもとづく手続について説明しています。土地収用委員会は、和解等を試みた後、土地所有者による明渡しについて決定できるということになっています。私の質問は次のとおりです。土地所有者はなんらかの法的救済を利用できるのでしょうか。たとえば、土地所有者は裁判所を通じて苦情を申し立てて、明渡命令を覆し、あるいは土地収用委員会が認めた補償金の額について決定するよう裁判所に求めることができますか。

〔原子力施設の事故〕

278. 次が最後の質問ですが、1997年3月の原子力事故の問題に関するものです。締約国の回答から、海水、海底土、土壌等に含まれている放射性物質濃度についてかつて調査が行なわれたと理解しています。そしてその結果は原子力安全委員会と茨城県環境監視委員会に報告され、放射性物質濃度のレベルは、引用しますが、「環境や人の健康に影響を及ぼすレベルではなかった」と評価されました。質問ですが、なぜこの調査結果は公表されなかったのでしょうか。またこの報告書の結果は、ウィーンの国際原子力機関に対し、同機関の加盟国である日本の義務にしたがって伝達されたのでしょうか。ありがとうございました。

ダンダン議長

279. ありがとうございました。リーデル委員。

リーデル委員

〔ホームレスの人々への対応〕

280. ありがとうございます、議長。時間の制約については承知していますが、私が発言するのは今回限りですので、少し長めに、しかしあまり長くならないようにお話しします。私が取り上げたい問題は1つだけで、それはホームレスの問題です。泉さんは午前中、冒頭発言の中でこの問題に触れられ、政府統計によれば総数は1999年で24万人かそこらにすぎないとおっしゃいました。私が他の情報源から入手した数字では、人数はそれよりもはるかに多いことが明らかになっています。私の国でも、少なくともその20倍というのが現実的なところでしょう。日本でそれよりもはるかに少ないとは思えません。私は最近日本を訪れ、大阪の釜ヶ崎地区で非常に多くのホームレスの人々を目の当たりにしました。その大都市部だけで3万人近い人々がホームレスになっているとも伺っています。神戸や東京でもそういう人々を数多く見ました。ほとんどは街の一角や公園で目にしたものです。

281. けれども、数字の問題にこだわりたくはありません。私が出会ったホームレスの人々の窮状は誰が見ても明らかであり、日本のような高度に発展した国としては非常に驚くべきものでした。ホームレスの独身男性が数百人、年の頃は40歳から70歳で、マットレスもないダンボール箱で生活し、仕事もなく、多くはやつれて無感情なようすのまま、オフィスビルの下の開放駐車スペースで夏も冬もなく風雨にさらされているのです。その多くは医療を必要としており、確かに受けられるとしても手遅れであることも少なくなく、またこのような生活条件の結果、1割もの人々が結核にかかっていると思われます。病院で治療を受ければ、必要としているよいケアを受けることができますが、その後はしばしば路上に放り出され、悪循環が再開するのです。大阪府は、午前中にさらっと触れられたように、ホームレスの男性の再統合のために若干の救援措置と住宅も提供するようになりました。けれども、かなりの人数が再び自立できるようにはならず、通常の生活を送ることのプレッシャーに耐えきれずにいます。おっしゃられたように、社会的再統合ができず、ご指摘のように職に就くこともできないホームレスの人々が一定の割合でいることは確かですが、これは私が出会ったホームレスのうちごく少数にしか当てはまりません。

282. 2000年に始まったホームレス自立支援事業は1,300人を対象としています。けれどもこれで充分ではないことは明らかです。政府は、この問題に対応するために今後どのような措置を計画していますか。事前質問事項の問29への回答では、街頭相談の実施、雇用の安定、保健医療および居住のニーズの充足が挙げられていますが、次の報告期限までに実際にどのような計画が立てられていますか。この場で到達目標を述べていただくことは可能ですか。次回の報告で、みなさんが委員会に再び来られたときにそのことについてお尋ねするかもしれません。

〔ホームレスの人々への生活保護の適用〕

283. 最後に、ホームレスの人々に対する生活保護の支払いに関して、実務上、非常に厳しい行政規則が適用されているようです。ホームレスは、住居が定まっていなければ生活保護を受け取ることができません。サービスを提供している教会関係者やボランティア団体は、ホームレスの人々に対応するためにできるだけのことをやっているけれども、それでも地方公共団体が取り組むべき問題がきわめてたくさん残っていると言っています。政府はこの点に関して何をしようとなさっているでしょうか。第11条が、締約国に対し、地方公共団体がほかにどのような義務を負っているかにかかわらず、〔権利を〕保護・充足する義務を課していることを念頭に置いてください。ありがとうございました。

ダンダン議長

284. ありがとうございました。ウィマー委員。

ウィマー委員

〔公共住宅の建設基準〕

285. ありがとうございます、議長。ごく手短に。今日の議論のなかで日本の代表団は、資源をもたない人々のための住宅を建設する計画があるとおっしゃいました。こうした住宅建設計画が、他の国々と同様に、公共住宅に関する基準の規制対象になっているのかどうかを知りたいと思います。たとえば、数日前に審査したパナマには、政府が建設する住宅が何平方メートルでなければならないのかを定めた特別法があります。けれども日本では、社会住宅の建設計画に関してどのような基準が定められているのかを知りたいと思います。ありがとうございました。

ダンダン議長

286. ありがとうございました。もう発言希望者はいないようです。泉さん、どうぞ。

外務省（泉人権人道課長）

287. どうもありがとうございます。またたくさんの質問をいただき、ありがとうございました。それでは最初に家庭内暴力の問題から説明していきたいと思います。まず内閣府のほうからお願いいたします。

内閣府男女共同参画局

〔ドメスティック・バイオレンス〕

288. ご質問のございました家庭内暴力のうち、男女共同参画局からは配偶者からの暴力にまず焦点を絞ってご説明をさせていただきたいと思います。委員がご指摘ございましたように、配偶者からの暴力は実は犯罪となる行為であるにもかかわらず被害者の救済が必ずしも充分に行なわれてきませんでしたし、また配偶者からの暴力の被害者は多くの場合女性であるということは、個人の尊厳および男女平等の実現の妨げになっております。また男性のほうも、この配偶者に対する暴力が実は犯罪であるということに対する意識が薄かったというバックグラウンドがあったと思います。

289. これを受けましてわが国におきましては、先ほど午前中にもご説明申し上げましたが、2001年、本年の4月に「配偶者からの暴力の防止及び被害者の保護に関する法律」を公布いたしまして、今年の10月から施行が始まります。この法律は配偶者からの暴力にかかる通報・相談・保護・自立支援等々を整備することによりまして被害者の保護を図るものでございまして、その大きな柱は配偶者暴力の相談支援センターというものと保護命令が挙げられると思います。相談支援センターでございますけれども、これは被害者に対しましてカウンセリングや一時保護等々の事業を行なうものでございまして、これまでも事実上わが国において行なわれてきてはおりましたが、法律に明確にこの度規定されて、規定されることになりまして、国の費用負担を含めて制度が前進したというふうに考えられます。また、そこで民間シェルター等の活用も導入されております。もう1点、保護命令でございますけれども、これは大きく分けて2つの類型がございまして、1つは加害者に対して6カ月間被害者に近づくなという接近禁止命令と、それから加害者に対して2週間、被害者と一緒に住んでいる住居から出ていけという退去命令がございまして、この命令に違反した場合は1年以下の懲役または100万円以下の罰金という重い刑罰が科されることになっております。

290. この法律の中ではこのほかに、医療関係者による通報の制度とか、あるいは職務関係者、広範にわたる職務関係者に対する研修や啓発・教育等々の規定も置かれておりますし、民間団体に対する援助の規定も置かれております。先ほど申しましたように10月から法が施行されますので、その法の適正な施行に向けまして現在、男女共同参画会議の下に置かれております専門調査会において、関係省庁や都道府県含めて、法律の施行に向けたかなり緻密な積極的な準備を進めているところでございます。

外務省(泉人権人道課長)

291. これに関する補足を警察庁および厚生労働省からお願いします。

警察庁

〔ドメスティック・バイオレンス〕

292. 警察庁でございます。警察庁といたしましては昨年来、家庭内暴力に関しましては、昨年2000年中に殺人罪での検挙——夫から妻への暴力等につきましては取締り活動の強化を図っておりまして、2000年中には134件を殺人罪で検挙しております。そのほか、暴行·傷害等で合計1,096名の検挙を行なっております。今後とも警察庁と、警察といたしましては、ドメスティック・バイオレンス、いわゆる「配偶者からの暴力の防止及び被害者の保護に関する法律」の趣旨にしたがいまして、その保護および取締りの徹底を図っていきたいと考えております。

厚生労働省

〔ドメスティック・バイオレンス〕

293.　厚生労働省でございます。補足をいたします。厚生労働省の関係では、この新しい法律で定められました配偶者暴力支援センターの役割を、従来から保護を要する女性の相談を行なっていた婦人相談所において担うということがございます。この婦人相談所におきまして、DVの被害者の相談、あるいは一時保護をいたしますし、民間シェルターに対しますこの一時保護の委託もいたします。婦人相談所において相談·一時保護をいたしました後に、必要な場合には婦人保護施設やあるいは母子生活支援センターのほうに保護をいたしまして、生活指導、心のケア、自立支援を行なっていくということとしております。また、こういう現場の職員の研修あるいは医療関係者への啓発も行なっていくこととしております。以上でございます。

外務省（泉人権人道課長）

294.　それでは、若い女性の売春の問題につきまして警察庁のほうからお願いいたします。

警察庁

〔子ども買春〕

295.　警察庁でございます。警察におきましては、18歳未満の少女に対する売春行為、男から見た場合は買春といっておるんですが、買春行為を行なった者を、児童買春等禁止法にもとづき、これを取締りを行なうとともに、またこうした性非行を行なった少女等に関しましては、性の逸脱行為という観点からこうした少女の保護を行なっております。その件数等につきましては、児童ポルノ·買春禁止法にもとづき検挙された検挙人員が、昨年、2000年中が985件であったのに対し、今年1月から6月、約半年間の上半期におきましてはすでに654件を検挙しております。また、性の逸脱行為等で保護等をした少女に関しましては、2000年中が、失礼しました、1999年中が4,475名、2000年中が4,130名と、前年に比べまして7.7パーセント減少しております。以上でございます。

外務省（泉人権人道課長）

296. 厚生労働省ならびに法務省からお願いいたします。

厚生労働省

〔子ども買春等〕

297. 厚生労働省でございます。売春への対策でございますが、女性の売春一般に関しましては、従来から売春防止法にもとづきまして、婦人相談所で売春をするおそれのある女性を早期に発見し保護指導を行なっております。また、児童の売春あるいは児童買春の被害を受けた児童につきましては、児童福祉の観点から児童相談所において保護・指導、必要がある場合は施設に措置をいたしまして、保護をし、心のケア等をしております。ちなみに、1999年11月から2000年12月までの間に児童買春等の被害に関する相談として児童相談所で受け付けた件数が210件となっております。以上でございます。

法務省

〔子ども買春等〕

298. 法務省です。児童との間の性交渉に関する刑罰法令について若干のご説明をさせていただきます。委員のほうからご指摘がありましたとおり、まず刑法、一般の刑法におきまして強姦罪、姦淫罪というものが設けられております。この中では13歳未満の婦女と姦淫すなわちセックスをした場合には、それが合意にもとづくものであろうがなかろうが、仮に合意にもとづくものであっても強姦罪として処罰すると、懲役2年以上の有期懲役に処するというのが日本の刑法でございます。さらに13歳以上の児童に対する姦淫、性交行為がどのように処罰されるかという点につきましては、先ほど警察のほうからもご紹介がありました児童買春・児童ポルノの処罰に関する法律によりまして、18歳未満の児童に対して何か対価、お金等の対価を渡してあるいはその約束をして性交渉ないしは性交類似行為を行なった者は、3年以下の懲役または100万円以下の罰金に処せられることとなっております。さらに、対価の約束なく18歳未満の児童と性交渉を行なった者につきましては、日本のほとんどの自治体においてそれを、青少年の保護のための条例というものを設け、その条例の中で対価なく性交渉を行なった者についても基本的に処罰するという条例を、ほとんどの自治体がもっているところでございます。以上です。

厚生労働省

〔児童虐待〕

299. 次に、児童虐待につきまして厚生労働省からご説明をいたします。児童虐待に関しましては児童相談所における相談という形でその数を把握しておりまして、2000年度の児童虐待に関する相談は、委員のご指摘よりもますます増えまして、18,804件となっております。この内訳でございますけれども、身体的虐待が約9,000件、それからネグレクトが約7,000件、それから性的な虐待が約700件、心理的な虐待が約1,900件でございます。

300. この児童虐待につきましては2000年11月20日から児童虐待防止法が新たに施行されまして、厚生労働省の関係でございますと、虐待児童の早期発見と通告、児童相談所による調査と安全確認、一時保護、この調査には都道府県知事による立入調査の権限も入っております。それから虐待を行なった保護者への指導、関係機関との連携、関係職員の研修、このようなことが規定をされております。現在、この児童虐待防止法にもとづきまして、虐待された児童の早期発見・保護につきまして児童相談所が中心になって調査・保護・処遇の決定を行ないますとともに、処遇決定にもとづきまして、児童養護施設等の施設で保護いたしまして指導を行なっております。また、心に傷を受けた児童のために心理療法などを行なうこととしております。またこれらのシステムが有効に機能するために、地域住民や関係機関に対する通告義務を周知するための広報・啓発、関係機関および民間虐待防止団体との連携を促進するための協議会の開催、市町村におけます保健、福祉、医療、警察、教育等が連携を図る児童虐待防止市町村ネットワーク事業の実施、児童相談所の機能強化——これは具体的には児童福祉の専門職員の増員でございます——、それから施設の機能の充実等に努めているところでございます。以上でございます。

外務省(泉人権人道課長)

301. じゃ、補足お願いします。

法務省

〔児童虐待〕

302. 法務省でございますけれども、児童虐待に対する人権擁護機関の取組みについて若干ご説明をさせていただきますけれども、従来からこの児童虐待につきましては見逃すことができない重大な人権侵害であるというふうな認識でこの問題を捉えておりまして、児童虐待の解消のためのさまざまな啓発活動を通じまして積極的に取り組んできております。この児童虐待事案というのは潜在化する傾向にございますので、その早期の発見や問題の早期解決に資するために、子どもの人権専門委員というのを平成、失礼しました、設けておりまして、これは、法務省の人権擁護機構の中には、全国に津々浦々に配置されました合計約14,000名の人権擁護委員の方がいるわけですけれども、そのなかから一定の方を選びまして児童の人権に関わる問題を専門に取り扱うことにしております。また具体的な児童虐待事案というものを認知した場合につきましては、児童相談所を中心とした関係機関と連携をしながら被害者救済、被害児童の救済を図るとともに、人権侵犯事件として調査して措置を講ずるということでございます。以上でございます。

文部科学省

〔体罰〕

303.　文部科学省ですが、体罰についてご説明をさせていただきます。体罰につきましては学校教育法という法律で厳しく禁じられております。このことにつきましては会議・研修会、あらゆる機会を通じましてこの趣旨の徹底を図っているところでございます。この体罰につきましては、処分というのがございます。従来から都道府県、指定都市の教育委員会に対しまして、体罰を行なった教員については具体的な事実関係を充分に把握・確認のうえ、懲戒処分を行なうなど厳正な措置を講じるように指導してきているところでございます。1999年度におきまして体罰を理由として懲戒処分等を受けました教育職員の数、全国で387名となっております。今後ともこの体罰禁止の趣旨、この徹底を図りますとともに、厳正な措置を講じるよう教育委員会に対して指導を徹底してまいりたいと考えております。

〔いじめ等の子ども間暴力〕

304.　あと、いじめと暴力行為についてもご質問ございましたので説明をさせていただきます。こういったいじめ・暴力行為など子どもの問題行動につきましては、文部科学省といたしましては、わかる授業を行なう、また教員の資質能力の向上を図るなどの取組みを行なっておりますが、さらに1995年からスクール・カウンセラーを置くという事業を行なっております。1995年には3億円の予算でしたが、2001年には約40億円の予算ということで充実をしてきております。これらの取組みによりまして、いじめについては4年連続で減少をいたしております。またこの7月に学校教育法という法律を改正いたしまして、深刻ないじめ、また暴力行為を起こす児童生徒に対しまして出席停止という措置をとることがございますが、それについての制度の改善を図っております。これによりまして、いじめ・暴力行為などを受けます児童生徒の安全、教育を受ける権利、そういったことがいっそう保障されますとともに、問題行動を起こす子どもについても学習支援等の措置が講じられるということになりまして、そういう問題を起こす子どもへの教育というものもいっそう充実が図られることになったところでございます。以上です。

外務省（泉人権人道課長）

305.　それでは住居の権利あるいは住宅の権利につきまして、国土交通省のほうからお願いします。

国土交通省

〔居住権の法的地位〕

306.　住居の権利に関しまして、それらが住宅に関連する法制度のなかでどのような配慮がされているかという点につきまして3点、委員のご指摘があった事項についてご説明申し上げます。まず住宅に関する包括的な住宅法の制定ということでございますが、わが国では住宅に関する総合的な計画を策定することによって住宅政策を総合的に推進するため、住宅建設計画法というものを制定しております。同法にもとづく住宅建設5カ年計画というものがありまして、これが国の住宅政策の基礎になっているという体系がすでに1966年以来できておりますので、それとは別に住宅法を制定することは必要と認識しておりません。

307.　なお、この住宅建設計画法にもとづき5年ごとに策定する住宅建設5カ年計画、現在、今年が第8期というものが始まっておりますが、そこでは一般的な理念だけではなくて具体的な数値目標を決めておるわけでございまして、その5カ年間に特定の課題について何を達成するかということを書いております。第8期について1つだけ例を挙げますと、わが国の居住水準ということを考えますと、大都市の民間の賃貸住宅に住んでいる方の居住水準というものが非常に劣っている状況がございます。で、最低居住水準という概念がございまして、家族の人数ごとに何人家族であれば最低これだけの広さの家に住むべきであるというのがあるわけでございますが、3人家族であれば39平方メートル、4人家族であれば50平方メートルというふうに決められておるわけでございますが、それを満たしていない民間のアパートに住んでいる世帯の数をできるだけ減らすということが第8期住宅建設5カ年計画、これは2005年までの目標でございますが、その具体的目標のひとつとなっております。

〔公共住宅の基準〕

308.　それからいわゆる社会住宅、日本では公営住宅といっておりますが、そのノルム、基準がどのように策定されているかということでございます。まず公営住宅というのは、わが国で所得が下から40パーセント以下の範囲内にある世帯を入居していただくための、いわゆる中低所得者向けの住宅でございます。建設主体は市町村・地方公共団体で、それに対して国が補助するという形になっておりますが、建設費の2分の1から3分の1を補助するという形になっておりまして、その家賃についてはその入った方の所得に応じましてだいたい負担可能な範囲というのが決まってきまして、そのような低い家賃に抑えなければいけないと。一般のマーケットで決まる家賃と、その入居者から徴収できる低い家賃との差額の2分の1をまた国が補助するといった形で、かなり国が手厚いお金を投じております。年間供給は5万戸です。これにつきまして、広さですとかあるいはその居住の質を確保するための設備・構造に関する基準といいますのは、国土交通省施行規則といいまして、国土交通大臣が定める法規の中で明示されております。たとえば広さについていえば、入る世帯の人数に応じて19平米から80平方メートルまでの広さにしないといけないと決まっておりますし、衛生・防火面の基準についてもこの国土交通省施行規則の中で明示されております。

〔強制立退きの手続〕

309.　それから最後に、土地の収容の話、公共の利益のための事業に土地を使う必要がある場合に土地を強制的に取り上げる場合、土地収容法、loi d'expropriation de terrainといっておりますが、土地収容法についてご説明申し上げます。これは事業をやる、たとえば道路を造る、ダムを造る、発電所を造るというその事業主体がいるわけですけれども、その土地を取り上げますという決定は、行政からも独立した第三者委員会、土地収容委員会というところがその決定を行ないます。土地収容委員会は事業を行なう方、起業者といっておりますが、その事業者と、土地の所有者、あるいはその土地についてその他の権利を有する方、土地を借りている方とか現にそこに住んでいる方——土地を占用している方ですね——から書面による意見を受け付け、または公開の、あわせて公開の場で行なう審理において意見を聴く手続をとらなければいけないというわけで、土地所有者、その決定に至るまでの土地所有者の意見陳述権は充分に保障されております。それでもしもその土地の取上げ、明渡しの決定を委員会がした場合に、それに不服がある場合には当然、行政事件訴訟法にもとづいて訴訟を提起することもできますし、あと補償の金額ですね、金額に不満がある場合も、同じ法律にもとづく当事者訴訟ということで今度はその起業者に対して補償の増額を請求することができると。このような形で、わが国において、住宅・土地関係の法令において居住の権利に充分な配慮がなされております。以上でございます。

外務省（泉人権人道課長）

〔強制立退きの手続〕

310. それでは強制的な立退きに関しましていくつかご質問がございますので答えたいと思います。まず、委員会の一般的意見の7におきまして次のように書かれております。「強制的な立退きに対する禁止は、法律にしたがい、国際人権規約の条文に準拠して強制的に行なわれる立退きには適用されない。立退きを行なった結果、ホームレスになったり、他の人権に対する侵害にさらされやすいような人々が生まれてはならない。影響をこうむる人々が自前で調達できない場合、締約国は、必要に応じて相当な代替住宅、再定住または生産性のある土地の取得ができるよう、利用可能な手段を最大限に用いてあらゆる適切な手段を講じなければならない」。このように意見が述べていること、これについては承知しております。

311. 具体的に日本の場合ですね、どのようなケースをもって強制立退きが行なわれることによってホームレスになるのかということについては多々あると思いますけれども、いずれにせよ、わが国におきましては当事者自治の原則の下、原則として政府は民事不介入、そういう原則に立つこととなっております。これにつきましては委員会に対するリスト・オブ・イッシューズ、問29の回答で示されたとおり、一般的な意見で提起されております強制立退きにつきましては、わが国において国その他の公の機関によって行なわれるものは制度上および事実上も存在しない、またわが国においては、土地収容および不動産の明渡しの強制執行については法律にしたがい、国際人権規約に反せずに行なわれているということでございます。これは規約第11条1項の関係で、おそらく「相当な生活水準」というところからきているものでございましょうけれども、いずれにせよわが国におきましては、この権利というものは憲法第25条にいう「健康で文化的な最低限度の生活を営む権利」と同様な趣旨で捉えておりまして、そのような保障は国内法的に担保され保障されているということでございます。

〔強制立退き：ウトロ〕

312. なお、この強制立退きの関連でウトロ地区の話がございました。ウトロの問題につきましては、これは基本的にはウトロ地区の住民と不動産業者の間の民事上の紛争であるという一義的、したがいまして一義的には当事者間で解決すべき問題であるという観点から、国・地方自治体といたしましては両当事者の間の解決に向けた協議・調整を見守ると、そういう立場をとってきたところです。そのようななかで、地元の自治体のほうにおきましては、地区の住民や不動産業者との話合いに応じるなど側面的な支援が行なわれてきたと、行なってきたということを聞いております。さらに地元の自治体は、同地区住民の生活基盤を整備するとの観点から、同地区の一部に水道施設の敷設のため、右敷設にかかる土地所有者とのいろいろな調整とか、同水道施設敷設の実施を行なう等の対応を行なってきております。この問題につきましては、現在両当事者の話合いが進んでおりまして、当該地区の新たな街づくり計画案というものをもち寄って話合いが進行中ということでございますので、われわれとしてはひきつづきその話合いを見守ってまいりたいと思っております。両当事者の話合いの過程のなかで、当該話合いを促進するという観点から行政側として側援しうるものが何かあるとすれば、それは今後検討して支援していきたいというふうに考えております。以上であります。これにつきまして国土交通省、いいですか。次に、非嫡出子の問題が一部、差別されているのではないかという問題が提起されてございましたけれども、これをどうぞ。法務省のほうからお願いします。

法務省

〔婚外子差別〕

313.　法律上、嫡出子・非嫡出子という概念は、端的に言いますと、結婚した夫婦についてその婚姻中に懐胎すなわち妊娠した子どもについて基本的に嫡出子と見なし、そうではなくて代表的には結婚していない男女間に生まれた子どもを「嫡出ではない子」あるいは「非嫡出子」と呼んでおりますが、その両者におきまして、親子関係の基本的な権利義務である扶養の権利それから義務、それから相続における第一順位などについては同等でございまして、そこには差異はございません。

314.　ただ民法典の中には、その両者について以下のような差異が設けられております。まず嫡出子につきましては、原則としてその懐胎時における母の夫の子、すなわち婚姻している男性の子どもと推定されるのに対して、嫡出でない子については、そういった推定規定がないということで、では法律上の父をどのように認めるのかという点につきまして、それは認知手続というものをとることによって法律上の父が認められるという制度をとっております。それから、嫡出である子どもについては、日本の場合には父母が同一、現在であれば同一の姓を名乗っております、婚姻している夫婦については同一の姓を名乗っておりますので父母共通の姓を称するのに対して、嫡出でない子どもについては母親の氏、姓を名乗ることとなっております。また、嫡出子については父母が婚姻中、その両者、父母の共同親権というふうになりますが、嫡出でない子については基本的にまず母の単独親権となりまして、父親が認知した場合にはその父が、父母の協議によって父親を親権者と定めたときに限って父が親権者となるというふうになっております。また相続におきまして子どもとして第一順位になる点は同様でございますが、ただし嫡出子と非嫡出子の場合には、非嫡出子が嫡出子の相続分の2分の1という定めになっております。さらに出生の届出というものを日本においてはする必要がありますが、その出生の届出において嫡出である子と嫡出でない子の別が戸籍には記載されておりまして、嫡出子の場合には長男・長女などと記載されるのに対し、嫡出でない子については男・女というふうに戸籍に記載されるという差異が生じております。

315. この点について、なぜそのような差異が設けられているのかということについて若干ご説明申し上げます。まず1番目の、父親を確定する際の差異、すなわち父親を推定する規定を認めるか認めないかという点につきましては、父母が婚姻している場合にはその父母の、婚姻した父母の間の子どもであろうという推定、蓋然性がきわめて高いのに対して、嫡出でない子の場合にはそれが特定の男性の子であるという蓋然性が高いというところまでできないという差異によるものであって、これはその父母が婚姻関係にあったかどうかということにより必然的に生ずるものであると考えております。また子が称する氏、姓の差異につきましても、わが国では、先ほど申し上げましたとおり夫婦は共通の氏を称するものとされていますことから、嫡出である子はその自然の効果として、必然の効果としてその氏を採用しているのに対して、嫡出でない子の場合には基本的に父親と母親は別々の氏をその段階ではもっておりますので、それにもとづいてどちらかに特定するという観点からこのような差異が設けられているもので、これも婚姻関係にあるかどうかによって必然的に生じるものであるというふうに理解しております。また、嫡出である親の親権につきましては、嫡出である子でありましても父母が離婚した場合には父あるいは母の単独親権になるというふうにされておりまして、父母の共同の親権となるか、あるいは父親または母親の単独親権という形になるかどうかということは、嫡出である、嫡出子か非嫡出子であるかという差異にもとづくものではないものと理解しております。その際、嫡出でない子の親権者が原則として母親になるという点につきましては、これは親子関係が明確、父親に比べて明確である母子関係を基準に親権者を定めるのが子どもの保護に資するという理由からでございます。さらに、相続分について非嫡出子が嫡出子の2分の1になるという点についてですが、これにつきましては、わが国は、法律上、届出によりまして法律上の婚姻というものを基本とするという民法典の考え方をとり、それによってその法律婚をした者とその間の子どもからなる家族を保護していこうという基本的な理念にもとづいてそういった差異を設けているものでございまして、その法律上の婚姻さらには家族関係を保護するというものと、それから子どもの相続権の調整という観点からの差異でございまして、不合理な差別ではないというふうに理解しております。また戸籍上の取扱いの差異につきましても、戸籍というのは私法上の身分関係を正確に登録あるいは公に公称することを目的としていることから、法律的な事実にもとづく区別というものをきちんと記載するという観点からの差異でございまして、これにつきましてもその制度目的からして合理的で、不合理な差別ではないものと承知しております。以上が、非嫡出子と嫡出子の大まかな差異でございます。

外務省（泉人権人道課長）

〔原子力施設の事故〕

316.　ひきつづきまして、あと質問につきまして3つ回答いたします。1つは原子力事故に対する報告の話、もう1つはホームレスの話、もう1つは阪神大震災の際の移転の話です。まず最初に原子力事故のレポートの話でございますが、ご指摘の事故というのは1999年9月に東海、JCO東海事業所点火試験等において発生した臨界事故のことと思いますけれども、これにつきましてはすでにウラン加工工場臨界事故調査委員会報告というのが、1999年12月24日に原子力安全委員会ウラン加工工場臨界事故調査委員会の調査報告書として出ております。これは公表されております。このIAA〔国際原子力機関〕の報告に関しましては、いま直ちに確認できませんので、これについては必要に応じ、追ってご連絡いたします。

〔阪神淡路大震災後の住民の移転〕

317.　次に阪神淡路大震災に際しましての住居の移転の話でございます。これは多く仮設住宅への移転の話と関わってくると思います。これにつきましては、避難世帯数が当初約10万世帯というふうに見込まれておりました。そのうち全壊ないし半壊が7万世帯、その他の理由によります避難が3万世帯ということでございました。この7万世帯のなかで、住宅について希望がない、親戚のところに行ったり、とくに特段の手当がいらない世帯というのが約1万世帯ございました。そして住宅対応必要世帯というのが約6万世帯あったわけです。この6万世帯に関しまして、国ないし中央政府ともに、応急仮設住宅ならびに恒久住宅の流用ということで対応する方針をとっておりました。当初応急仮設住宅3万戸という予定でしたけれども、これを、ヒアリングを重ねてまいりますうちに最終的には48,300戸ということで対応することとなりました。これは、応急仮設住宅につきましては、これは原則、入居を希望する全員を供与対象として募集・抽選を行なっていくということといたしました。ただ、入る順番というのがございますから、この入る順番の選考にあたりましては、老人世帯とか心身障害者世帯、母子世帯、とくに住宅に困窮する被災者を優先するという方針の下にこれを施行して入居していただいていると理解しております。そして最終的にはこの必要な住宅は手当てされたと、したがいましてここに強制的な強制性とかはございません。これ、募集・公募をかけましてそれにもとづきまして選考しているわけですから、強制的に動いてもらうということはなかったわけであります。

〔ホームレスの人々への対応〕

318.　次にホームレスの問題がございます。ホームレスの概数につきましては、今朝申し上げましたとおり20,451人ということ、99年10月末現在の数字を、われわれがもっている唯一の数字でございますが、これはたぶん、考えますに、ホームレスの定義がなかなか難しいということで、たとえば一時的にせよ収容センターに入っている人をどうカウントするか、完全に何もどこにも入っていない、あるいは家のない方をどうカウントするかという定義の問題もあるかと思いますが、2万人というのが完全な数字であるとはわれわれも思っておりません。

319.　ホームレスの問題に関しましては、政府、地方関係公共団体で構成する「ホームレス問題連絡会議」というのがございます。この会議が「ホームレス問題の当面の対応策」という措置を決定しておりまして、これではまず、基本はホームレスについては総合的に相談に乗りながら自立を支援すると。先ほども委員のほうから指摘がありましたけれども、悪循環、再循環といいますか、いったんは救われるけれどもまた戻ってくる、ホームレスの状態に戻ってしまうということがございますから、親身に相談に乗りながら自立を支援していく、心のケアも含めまして自立を支援していくということ。それから職業を紹介する、雇用の安定の観点、職業訓練の実施なども行なっております。さらに当座、緊急の問題といたしまして保健・医療の問題というのが当然ございます。医療アプローチが必要なものにつきましては、保健所等を活用し、保健福祉相談による適切な医療機関への処遇を行なっておりますし、健康管理指導の措置も保健所、市町村保健センターによる巡回健康相談等の実施によって行なっております。さらに感染症等の予防策として、結核の罹患率の高い地域、とくに対策を必要とする地域におきまして、結核再発を防ぐための対面指導等による服薬管理を行なう措置が講じられておりますほか、ホームレスが病気になった際には無料定額診療事業、これを実施しております医療機関を活用しての診察を行なったり、急迫状態の場合には生活保護を適用するなど病気の際の診療体制の充実を図っております。また、要援護者の住まいの確保の観点から、自立、あくまで自立が前提でございますけれども、自立に向けた宿所の提供等、厚生施設の整備拡充を図っているところでございます。一口にホームレスの問題といいましても、就労する意欲はあるが仕事がなく失業状態にある方、あるいは医療福祉等の援護が必要な方、他方社会生活を拒否してしまっている方等々さまざまな類型があります。個々のケースに応じた施策を体系的に実施していく必要があると考えております。なお、ホームレスの方々について、地域環境の維持・整備等の観点から——道路・公園・河川等の公共施設の不法占拠を行なっている方がいらっしゃいます。これらの公共施設からの退去の指導を実施する際には、彼らの居住場所の確保状況を勘案しながら行なっているということをここにあらためて指摘しておきたいと思います。以上です。

VI.　規約第13条〜第15条（教育・文化への権利）

ダンダン議長

〔規約第13条〜第15条に関する質問の開始〕

320.　ありがとうございました。みなさんご承知のように、時間の問題が非常に切迫しています。もっと質問したいという発言希望者が7人いて、残されているのは35分だけです。もし……誰もが質問したいのはわかっていますが、どうしろというのでしょう。あと35分しかないのです。たとえ質問できたとしても、その質問があまりにも長大なものであれば、どっちにしても代表団は答えられないでしょう。発言希望者は7人ですので、1人3分さしあげます。そうすれば、代表団はすべての質問に8分で回答できることになります。そういう感じです。順番に、バラホナ委員、サーディ委員、ユネスコ、ハント委員、マルチャン委員、ウィマー委員、チャウス委員です。バラホナ委員。

バラホナ委員

〔婚外子差別／中絶／望まない妊娠の防止〕

321.　ありがとうございます、議長。嫡出子と非嫡出子の取扱いに差別があることを強調しておきたいと思います。質問は中絶についてです。中絶の数字はどのようなものでしょうか。また、若者の望まない妊娠を防止するためにどのような措置がとられていますか。ありがとうございました。

ダンダン議長

322.　ありがとうございました。サーディ委員。

サーディ委員

〔子ども買春加害者の国外犯処罰〕

323.　ごく手短に。日本は子どもの買春について域外裁判権を行使することを考慮しているでしょうか。海外に行く国民を統制する法律をもっている国もあります。日本の男性は、日本の紳士はそのようなことを決してしないと承知していますが、万一に備えて、この問題に関して国民に対する域外裁判権を行使することを考慮していますか。

〔教育制度におけるストレス〕

324.　もう1つは試験関連のストレスについてです。試験によるストレスに関連した自殺についてはどなたも発言なさっていません。ありがとうございました。

ダンダン議長

325.　ありがとうございました。ユネスコ代表のシンさん、どうぞ。

ユネスコ

〔アジア太平洋地域におけるユネスコの活動および日本の協力〕

326.　議長、ユネスコにこの機会を与えてくださり、ありがとうございます。議長のご好意により、ごく手短に、教育・文化への権利に関してユネスコの手元にある情報をご紹介したいと思います。まずは、日本国政府が、この点に関するよくできた報告書をユネスコに提出されたこと、それがいかに興味深いものだったか……ダカール行動枠組みのフォローアップに優先順位を付与していることを、賞賛いたします。このことは、1997年と1999年にそれぞれ開かれた第29回・第30回ユネスコ総会における日本の代表団の発言によって実証されています。日本はその中で、教育は子どもに豊かで人間らしい精神を育むことを目的としており、この視点を今後も維持していくと述べました。このことのみならず、制度的対応、とくに「万人のための教育アジア太平洋計画」の関係で行なわれている協力と資金投資にも日本の決意は表れています。

327.　日本が緊密に協力している「万人のための教育アジア太平洋計画」は、非識字の根絶、初等教育の完全普及、継続教育の促進に関連するものです。しかし資金投資に関するかぎり、ユネスコはこの分野で現在進められている約15件のプロジェクトに資金を提供しています。いずれもアジア太平洋諸国の人々の教育への権利に関わっており、コミュニティ学習センターを通じてあらゆる形態の識字教育、基礎教育、生涯教育を実施するものです。就学プログラム案では、ダカールで教育の重要性が指摘されたことから資金投資の35パーセントが教育に割り当てられており、2001／2002年度の拠出約束額は930万〔ドル〕強となっていることを、謹んで報告します。

328. この点に関して、文化権と教育への権利との相互作用についても触れさせてください。このことは、ユネスコ・アジア太平洋文化センターの活動にはっきりと表れています。同センターがデータベース、識字データベースを構築してきたことをお知らせします。これは「国連識字の10年」の関係のみならず、教育への権利の実施を監視している本委員会の活動の関係でも有益なものとなるでしょう。アジア太平洋文化センターは多国間協力を目的としたもので、識字を促進しているほか、文化関連の書籍、多様な教材といった分野でも活動しています。

329. ついでながら、教育の目的という重要な問題についても簡単に触れさせていただければと思います。これが発展して世界的な運動、地球的な運動である「世界寺子屋運動」が展開されるようになりました。これは、先進国と発展途上国とが協力して平和的な地球社会を構築することを目的としており、世界中の人々に教育機会と学習場所を提供しようとするものです。このような考え方は、来月ジュネーブで開かれることになっている、共生のための学習に関する国際会議に非常に関連するものになるはずです。実際、この運動は識字問題を人権問題として捉えており、相互的な学習機会に向けた、未来についての建設的対話を支持しております。

330. 締めくくりに、いくつかの重要な問題に関する午前中の豊かな議論がユネスコにとっていかに貴重なものであったか、申し上げたいと思います。教育における差別の禁止、マイノリティの権利、教育機会の平等化、子どもの権利などの問題であり、また教育への権利と文化権に関するいくつかの問題に関する議論です。日本政府と日本のNGOは、識字プログラムを含む万人のための教育のための行動計画の促進にあたり、ユネスコと非常に緊密に協力してきてくれました。ユネスコと本委員会がひきつづき協力していくこと、また、万人のための教育に対する基本的権利を促進するために日本がユネスコに国際協力を提供してくださることの重要性に鑑み、規約上の権利の実施における締約国の義務や、関連文書の実施にも関わるダカール行動枠組みの法的側面に関する豊かな議論にいっそう光が当てられますことを、ユネスコを代表して希望いたします。ありがとうございました、議長。

ダンダン議長

331. ありがとうございました。ハント委員。

ハント委員

〔公立学校における教授言語〕

332. ありがとうございます、議長。第1点。公立学校における教授言語について、日本の立場がまだはっきり理解できていません。ご説明いただけるでしょうか。質問はこうです。すべての公立学校のすべての授業が日本語で行なわれるのでしょうか。それとも、少なくとも一部のマイノリティは、少なくとも一部の授業を、公立学校で母語で受けることが可能なのでしょうか。

〔教育制度におけるストレス〕

333. 第2に、手元にある書類を拝見しますと、学校制度が非常に競争主義的であること、その結果、余暇や遊ぶ時間をあまり享受できていない子どもが多いこと、それが過剰なストレスや発達障害につながっていることを示す証拠がいくつかあります。代表団は、この点について問題があることをお認めになるでしょうか。

〔歴史教科書問題〕

334. 最後に、歴史教科書に関するフォローアップの質問です。午前中、歴史教科書における女性の権利との関連で質問が出されました。けれども女性の権利に関わるその質問は、教科書で日本の歴史が歪められているという訴えをめぐる、もっと幅広い問題の一環なのです。そして、この幅広い問題が国際的な騒ぎを相当に引き起こしてきたことを、私たちは承知しています。代表団から、この幅広い問題についてコメントをいただけるでしょうか。代表団のご意見では、この点について問題はあるでしょうか、ないでしょうか。ありがとうございました。

ダンダン議長

335. ありがとうございました。マルチャン委員。

マルチャン委員

〔アイヌ民族〕

336. ありがとうございます、議長。短い質問を2つしたいと思います。1つはマイノリティであるアイヌと差別に関わるもので、他の委員もこの問題を取り上げました。

けれども私は文化への権利について触れたいと思います。懸念を表明したいのは、日本の報告書を拝読した結果、日本政府が唯一の先住民族であるアイヌを認めていない、アイヌが先住民族マイノリティとして認められていないのが明らかだということです。アイヌは単なるマイノリティとして取り扱われており、大多数は北海道に生活しています。私の懸念は、このような不承認、日本政府は明らかにアイヌを先住民族マイノリティとして認めておらず、したがって国内のマイノリティとしての自治能力を奪っているということです。文化に関する法律では、このマイノリティの文化的活動について定められています。けれども、大学に行けるようになるためのその他の経済的資源や、文化的伝統と関わる経済的側面については認められていません。さらに、法的に認知されていないアイヌ民族をこのように厳しく取り扱っていることから、1997年の法律で政府はアイヌ民族の土地を収用し、1998年には、彼らの所有となっている土地はそれ以前の0.15パーセントしか残っていませんでした。そこで、代表団のみなさんに対し、こうした話は公式のものなのか、彼らは本当に先住民族マイノリティとして認められていないのか、本当に先祖伝来の土地を奪われたのかについてお伺いしたいと思います。アイヌの人口は約3万人から4万人で、漁業と農業で生計を立てていると思うからです。これが第1の質問です。

〔知的所有権〕

337. 次に、知的所有権に関するものが第2の質問です。報告書のパラグラフ265では、パラグラフの末尾で、特許と大学については適切な取扱いが行なわれているとされています。代表団に対し、知的所有権という見地から見て、創作者としての知的所有権に対する個人の権利が認められているのかどうか、お尋ねしたいと思います。それとも、この問題は経済的観点から捉えられており、法律ではこれらの権利を保護し、あるいは大学や、民間企業を含むその他の法人とリンクさせることに焦点が当てられているのでしょうか。どうもありがとうございました。

ダンダン議長

338. ありがとうございました。ウィマー委員。

ウィマー委員

〔教育における公営テレビの利用〕

339. ありがとうございます、議長。たくさんの質問があるのですが、残念ながらみんな帰らなければならないと気を揉んでいますので、1つだけお尋ねします。日本の代表団に、商業テレビ……商業テレビとは別に、一部の大学で活用できるような公営テレビ、国営テレビがあるのかどうか、またその国営テレビが教育目的で利用されているかどうかをお尋ねしたいのです。どうもありがとうございました。

ダンダン議長

340. ありがとうございました。チャウス委員。

チャウス委員

〔婚外子差別〕

341. ありがとうございます、議長。婚外子の地位、婚外子差別について。これは、人類の現実の発展段階がどのあたりまで到達しているかということにかかっています。これはすべて、結婚しているか、していないか、離婚したかを問わず女性が有している、子どもを妊娠して産むという基本的権利、絶対的人権にもとづくものです。illegitimate（非嫡出／正当でない）という表現は侮辱的なものであり、私たちの語彙から排除されるべきだと思います。このような子どもも、生まれてくることは自然の摂理であるがゆえに正当な存在であり、政府と社会の仕事は人間の法を自然法に一致させることです。報告審査のときに代表団に質問を投げかけるのは、長たらしい説明を聴くためではありません。私たちは、姿勢の変化、政策の変化をもたらすことができるよう、代表団の意識を高めたいと希望しています。また、これとの関係で婚外子の地位を……これとの関係で、締約国が私たちの主張に耳を傾け、この点に関する政策や法律を変えるようにも希望します。ありがとうございました。

ダンダン議長

342. ありがとうございました。泉さん、どうぞ。

外務省（泉人権人道課長）

343. どうもありがとうございました。いくつかいただいた質問のなかですでにお答えしたものもあるような気がしますが、とくに非嫡出子の問題につきましていくつかご意見いただいておりますが、追加的にこちらからご説明できるものとしては、厚生労働省でしょうか。法務省、お願いします。すみません。

法務省

〔婚外子差別〕

344. 法務省です。非嫡出子と嫡出子を区別している理由については先ほど述べたとおりでございまして、法律上の婚姻により成立する夫婦とその間の子からなる家族というものも保護していかなければならないという要請があり、その観点からの区別が一部あるというのが現状でございます。ただもちろん、そういった差異のない、必要のないものについては設けておりません。またこの問題について今後どうしていくのかというところについては、これまで日本国内において世論調査等を行なって、どのような家族制度のあり方がいいのかということについては調査検討を行なっておりますが、現在のところ、この非嫡出子の問題については国民の間の意見が大きく分かれておりまして、まだ国民的なコンセンサスができあがっている状況にはございません。そこで今後とも、そういった調査等を踏まえつつ、適切な議論を国民の間、それから立法府等々の間でもしていただきながら、政府としても適切に対処していきたいというのが現在の考えでございます。以上です。

外務省（泉人権人道課長）

345. 次に児童買春〔禁止〕法、これの域外適用の問題について警察庁のほうから説明します。

警察庁

〔子ども買春加害者の国外犯処罰〕

346. 警察庁でございます。児童買春、国外における日本人の児童買春行為につきましては、先ほど申しました児童買春等禁止法におきまして国外犯の処罰規定というのがございます。これによって取締りが可能となっております。ただ警察といたしましては、この法律を適正に執行するために、各国際機関や外国捜査機関と連携を図りながら適切な対応をとっているところでございます。また、なお昨年、実例といたしまして、もうすでに検挙事例もございます。また、同事案につきましては、タイ国内におきまして日本人が少女を相手に買春、さらにはその類似行為を行ないまして、その映像を撮影したものを国内で販売した事案でございます。以上でございます。

外務省（泉人権人道課長）

347. それからあといくつか文科省の関係、入試ストレスによる自殺の話とか、それからあとハント委員の3つのポイントもございましたし、教育に公共放送が使われているのかという問題も含めて、まとめて文科省のほうからお答えいただければありがたいんですが。

文部科学省

〔教育制度におけるストレス〕

348. それではまず入試によるストレスとそれによる自殺ということでのお話がございました。この入学者選抜につきましては、学力試験に偏った入学者選抜というものから、面接、また推薦入試の実施など多面的に生徒の能力・適正を評価できるよう入学者選抜の改善を図っているところでございます。今後ともそういった面での入学者選抜となるよう努めていきたいと考えております。自殺でございますけれども、私どもで把握しております小学校・中学校・高校の児童生徒の自殺の件数、1999年では合計で163名となっております。このような自殺というものは本当に決してあってはならないことでございます。こういうことのないよう、学校におきまして生命を尊重する心、また生きることのすばらしさ・喜び等を子どもたちに適切に指導するよう、指導の徹底に努めているところでございます。入試のストレスかどうかはわかりませんが、その163名のうち進路問題を原因とするものが9人、5.5パーセントとなっていることをご紹介させていただきます。

349. あと、入試のみならず多くの児童生徒がストレスを抱えてるのではないかということの話がございました。私どもでは学習指導要領というカリキュラムのスタンダードがございますが、それを改訂いたしまして、2002年から新しい学習指導要領にもとづきます教育を行なうこととしております。この中におきまして、ゆとりのなかで学ぶ楽しさを実感できるように教育内容を厳選したり、また体験的な学習を重視するなど教育内容、また教育方法の改善を図っているところでございます。これが2002年から行なわれることとなっております。それからまた、同じく2002年から学校の5日制というものが始まります。この5日制によりまして、子どもも、また教師も時間的・精神的にゆとりをもって学習または指導に取り組むことができるのではないかと考えております。また、これは2001年からでありますが、少人数による指導というものが可能となっております。教員の数が改善されまして、もし計画どおりにまいりますと、2005年には教員1人当たりの児童生徒数がいま19.2人のところ小学校ですと18.6人、また中学校は現在18.6人のところ14.6人ということで、教員1人当たりの児童生徒数というものが大幅に少なくなるということでございます。それからまた、先ほどもご説明いたしましたが、カウンセリングの充実ということで努めておりまして、現在ほぼすべての中学生がなんらかの形でそういった教育相談を受けることができるようになってきております。このような取組みによりまして、ゆとりをもった楽しい学校生活を子どもたちが送ることができるように今後とも努めていきたいと思っております。

〔歴史教科書問題〕

350. それからもう1点、教科書についてのご質問がございました。わが国の教科書につきましては、学習指導要領の範囲内で具体的にどのような内容を教科書に取り上げ、またそれをどのように記述するかということは執筆者の判断に委ねられております。とくに歴史教科書の検定は、国が特定の歴史認識、歴史史実を確定するという立場に立って行なうものではございません。検定の時点における客観的な学問的成果、また適切な資料などに照らしまして記述の欠陥を指摘するということを基本として実施しております。このため検定では、申請図書の内容に明らかな誤りや著しくバランスを欠いた記述などがある場合に、検定意見をつけているところでございます。執筆者の基本的な歴史認識やまたその意図するところについて、検定で修正することはできないこととなっております。今後とも適切に検定を実施してまいりたいと考えております。

〔教育における公営テレビの利用〕

351. それから公共放送の教育への活用ということですが、NHKの教育テレビにおきまして、そういう学校の教育活動に関する番組というものがございます。そういったものを各学校におきましては適切に活用して授業を行なっているところでございます。また放送大学というものがございまして、公共の電波を使って、家にいるなり、またどこの場所にいてもそういう大学教育を受けることができる、そういうシステムも作っているところでございます。以上です。

文部科学省

〔公立学校における教授言語〕

352. 続きまして同じく文部科学省からご説明させていただきます。委員からご指摘がありました公立学校における言葉、言語の問題でございます。まず結論を申しますと、日本の公教育におきましては、公用語であります日本語の使用をもって教育が行なわれているところでございます。公教育において公用語を使用することは世界各国でも同様であるものと認識しております。なお、公教育におきましてもですね、次の点において活動することが認められております。それは、各自治体の判断によりまして、学校に在籍する外国人に対し、課外においてその国の言語やあるいはその国の文化の学習の機会を提供することは、これはなんら差し支えないことでございまして、実際いくつかの自治体において、在籍する外国人児童生徒の状況や地域の実情等を考慮して課外における自国語等の学習が提供されているところでございます。なお、これは参考でございますけれども、わが国の公教育、公立学校に通学する外国人児童のもつ言語は65言語にわたるということでございまして、1つの、そのうちの1つあるいはいくつかを選ぶということも、これはバランスの問題があるという点がございます。

〔アイヌ民族〕

353. あとアイヌのことに関しましてですね、大学の進学率、あるいはそれへの支援ということがございましたので、その点についてご説明したいと思います。北海道が行ないました調査によりますと、アイヌの大学への進学率は16.1パーセントとなっておりまして、アイヌの人たちの住む北海道内の市町村の進学率が34.5パーセントに比べまして、18.4パーセント、失礼、18.4ポイントの差があるということでございます。文部科学省におきましては、このような状況を踏まえ、北海道に居住するウタリの子弟の大学等への進学を奨励するため、経済的な理由により就学に困難のある学生に対して北海道が行なう進学奨励事業、これは奨学金でありますとか通学用品等の助成金に対するものですけれども、それに対し補助を行なっているところでございます。今後とも上記調査結果を踏まえつつ本補助制度の充実に努めてまいりたいと考えているところでございます。以上です。

厚生労働省

〔中絶／望まない妊娠の防止〕

354. 人口妊娠中絶の実施状況についてお尋ねがございました。1999年にはわが国における人口妊娠中絶の件数は約34万件でございまして、これは15歳から50歳までの女性1,000人あたりの実施率でみると11.3というふうになっております。これは、長期的には全体で見ると実施率は低下傾向にございますが、最近では20歳未満と20歳から24歳の層で、若年層で増加をしております。他の年齢層では減少をしております。これにつきまして、専門家の研究会におきましては、初交年齢が低年齢化するなかで10代の若者が充分な避妊の知識あるいは中絶が身体に及ぼす影響についての知識をもっていないということ、あるいは女性が主体的に利用できる避妊方法がほとんどないということから適切な避妊が行なわれていないことが原因として考えられるというふうに指摘をいたしております。厚生労働省としましては、保健所の保健婦等を通じまして、思春期の男女に対して性教育、避妊、それから中絶の身体への影響などについて指導や情報提供を行なっております。以上でございます。

外務省（泉人権人道課長）

〔アイヌ民族〕

355.　アイヌの先住性の問題につきましてご質問がありました。わが国といたしましては、アイヌの方々は、少なくとも中世末期以降の歴史の中では当時の倭人との関係におきまして北海道に先住していたと考えられており、独自の伝統を有し、日本語とは異なる言語系統のアイヌ語や、独自の風俗習慣をはじめとする固有の文化を発展させてきた民族であると認識しております。この点につきましては、「アイヌ文化の振興並びにアイヌの伝統等に関する国民に対する知識の普及及び啓発を図るための施策に関する基本方針」というものが98年9月の、97年9月18日の総理府告示第25号というものがございまして、総理府の告示に盛り込まれているとおりであります。しかしながら、先住民という言葉の定義に関しましては国際的な定義がなく、上に述べたような、以上述べたような意味におきましてアイヌが先住民であるかどうかについては、国際的な議論との関係におきまして今後ともひきつづき慎重に検討する必要があるものと考えております。

356.　いずれにせよ、日本政府といたしましては、アイヌの人々の社会的・経済的な地位の向上を図るため北海道が実施しておりますウタリ福祉対策を円滑に推進するため、1970年5月に「北海道ウタリ対策関係省庁連絡会議」を設置いたしまして、関係行政機関相互間の連絡を図りつつ諸般の施策の充実に努めているところでございます。また、アイヌの人々の民族としての誇りが尊重される社会の実現を図り、あわせてわが国の多様な文化の発展に寄与することを目的として制定されました「アイヌ文化の振興並びにアイヌの伝統等に関する知識の普及及び啓発に関する法律」にもとづきまして、アイヌ文化の振興ならびにアイヌの伝統等に関する国民に対する知識の普及および啓発を図るための施策を推進するなど、アイヌの人々に対するさまざまな施策に取り組んでいるところであります。以上です。それでは文科省のほうから知的所有権、大学における、についてお願いします。

文部科学省

〔知的所有権〕

357.　文部科学省から、大学における知的所有権のことに関しまして若干ご説明、簡単にご説明させていただきます。知的創作活動の中心的な担い手としての大学の研究者のこれらの知的所有権の保護につきましては、法律で保護の対象とはされてきたものの、従来大学における研究活動と大学研究者の発明の態様がさまざまであり、特許法で想定している職務発明に該当する、使用者と従業者との関係にそぐわないという面がございましたけれども、これに関しまして学術審議会という機関において審議が行なわれ、統一的な基準を示したところでございます。今後ともこのように大学における知的所有権の保護ということを積極的に推進してまいりたいと、そのように考えております。

外務省(泉人権人道課長)

358. 関係省庁、何か補足ありますでしょうか。議長、日本政府の回答終わります。

ダンダン議長

〔今後の作業スケジュール〕

359. どうもありがとうございました。いま6時2分前です。ここまでくると、たとえもっと質問をしたくても、それはもう物理的に不可能だと思います。そこで私に残されている仕事は、委員会を代表してみなさんに感謝することです。日本の代表団のみなさん、さまざまな情報を提供していただいてどうもありがとうございました。充分に議論できなかった情報については、本委員会に対する次回の定期報告書でそれを拝見できることを希望します。総括所見を作成するときに、今回適切に取り上げられなかった追加的懸念のリストを、次回の定期報告書に記載していただくべく、含めることになるかもしれません。次はもちろん総括所見の採択で、これは今週か来週に行なわれます。総括所見の結果は、来週金曜日、委員会の会期の最終日である8月31日の午後6時に、日本の代表部も含めて公開されます。以上の点を申し上げたうえで、大使閣下にあと数分だけ発言を認め、締めくくりの発言をしていただきたいと思います。大使閣下、どうぞ。

原口大使

〔締めくくりの発言〕

360. 議長、委員会の委員のみなさん、会場のみなさん、日本の代表団を代表して、最後にいくつか申し上げたいと思います。まず、委員会の委員のみなさんに対しまして、本日、報告書に関して重要かつ意義深いご指摘・ご意見をいただきましたことに、感謝の意を表明いたします。みなさんのご指摘は、規約の実施に対する委員会の真剣かつ強い関心を反映したものだと考えております。審査の冒頭に申し上げましたように、私どもの努力が必ずしも完全無欠ではないこと、規約に定められた権利の実現のためにはさらなる措置をとらなければならないことは、私どもも承知しております。本日の実り多い議論が、私どもの政策立案を考える材料であることは間違いありません。今回提起されたいくつかの問題についてはいまなお委員会と私ども政府との間に若干の意見の違いが残っておりますけれども、今回の対話は私たちの相互理解に寄与したと考えております。議長、日本政府といたしましては、このような委員会との建設的関係からひきつづき利益を得ていきたいと、強く希望するものです。どうもありがとうございました。

ダンダン議長

〔閉会宣言〕

361. ありがとうございます。東京への帰途の安全をお祈りするとともに、何年か経ってまたお会いできることを希望しております。どうもありがとうございました。みなさん、よい夜をお過ごしください。閉会します。(拍手)閉会します、またお会いしましょう。ここに参加されたNGOにも感謝します。ご協力ありがとうございました。(拍手)

Consideration of Japan's Second Report
on the International Covenant
on Economic, Social and Cultural Rights:
the Record and Follow-up

資料

社会権規約委員会総括所見 日本
経済的、社会的および文化的権利に関する委員会の活動へのNGOの参加

社会権規約委員会総括所見 日本

経済的、社会的および文化的権利に関する委員会（社会権規約委員会）
E/C.12/1/Add.67　2001年9月24日

1.　経済的、社会的および文化的権利に関する委員会は、2001年8月21日に開かれた第42回および第43回会合（E/C.12/2001/SR.42 and 43）において、経済的、社会的および文化的権利に関する国際規約の実施についての日本の第2回定期報告書（E/1990/6/Add.21）を検討し、2001年8月30日に開かれた第56回会合（E/C.12/2001/SR. 56）において以下の総括所見を採択した。

A.　序

2.　委員会は、締約国の第2回定期報告書を歓迎する。当該報告書は、全体としては委員会のガイドラインに一致したものである。委員会は、規約に関連する問題についての専門家から構成された代表団との開かれたかつ建設的な対話を、および委員会が行なった質問に答えようとした代表団の前向きな姿勢を歓迎する。

B.　積極的な側面

3.　委員会は、締約国が、世界第2位の経済規模を有する、世界でもっとも発展した国のひとつであること（UNDP〔国際連合開発計画〕の人間開発指数にもとづく序列で第9位）、および、自国の市民の大多数を対象として経済的、社会的および文化的権利の高度な享受を達成してきたことに、留意する。

4.　委員会はまた、絶対額の面では締約国が世界で最大の援助供与国であり、GNPの0.27パーセントを政府開発援助（ODA）に配分していること、かつその40パーセントが規約に掲げられた権利に関連する分野に振り向けられていることにも留意する。

5.　委員会は、国際連合および経済協力開発機構のような国際的な場を背景として経済的、社会的および文化的権利の促進のための国際協力を促進するうえで締約国が果たしている重要な役割を認識する。

6.　委員会は、締約国が委員会に対する報告書の作成に非政府組織を関与させ始めていることに評価の意とともに留意する。

7.　委員会は、締約国が男女平等を促進するための措置をとっており、かつ2000年には「男女共同参画基本計画」を策定したことに留意する。

8.　委員会は、「児童買春、児童ポルノに係る行為等の処罰及び児童の保護等に関する法律」(1999年)、「ストーカー行為等の規制等に関する法律」(2000年)、「児童虐待の防止等に関する法律」(2000年)および「配偶者からの暴力の防止及び被害者の保護に関する法律」(2001年)という、女性および子どもを暴力からいっそう保護することを目的とした締約国の最近の措置を歓迎する。委員会はまた、裁判手続中に児童虐待および性犯罪の被害者を保護することを目的とした刑事訴訟法の改正(2001年)、および「児童の商業的性的搾取に反対する国内行動計画」の策定(2001年)も歓迎するものである。

9. 委員会は、1995年の阪神淡路大震災の被害に対応するため締約国が相当の努力を行なってきたこと、および、国、広域行政圏および地方の公的機関が迅速に対応し、膨大な人数の被災者を対象として仮設住宅および恒久住宅を建設してきたことに留意する。

C. 主要な懸念事項

10. 委員会は、規約の規定の多くが憲法に反映されているにもかかわらず、締約国が国内法において規約の規定を満足のいく方法で実施していないことを懸念する。委員会はまた、規約の規定が、立法および政策立案の過程で充分に考慮されておらず、かつ立法上もしくは行政上の提案または国会における議論でめったに言及されないことも懸念するものである。委員会はさらに、規約のいずれの規定も直接の効力を有しないという誤った根拠により、司法決定において一般的に規約が参照されないことに懸念を表明する。締約国がこのような立場を支持し、したがって規約上の義務に違反していることはさらなる懸念の対象である。

11. 委員会は、規約第7条(d)、第8条2項ならびに第13条2項(b)および(c)に対する留保を撤回する意思を締約国が有していないことを、とくに懸念する。このような姿勢は、締約国はすでに上記条項に掲げられた権利の実現を大部分達成しているという主張にもとづくものであるが、委員会が受け取った情報は、これらの権利の全面的実現がいまなお保障されていないことを明らかにしている。

12. 委員会は、締約国が、差別の禁止の原則は漸進的実現および「合理的な」または「合理的に正当化しうる」例外の対象になると解釈していることに懸念を表明する。

13. 委員会は、とりわけ雇用、居住および教育の分野において、日本社会のマイノリティ集団ならびにとくに部落の人々、沖縄の人々、先住民族であるアイヌの人々および韓国・朝鮮人に対する法律上および事実上の差別が根強く残っていることを懸念する。

14. 委員会はまた、とくに相続権および国籍の権利の制限との関連で、婚外子に対する法的、社会的および制度的差別が根強く残っていることも懸念する。

15. 委員会は、日本社会において、職業上の立場および意思決定に関与する立場

(代議制の政治機関、公的サービスおよび行政ならびに民間部門のいずれをも含む)に関して、女性に対する差別が広く行なわれていることおよびいまなお事実上の男女の不平等が存在することに、懸念を表明する。

16. 委員会は、2001年に国内法が採択されたにもかかわらず、ドメスティック・バイオレンス、セクシャル・ハラスメントおよび子どもの性的搾取が根強く生じていることに関して懸念を表明する。

17. 委員会はまた、同一価値労働に対する賃金に関してひきつづき事実上の男女格差が存在すること、および、とくに、女性を主として事務職として雇用し、専門職に昇格する機会をほとんどまたはまったく与えないという慣行が多くの企業で根強く行なわれていることも、懸念する。このような不平等は、1997年の男女雇用機会均等法改正のような、締約国がとった立法上、行政上その他の措置にもかかわらず根強く残っているものである。

18. 委員会は、強制労働廃止条約(1957年、第105号)、雇用および職業における差別に関する条約(1958年、第111号)および先住民族および種族民に関する条約(1989年、第169号)のようないくつかの重要なILO〔国際労働機関〕条約を締約国が批准していないことを懸念する。

19. 委員会は、締約国が、公共部門および民間部門のいずれにおいても過度な長時間労働を容認していることに重大な懸念を表明する。

20. 委員会は、45歳以降、労働者が減給され、または場合によって充分な補償もなく解雇される危険性が高まることに懸念を表明する。

21. 委員会は、教職員を含め、たとえ政府の必須業務に携わっていない者であっても公共部門のすべての被雇用者およびすべての公務員のストライキが全面的に禁止されていることを懸念する。これは、人事院および人事委員会という代替的制度が存在していても、規約第8条2項(締約国は本条項に留保を付している)および結社の自由および団結権の保護に関するILO第87号条約に違反するものである。

22. 委員会は、原子力発電所で事故が生じているとの報告があること、そのような施設の安全性に関して透明性が欠けておりかつ必要な情報公開が行なわれていないこと、および、原子力事故の防止および処理に関して全国規模および地域規模で事前の備えが行なわれていないことを、懸念する。

23. 委員会はまた、受給年齢を60歳から65歳に段階的に引き上げるという最近の公的年金制度改革がもたらす影響も懸念する。定年年齢と公的年金受給年齢が一致しない場合、65歳前に退職しなければならない者は所得を失う可能性がある。

24. 委員会はさらに、最低年金額が定められていないこと、および、年金制度に事実上の男女格差が残っており、そのため男女の所得格差が固定化されていることを、懸念する。

25.　委員会は、とくに労働権および社会保障の権利との関係で、法律上および実際上、障害のある人々に対する差別がひきつづき存在していることに懸念とともに留意する。

26.　委員会は、主として民間の資金によって財源を得ているアジア女性基金によって戦時の「従軍慰安婦」に提供された補償金が、当事者の女性から受入れ可能な措置と見なされていないことに懸念を表明する。

27.　委員会は、阪神淡路大震災ののち兵庫県が計画および遂行した大規模な再定住プログラムにもかかわらず、もっとも大きな影響を受けた層がかならずしも充分な協議の対象とされず、その結果、ひとり暮らしの多くの高齢者が現在、個人的な注意をほとんどまたはまったく向けられないまま、まったく馴染みのない環境下で生活していることを懸念する。家族を失った人々に対しても、精神的または心理的治療がほとんどまたはまったく提供されていない模様である。再定住した60歳以上の被災者の多くは、コミュニティ・センターがなく、保健所を利用できず、かつ外来看護を受けることができないでいる。

28.　委員会は、阪神淡路地域に住む地震の被災者の貧困層にとって、住宅再建資金の調達がますます困難なものとなりつつあることに懸念とともに留意する。自宅を再建できないまま、すでに負っている住宅ローンを清算するために資産売却を余儀なくされた人々も存在する。

29.　委員会は、全国に、とくに大阪・釜ヶ崎地域にホームレスの人々が多数存在することを懸念する。委員会はさらに、締約国がホームレス問題と闘うための包括的な計画を定めていないことを懸念するものである。

30.　委員会はまた、強制立退き、とりわけホームレスの人々のその仮住まいからの強制立退き、およびウトロ地区において長期間住居を占有してきた人々の強制立退きについても懸念する。これとの関連で、委員会は、裁判所の仮処分命令手続において、裁判所がいかなる理由も示さずに仮の立退き命令を発することができ、かつ当該命令が執行停止の対象とされないという手続の略式性をとりわけ懸念するものである。このことにより、いかなる不服申立権も意味のないものとなり、かつ仮の立退き命令が実際上は確定命令となってしまう。これは委員会が一般的意見第4号および第7号で確立した指針に違反するものである。

31.　委員会は、あらゆる段階の教育がしばしば過度に競争主義的でストレスに満ちたものとなっており、その結果、生徒の不登校、病気、さらには自殺すら生じていることを懸念する。

32.　委員会は、マイノリティの子どもにとって、自己の言語による教育および自己の文化に関する教育を公立学校で享受する可能性がきわめて限られていることに懸念を表明する。委員会はまた、朝鮮学校のようなマイノリティの学校が、たとえ国の教育カリキュラムを遵守している場合でも公的に認められておらず、したがって中央政府の補助金を受けることも大学入学試験の受験資格を与えることもできないことについても、懸念するものである。

E. 提案および勧告

33. 委員会は、締約国に対し、規約から派生する法的義務に対する立場を再検討すること、および、一般的意見第13号および第14号を含む委員会の一般的意見で述べられているように、少なくとも中核的義務との関係では規約の規定を実際上直接適用が可能なものと解釈することを、促す。さらに、規約の規定が立法上および行政上の政策ならびに意思決定過程で考慮にいれられることを確保するため、締約国が環境影響評価〔環境アセスメント〕と同様の「人権影響評価」その他の措置を導入することも奨励されるところである。

34. 委員会は、締約国に対し、規約第7条(d)、第8条2項ならびに第13条2項(b)および(c)への留保の撤回を検討するよう促す。

35. 委員会はまた、締約国が、規約に関する知識、意識および規約の適用を向上させるため、裁判官、検察官および弁護士を対象とした人権教育および人権研修のプログラムを改善するようにも勧告する。

36. 経済的、社会的および文化的権利を促進および保護するために締約国がとった措置は評価しながらも、委員会は、締約国に対し、ウィーン宣言および行動計画第2部71項にしたがって、開かれた協議のプロセスを通じて包括的な国内行動計画を採択するよう促す。委員会は、締約国に対し、第3回定期報告書に国内行動計画の写しを添付し、かつ当該計画がどのように経済的、社会的および文化的権利を促進および保護しているか説明するよう要請するものである。

37. 委員会は、締約国に対し、発展途上国に国際援助を提供するためいっそうの努力を行なうこと、および、国際連合が設定し、国際的に受け入れられた対GNP比0.7パーセントという目標を達成する期限を定めるよう促す。委員会はまた、締約国に対し、国際金融機関とくに国際通貨基金および世界銀行の加盟国として、これらの機関の政策および決定が規約締約国の義務、とりわけ国際援助および国際協力に関わる第2条1項、第11条、第15条、第22条および第23条に掲げられた義務に一致することを確保するため、可能なあらゆることを行なうようにも奨励するものである。

38. 委員会は、締約国が国内人権機関の設置を提案する意向を示したことを歓迎し、締約国に対し、可能なかぎり早期に、かつ1991年のパリ原則および委員会の一般的意見第10号にしたがって同機関を設置するよう促す。

39. 委員会は、締約国に対し、規約第2条2項に掲げられた差別の禁止の原則は絶対的な原則であり、客観的な基準にもとづく区別でないかぎりいかなる例外の対象ともなりえないという委員会の立場に留意するよう要請する。委員会は、締約国がこのような立場にしたがって差別禁止立法を強化するよう強く勧告するものである。

40. 締約国が現在、ウトロ地区に住む韓国・朝鮮人の未解決の状況に関して住民との協議を進めていることに留意しながらも、委員会は、部落の人々、沖縄の人々および先住民族であるアイヌの人々を含む日本社会のあらゆるマイノリティ集団に対し、とくに雇用、居住および教育の分野で行なわれている法律上および事実上の差別と闘うため、締約国がひきつづき必要な措置をとるよう勧告する。

41. 委員会は、締約国に対し、近代社会では受け入れられない「非嫡出子」という概念を法律および慣行から取り除くこと、婚外子に対するあらゆる形態の差別を解消するために緊急に立法上および行政上の措置をとること、さらに当事者の規約上の権利(第2条2項および第10条)を回復することを促す。

42. 委員会は、締約国に対し、とりわけ雇用、労働条件、賃金ならびに代議制の政治機関、公的サービスおよび行政における地位の向上の分野でいっそうの男女平等を確保することを目的として、現行法をいっそう精力的に実施し、かつ適切なジェンダーの視点を備えた新法を採択するよう促す。

43. 委員会は、締約国が、ドメスティック・バイオレンス、セクシャル・ハラスメントおよび子どもの性的搾取の事案に関する詳細な情報および統計的データを提供するよう勧告する。委員会はまた、締約国が当該犯罪の加害者に対して国内法を厳格に適用しかつ効果的な制裁を実施するようにも勧告するものである。

44. 委員会は、男女雇用機会均等法のような現行法、ならびにILOが言及しているコース別雇用管理に関する指針のような関連の行政上その他のプログラムおよび政策をいっそう積極的に実施することにより、かつ同趣旨の適切な措置を新たにとることにより、同一価値労働に対する賃金に関して事実上の男女格差が存在するという問題に締約国がひきつづき対応するよう強く勧告する。

45. 委員会は、締約国に対し、ILO第105号、第111号および第169号条約の批准を検討するよう奨励する。

46. 委員会は、公共部門および民間部門のいずれにおいても労働時間を短縮するため、締約国が必要な立法上および行政上の措置をとるよう勧告する。

47. 委員会は、締約国が、45歳以上の労働者が従前の水準の賃金および雇用安定を維持することを確保するための措置をとるよう勧告する。

48. 委員会は、ILOにならい、締約国が、必須業務に携わっていない公務員および公共部門の被雇用者がストライキを組織する権利を確保するよう勧告する。

49. 委員会は、原子力発電施設の安全性に関わる問題について透明性を向上させ、かつ関係住民に対してあらゆる必要な情報をいっそう公開することを勧告し、さらに、締約国に対し、原子力事故の防止および事故に対する早期対応のための計画の作成を促進するよう促す。

50. 委員会は、公的年金制度の受給年齢が60歳から65歳に段階的に引き上げられることから、締約国が、65歳未満で退職する人々を対象として社会保障手当を確保するための措置をとるよう勧告する。

51. 委員会は、締約国が国の年金制度に最低年金額を組み入れるよう勧告する。委員会はさらに、年金制度において根強く残っている事実上の男女格差を可能なかぎり最大限に是正するよう勧告するものである。

52. 委員会は、締約国が、障害のある人々に対する差別的な法規定を廃止し、かつ障害のある人々に対するあらゆる種類の差別を禁止する法律を採択するよう勧告する。委員会はさらに、締約国に対し、公共部門における障害のある人々の法定雇用率の執行における進展を継続および加速させるよう促すものである。

53. 委員会は、「従軍慰安婦」を代表する団体との協議にもとづき、被害者の期待を満たすような形で補償を行なう方法および手段に関して手遅れになる前に適切な取決めを行なうよう強く勧告する。

54. 委員会は、締約国が、兵庫県に対し、とくに高齢者および障害のある人々に対するコミュニティ・サービスを改善および拡大するよう奨励することを勧告する。

55. 委員会は、締約国が、規約第11条にもとづく義務にしたがい、継続する住宅ローンの支払いのため地震の被災者の貧困層が資産を売却しなければならなくなる状況を回避するのを援助することを目的として、このような被災者が倒壊した家屋の再建のために住宅金融公庫または銀行に対して負った財政上の義務を履行するのを援助するための効果的な措置を迅速にとるよう勧告する。

56. 委員会は、締約国に対し、日本におけるホームレスの規模および原因を評価するための調査をみずからおよび都道府県と共同で実施するよう促す。締約国はまた、生活保護法のような現行法の全面的適用を確保するための充分な措置もとり、ホームレスの人々に対して充分な生活水準を確保するべきである。

57. 委員会は、あらゆる立退き命令およびとくに裁判所の仮処分命令手続が一般的意見第4号および第7号に示された委員会の指針に一致することを確保するため、締約国が是正のための行動を起こすよう勧告する。

58. 委員会は、締約国が、委員会の一般的意見第11号および第13号ならびに子どもの権利に関する委員会の一般的意見第1号を考慮にいれながら、教育制度の包括的再検討を行なうよう強く勧告する。このような再検討においては、あらゆる段階の教育がしばしば過度に競争主義的でストレスに満ちたものとなっており、その結果、生徒の不登校、病気、さらには自殺すら生じていることにとくに焦点が当てられるべきである。

59. 委員会は、締約国に対し、学校教科書その他の教材において、諸問題が、規約第13条1項、委員会の一般的意見第13号および子どもの権利に関する委員会の一般的意見第1号に掲げられた教育の目的および目標を反映した公正なかつバランスのとれた方法で提示されることを確保するよう、促す。

60. 委員会は、言語的マイノリティに属する生徒が相当数就学している公立学校の正規のカリキュラムに母語による教育を導入するよう強く勧告する。委員会はさらに、締約国が、マイノリティの学校およびとくに朝鮮学校が国の教育カリキュラムにしたがっている状況においては当該学校を公的に認め、それによって当該学校が補助金その他の財政援助を得られるようにすること、および、当該学校の卒業資格を大学入学試験の受験資格として承認することを勧告するものである。

61. 委員会は、締約国に対し、対話のなかで充分に扱えなかった以下の問題について次回の定期報告書でいっそう広範な情報を提供するよう要請する。その問題とは、資格外労働者および研修生を含む外国人の、公正かつ良好な労働条件に対する権利、社会保障および保健サービスに対する権利、および患者の権利である。

62. 委員会は、締約国に対し、委員会の総括所見を社会のあらゆる層において広く普及し、かつ、その実施のためにとったあらゆる措置について委員会に情報を提供するよう勧告する。委員会はまた、締約国に対し、第3回定期報告書の作成の早い段階で非政府組織その他の市民社会の構成員と協議するようにも奨励するものである。

63. 最後に、委員会は、締約国に対し、2006年6月30日までに第3回定期報告書を提出すること、および、この総括所見に掲げられた勧告を実施するためにとった措置に関する詳細な情報を当該報告書に記載することを、要請する。

〔訳注〕

*11項、21項および34項で「第8条2項」に対する留保とされているのは、正確には第8条1項(d)に対する留保である。

*「提案および勧告」が「D.」ではなく「E.」になっているのは原文ママ。

(訳/社会権規約NGOレポート連絡会議)

経済的、社会的および文化的権利に関する委員会の活動へのNGOの参加

国際連合・経済社会理事会
E/C.12/2000/6　2000年7月7日

I. 序

1. 経済的、社会的および文化的権利に関する委員会は、経済社会理事会との協議資格の有無に関係なく、経済的、社会的および文化的権利の分野で活動する地域的、国内的および国際的なすべての非政府組織(NGO)との協力を非常に重視している。委員会は、その活動におけるNGOの参加を一貫して奨励している。委員会の活動への可能なかぎりもっとも効果的かつ広範なNGOの参加を確保するための努力として、委員会はその第8会期の1993年5月12日に、「経済的、社会的及び文化的権利に関する委員会の活動へのNGOの参加(E/C.12/1993/WP.14)」と題した文書を採択した。そこでは、委員会の活動へのNGOの参加形態が簡潔に説明されている。そこで述べられている基本的な原則は、その後の委員会の実行の発展にしたがい補完されている。これらの発展は、委員会年次報告書の「委員会の現在の作業方法の概観」と題された章に反映されている。

2. 本文書は、政府報告書の審査を通じた、締約国による経済的、社会的および文化的権利に関する国際規約の実施に関する国際的監視の実効性を高めるため委員会との協力を促進する目的で、NGOに対する詳細なガイドラインを提供しようとするものである。

3. NGOの参加が受け入れられている委員会の主要な活動は以下のとおりである。

(i)　政府報告書審査

(ii)　一般的討論

(iii)　一般的意見の起草

II. 委員会の政府報告書審査へのNGOの参加

A. 一般的事項

4. NGOは政府報告書審査の以下の段階に参加することができる(詳細な情報は後述)。

(i)　規約の効力発生——締約国が規約を批准すると同時に、経済的、社会的および文化的権利の分野で活動する国内NGOは、委員会事務局との連絡を確立

することが奨励される（連絡先は本文書末に記載）。

（ii）　政府報告書の受理から審査まで――あらゆる関連情報の提出（事務局が作成保管する国別ファイルに綴じ込まれる）。

（iii）　会期前作業部会――事前質問事項（list of issues）の作成にあたる委員会委員への情報の直接的な提出（事務局へコピーを提出）および／もしくは事務局への文書による情報の提出ならびに／または会期前作業部会での口頭による意見表明。

（vi）　政府報告書の審査が予定されている会期――文書による声明および／もしくは報告書形式による事務局への情報の提出、ならびに／または委員会の「NGOヒアリング」の枠内における口頭による意見表明。委員会の締約国代表団との対話の傍聴。

（v）　委員会の総括所見に対するフォローアップ――当該締約国における委員会の総括所見の実施に関する情報の、事務局への提出。

5.　委員会へ提出されるすべての情報は、(a)規約上の問題であり、(b)委員会またはその会期前作業部会により審査される問題に関連しており、(c)文書による情報源に基づいており、かつ適切な参照注が付記され、(d)簡潔、簡明で、(e)信頼ができ、罵倒的な内容でないことが重要である。NGOは規約のすべての条項に関する情報を提出することができ、その際には、政府報告書の作成を援助することを目的とした「経済的、社会的及び文化的権利に関する国際規約16条及び17条に基づいて締約国により提出される報告書の形式及び内容に関する改正一般ガイドライン（E/C.12/1991/1）」にしたがうことが有用である。これにより、情報は政府報告書の構成に類似したパラレル・レポート（a parallel report）の形式をとることになり、委員が対応する情報を比較検討することを容易にする。NGOはいくつかのまたは1つの条項のみに関する情報を提供することもできる。

6.　委員会へ情報を提出する際には、国内NGO間の協働、調整および協議が推奨される。可能な場合には、多数のNGOによる広範な合意を代表する単一の統合文書を提出することも有益である。そこに、個別のNGOが独自の優先的分野に関する、より簡潔で、対象が絞られた詳細な文書を添付することも可能である。このような形で活動の調整を行なうことは、事務局および委員会委員が当該締約国における規約の実施の現状をより明瞭に理解することに資するだろう。NGO側から見てもっとも重要なことは、共同文書がNGOにより提供される情報の重複および矛盾の可能性も排除することである。前者は非効率で委員会委員の負担を増加し、後者は、NGOによる情報提供の信頼性を低下しうる。NGOからの重複および矛盾した情報は、NGOの立場と主張を弱める可能性がある。一方で、整合性および正確性は、調整が行なわれたことが傍目にも明らかであることと並んで、意見表明の専門性を高め、信用性を増し、NGOの意図した成果を確保するのである。

7. 委員会本会期、会期前作業部会会合または委員会のNGOヒアリングへの出席を希望するNGOは事前に事務局からの認証を要請しなければならない。会期終了まで有効な写真付身分証明バッジは、月曜日から金曜日の午前8時から午後2時30分の間、正規の申請書および身分証明証の提出にもとづき、国連ジュネーブ本部(UNOG)の警備保安部門(the Villa "Les Feuillantines", 13, avenue de la Paix, Geneva)から、すべての代表団が入手することができる。口頭による意見表明を希望するNGOは、視聴覚機器の必要の有無も示すべきである。これは事務局による関連する活動の計画や、全参加者の会議参加のための充分な時間および機器の確保の助けとなる。1つのNGOに対して配分される意見表明の時間は、希望するNGO数にもよるが平均15分である。

8. 委員会の作業言語は、英語、フランス語、スペイン語およびロシア語である。英語で提供される文書が、最も幅広い関係者に読んでもらえる。しかし、NGOの財政上許されるならば、提出文書の言語以外による委員会の作業言語で、少なくとも情報の要約を提出することが有用である。

9. 本会期前および本会期中、事務局は審査対象国政府に対して、NGOにより委員会へ提出されたすべての書面による情報を、ジュネーブ国連常駐代表部を通じて提供する。

B. 政府報告書の提出後のNGOの参加

10. 締約国は規約の批准後、定期的に(第1回報告書は規約の効力発生後2年以内、その後は5年ごと)、国際協力を通じて行なわれた努力を含め、規約に規定される経済的、社会的および文化的権利の実現へ向けてとられた措置に関する報告書を委員会へ提出しなければならない。締約国により作成される報告書は、上記第5パラグラフにいう改正一般ガイドラインにしたがったものであるべきである。

11. 委員会による締約国の報告書審査にいたるプロセスは、締約国が事務局に報告書を提出した際に開始する。事務局は報告書を受理すると、それを国連の6公用語(英語、フランス語、スペイン語、ロシア語、アラビア語および中国語)への翻訳のために回送する。報告書は、全公用語版が用意されてはじめて国連文書として発行され、そのために12カ月を要することもある。その間、委員会事務局は経済的、社会的および文化的権利の分野において活動する国内NGOのリストを作成し、各NGOと書面による連絡をとることにより、審査国における規約の実施に関する情報提供を要請する。NGOへ送付される通知には関連文書(コア・ドキュメント、政府報告書、事前質問事項、改正一般ガイドライン、NGO参加ガイドライン)が同封される。委員会との協力に関心のある国内NGOは、自国における規約の効力発生後に、事務局と連絡をとることが奨励される。これは、後に政府報告書に関する国内NGOからの情報を求める際の事務局の助けとなるだろう。

12. 委員会は、政府が報告制度のプロセスを含む規約の実施に関する事項全般にわたり、NGOおよび市民社会と協議することも奨励する。NGOにとっても、報告書の提出時期や関連文書を含め、情報を求めるための関連省庁との連絡は有益となるだろう。

13. 政府報告書の提出後、委員会による審査までの間、NGOはいかなる形式の情報(新聞記事、NGOのニュースレター、ビデオテープ、報告書、学術刊行物、研究論文、共同声明書、その他)も委員会事務局に提出することができる。この情報は、事務局内で作成、保管されている国別ファイルに含まれることになる。国別ファイルには事務局によりすべての利用可能な情報源(国連機関、専門機関、メディア、地域的機関、学術刊行物、NGO、その他)から得られた情報が含まれている。事務局は、関連する国別ファイルに含まれる情報にもとづき、審査国の実情に関する情報を提供し、政府報告書による情報の補完を意図した作業用文書である国別プロフィールを委員会のために作成する。

C. 会期前作業部会の活動へのNGOの参加

14. 5名の委員から成る委員会の会期前作業部会は、次回会期の準備のため各会期後1週間、非公開で会合をもつ。通例では、会期前作業部会は各会合において5カ国の政府報告書について検討する。作業部会の各メンバーは「国別報告者」として、5つのうちの1つの報告書に関して事前質問事項の起草の任務にあたる。事前質問事項には、締約国により提出された文書(コア・ドキュメント、政府報告書、報告書添付文書)およびNGOを含むその他のすべての情報源から委員会が入手可能な情報にもとづき作成される締約国への質問が含まれている。報告書が審査される委員会本会期において、国別報告者は政府報告書および委員会と締約国との対話にもとづき、総括所見(concluding observations)の起草の責務も負う。

15. 会期前作業部会では、各国別報告者はみずからの事前質問事項案を他の作業部会メンバーに対して提示する。作業部会は各案について討議し、審査対象5カ国それぞれの最終的な事前質問事項を採択する。事前質問事項は採択後直ちにジュネーブにある国連常駐代表部を通じて締約国に入手可能となる。委員会のすべての作業言語へ翻訳する充分な時間を確保するため、締約国は自国の報告書の審査予定会期の前の適切な時期に、事前質問事項に対する文書回答を提出するように要請されている。事前質問事項およびその回答は、国連人権高等弁務官事務所(OHCHR)のウェブサイト(アドレスは後掲)においても公開される。

16. 国際または国内NGOには会期前作業部会の活動に対する次の3つの貢献が可

能である。

（i） 作業部会会合前の国別報告者への直接的な関連情報の提出

（ii） 作業部会会合前の作業部会メンバー全員への配付を目的とする事務局への関連情報の提出

（iii） 会期前作業部会会合の初日午前に行なわれる、NGO代表による口頭による意見表明

（1） 国別報告者への情報提供

17. NGOは、特定の国に関する関連情報を、事前質問事項を起草する国別報告者に対して直接提出することができる。この際、NGOは次会期以降に委員会審査が予定されている政府報告書のリストについて、事務局またはOHCHRのウェブサイトで確認するべきである。会期前作業部会は、委員会による報告書審査の6〜12カ月前に対象国に関する事前質問事項を討議、採択する。

18. したがって、事前質問事項の起草を担当する国別報告者に対して、締約国に関する情報を直接提出することを望むNGOは、該当する国別報告者の氏名および住所を事務局から得る必要がある。NGOが国別報告者に提出するいかなる文書も、作業部会会合におけるその他の会期前作業部会メンバーへの配付のために事務局へも送付されることが推奨される。

（2） 会期前作業部会への文書による情報提供

19. NGOは事務局を通じて、会期前作業部会へ文書による情報も提出することができる。この情報は条文ごとに締約国における規約の実施について述べた報告書形式で入手可能なものであるべきである。各項目の終わりに、会期前作業部会が当該締約国に関する事前質問事項に含ませることを考慮できるような特定の質問を明示することはとくに有用である。会期前作業部会が開催される1週間前に、メンバーへの配付用に10部の報告書（および要約）が事務局へ届けられるべきである。

（3） 会期前作業部会での口頭による意見表明

20. 通常月曜日の午前10時30分から午後1時まで開かれる会期前作業部会の第1回会合において、NGOが口頭による意見表明を行なうことも奨励されている。意見表明は、規約の条文に具体的に関連するものであり、NGOの視点から最も強調したい問題に焦点を当て、会期前作業部会が当該締約国に関する事前質問事項へ含ませることを考慮できるような特定の質問を提案するものであるべきである。

D. 本会期へのNGOの参加

（1） 文書の提出

21. 経済社会理事会の一般もしくは特別協議資格、またはロスターの資格を有するNGO*は、政府報告書審査が行なわれる本会期に委員会へ意見表明のための文書を

提出することができる。経済社会理事会との協議資格のないNGOは、協議資格のあるNGOによる後援を条件に文書を提出することができる。手続は人権委員会および人権促進保護小委員会におけるものと同様であり、一般協議資格のNGOによる文書はダブル・スペースで2,000語以内、特別協議資格およびロスターのNGOによる文書は1,500語以内であるべきである。文書提出の対象となる会期の3カ月前までに委員会事務局が受理した場合、同文書は委員会のすべての作業言語へ翻訳され、国連文書として発行される。

*　一般協議資格は、経済社会理事会の大半の活動に広く関与するNGOに付与される。特別協議資格は、理事会の活動の特別の分野に関与するNGOに付与される。理事会またはその補助機関、または活動の権限内にあるその他の国連機関の活動に対して、随時有用な貢献をする地位にあるNGOは、ロスターの資格が与えられる。

(2)　報告書の提出

22.　締約国の政府報告書審査が予定されている会期に向けて、NGOは規約に規定される経済的、社会的および文化的権利の当該国における実施状況に関して、補完的もしくは代替的な解釈、または異なる視点からの意見を提供する「パラレル」レポートの形式で文書を提出することができる。可能ならば、委員会のすべての作業言語で報告書の要約を提出することが有用である。NGOは委員会関係者への配付用に本会期の1週間前に事務局へ25部の報告書と要約を届けるべきである。25部の内訳は、委員18部、事務局3部、通訳者4部である。

(3)　委員会NGOヒアリングでの口頭による意見表明

23.　NGOは報告書審査が行なわれる各会期の初日午後3時から6時のNGOヒアリングにおいても、自らの関心事項に関する意見表明を行なうことができる。各NGOのための平均制限時間は15分である。意見表明においてNGOは、以下の点に関する情報提供を目的として招聘される。

- 政府報告書に関する意見表明
- 政府報告書の作成過程を通じた国内における政府とNGOの協議または協力の有無
- NGOによるパラレル・レポートにおける主要な批判点
- 当該国における経済的、社会的および文化的権利に関連する一般的傾向
- NGOによる文書提出以降に入手可能となった新たな情報
- 規約の実施における諸問題への対処策の提案
- 規約の実施における政府による問題解決の実例

締約国はNGOヒアリングに関する通知を受け、オブザーバーとして出席するよう招聘される。締約国は委員会での自国の報告書審査において、NGOによる意見表明に関してコメントする機会を与えられる。

(4)　政府報告書審査の傍聴

24.　政府報告書審査の一環として、委員会は政府代表団との対話に従事する。各委員は政府報告書、コア・ドキュメント、事前質問事項に対する政府回答および委員会へ提出されたあらゆる追加情報に基づき、当該国の規約の実施に関する質問を行なう。政府代表団と委員会との対話の間はNGOは発言できないが、両者の対話を傍聴するために会議室にとどまることが有用である。

E.　委員会による政府報告書審査のフォローアップへのNGOの参加

25.　政府報告書審査の最後に委員会は、当該政府による規約の実施状況に関する委員会の立場を反映させた総括所見を採択する。総括所見には締約国による規約の実施に関する勧告が含まれている。総括所見は、通常本会期の最終日正午に公表される。その後間もなく、個別文書として国連のすべての公用語に翻訳、発行され、OHCHRのウェブサイトにも掲載される。総括所見は当該締約国に入手可能とされ、委員会の年次報告書にも収録される。

26.　委員会による総括所見公表後のNGOの役割は非常に重要である。NGOは、総括所見に含まれる勧告に応じて、政府によりとられるフォローアップ措置に関する報告書を委員会に提供することにより援助をすることができる。NGOは総括所見を地域的および国内的に公表し、委員会の勧告を実施する際の政府の取組みを監視することができる。自国における監視や啓発活動にもとづき、委員会への再報告を行なうNGOは、政府報告書審査後の国内における進展に関して委員会への情報提供を続けることにより、委員会側のより効果的なフォローアップに貢献することになる。

27.　委員会の監視活動に積極的に関与する地域的および国内的なNGOが、自らの経験や委員会の活動方法に関して、コメントや他のNGOへの助言、システムの改善への提案を含む文書を準備することも有用だろう。そのような文書が国内において広く配布され、委員会事務局へ送付されるならば、啓発のための道具として役立ち、委員会や事務局の活動の改善を援助するものとなる。

F.　委員会による報告書未提出国の規約の実施状況の審査へのNGOの参加

28.　第1回の政府報告書の提出が大幅に期限を過ぎている場合、委員会は当該締約国の規約の実施状況に関する審査のための手続を適用する。委員会は締約国に対して、その管轄の下にある領域における経済的、社会的および文化的権利の状況を将来の特定の会期において検討する意向を通知し、締約国に可能なかぎり早期の報告書提出を奨励する。報告書が提出されない場合、委員会は利用可能なすべての情報にもとづき、予定されていた会期に審査を開始する。

29.　そのような場合には、締約国からの資料がないことから、NGOにより提供される情報は委員会にはとくに価値のあるものとなる。したがって、いかなる情報も歓迎される。最も有用な参加方法は、締約国による規約の実施について条文ごとに述べた報告書を提出することである。さらに、委員会におけるNGOヒアリングに参加し、審査対象国の状況に関して口頭で情報を提供することが大いに推奨される。報告書の提出期限を超過している締約国における規約の実施状況の委員会審査に関する情報は、OHCHRのウェブサイトまたは事務局から入手できる。

III. 委員会の一般的討論へのNGOの参加

30. 各会期において委員会は、通常、会期第3週の月曜日を規約の特定の権利または特定の側面に関する一般的討論に当てている。その目的は、(i)関連する問題に関するより深い理解を発展させる際に委員会を援助すること、および(ii)すべての利害関係者からの委員会の活動への情報のインプットの奨励を委員会に可能にさせることの2点である。

31. 一般的討論の日に委員会により取り上げられる予定のテーマを専門とするNGOは、2つの方法による参加が可能である。第1に、NGOは背景説明のための文書を委員会へ提出することができる。同文書は、一般的討論の日の開催が予定されている会期の3カ月前までに事務局へ提出されるべきである。また同文書は、ダブル・スペースで15頁以内のものとし、後日、委員会のすべての作業言語へ翻訳され、国連文書として発行される。第2に、特定の分野を専門とするNGOは、一般的討論日への参加のために専門家を派遣することができる。一般的討論日に討議されるテーマに関する情報は、事務局から得ることができる。

IV. 一般的意見の起草および採択に関連する委員会の活動へのNGOの参加

32. 委員会は、一般的意見を通じて、政府報告書の審査により継続的に得られた経験がすべての締約国のために利用可能となるよう努めている。一般的意見は、規約に含まれる権利と締約国の義務の権威ある解釈を提供し、特定の経済的、社会的および文化的権利を尊重、保護および充足する実際の方法と手段に関する指針を締約国へ提供することにより、規約のさらなる実施を援助し、促進させている。2000年6月1日までに委員会により採択された14の一般的意見は、本文書の付録に記載されている。一般的意見の本文は、英語、フランス語およびスペイン語で、OHCHRのウェブサイトにおいて見つけることができる。一般的意見の討議および採択の予定に関する情報は、事務局から得ることができる。

33. 特定の分野を専門とするNGOは、一般的意見の起草および討議の過程において委員会へ文書を提出することができる。討議の間、NGOは一般的意見の草案の特定のポイントに関する短時間の口頭の意見表明を行なうことができる。一般的意見の草案本文に関するいかなる助言も、最終的な文書への編入の便宜上、書面(およびフロッピーディスク)でも提出されるべきである。

V. 情報源

34. 政府報告審査および委員会の各会期に関する情報は、国連人権高等弁務官事務所(OHCHR)のウェブサイト(www.unhchr.ch/html/menu2/6/cescr.htm)で入手可能である(ホームページwww.unhchr.chから以下の順にクリック。OHCHR PROGRAMME→CONVENTIONAL MECHANISMS→COMMITTEE ON ECONOMIC, SOCIAL AND CULTURAL RIGHTS)。

35. オンライン版の委員会文書、批准に関する情報、報告審査状況および委員リストは、http://www.unhchr.ch/tbs/doc.nsf で入手可能である(ホームページwww.unhchr.chから以下の順にクリック。DOCUMENTS→TREATY BODIES DATABASE)。

36. 詳細な情報は以下の委員会事務局から入手可能である。

・Alexandre Tikhonov
Secretary to the Committee on Economic, Social and Cultural Rights
Office of the United Nations High Commissioner for Human Rights
Office 1-025, Palais Wilson
Palais des Nations
8-14 Avenue de la Paix
1211 Geneva 10　Switzerland
Tel. (41 22) 917 9321　Fax. (41 22) 917 9046/9022
E-mail: atikhonov.hchr@unog.ch

付録

参照文書

・ファクト・シート　No.16/Rev.1(Fact Sheet No.16/Rev.1)
経済的、社会的及び文化的権利に関する国際規約と委員会の活動方法に関する情報を含む。http://www.unhchr.ch/html/menu6/2/fs16.htm
(ホームページ www.unhchr.chでPUBLICATIONSをクリック)
・経済的、社会的および文化的権利に関する委員会の活動へのNGOの参加(E/C.12/1993/WP.14)

http://www.unhchr.ch/tbs/doc.nsf

（ホームページ www.unhchr.ch から以下の順にクリック。DOCUMENTS→ TREATY BODIES DATABASE→DOCUMENTS→ BY TREATY→COMMITTEE ON ECONOMIC, SOCIAL AND CULTURAL RIGHTS→OTHER TREATY-RELATED DOCUMENT）

・経済的、社会的及び文化的権利に関する国際規約第16条および第17条に基づき締約国により提出される報告書の形式および内容に関する改訂一般ガイドライン（E/C.12/1991/1）

http://www.unhchr.ch/tbs/doc.nsf

（ホームページwww.unhchr.chから以下の順にクリック。DOCUMENTS→TREATY BODIES DATABASE→DOCUMENTS→BY TREATY→COMMITTEE ON ECONOMIC, SOCIAL AND CULTURAL RIGHTS→BASIC REFERENCE DOCUMENT）

・各種の国際人権文書における政府報告書の冒頭部分（コア・ドキュメント）の作成（HRI/CORE/1）

・経済的、社会的及び文化的権利に関する国際規約の現況と規約に関する留保、脱退、解釈宣言および異議（E/C.12/1993/3/Rev.4）

http://www.unhchr.ch/tbs/doc.nsf

（ホームページwww.unhchr.chから以下の順にクリック。DOCUMENTS→TREATY BODIES DATABASE→DOCUMENTS→BY TREATY→COMMITTEE ON ECONOMIC, SOCIAL AND CULTURAL RIGHTS→BASIC REFERENCE DOCUMENT）

・経済的、社会的及び文化的権利に関する国際規約および委員会の活動に関連した刊行物精選目録（E/C.12/1989/L.3/Rev.2）

（ホームページwww.unhchr.chから以下の順にクリック。DOCUMENTS→TREATY BODIES DATABASE→DOCUMENTS→BY TREATY→COMMITTEE ON ECONOMIC, SOCIAL AND CULTURAL RIGHTS→OTHER TREATY-RELATED DOCUMENT）

一般的意見

・No.1（1989）　締約国による報告
・No.2（1990）　国際的技術援助措置
・No.3（1990）　締約国の義務の性質
・No.4（1991）　充分な住居に対する権利
・No.5（1994）　障害のある人
・No.6（1995）　高齢者の経済的、社会的および文化的権利
・No.7（1997）　充分な住居に対する権利：強制立退き

・No.8（1997）　経済制裁と経済的、社会的および文化的権利の尊重の関係
・No.9（1998）　規約の国内適用
・No.10（1998）　経済的、社会的および文化的権利の保障における国内人権機関の役割
・No.11（1999）　初等教育に関する行動計画
・No.12（1999）　充分な食料に対する権利
・No.13（1999）　教育への権利
・No.14（2000）　健康に対する権利

http://www.unhchr.ch/tbs/doc.nsf
（ホームページwww.unhchr.chから以下の順にクリック。DOCUMENTS→TREATY BODIES DATABASE→DOCUMENTS→BY TREATY→COMMITTEE ON ECONOMIC, SOCIAL AND CULTURAL RIGHTS→GENERAL COMMENTS）

委員会年次報告書

・第1会期報告書　1987年3月9日～27日（E/1987/28）
・第2会期報告書　1988年2月8日～25日（E/1988/14）
・第3会期報告書　1989年2月6日～24日（E/1989/22）
・第4会期報告書　1990年1月15日～2月2日（E/1990/23）
・第5会期報告書　1990年11月26日～12月14日（E/1991/23）
・第6会期報告書　1991年11月25日～12月13日（E/1992/23）
・第7会期報告書　1992年11月23日～12月11日（E/1993/22）
・第8／第9会期報告書　1993年5月10日～28日／11月22日～12月10日(E/1994/23)
・第10／第11会期報告書　1994年5月2日～20日／11月21日～12月9日(E/1995/22)
・第12／第13会期報告書　1995年5月1日～19日／11月20日～12月8日(E/1996/22)
・第14／第15会期報告書　1996年4月30日～5月17日／11月18日～12月6日（E/1997/22）
・第16／第17会期報告書　1997年4月28日～5月16日／11月17日～12月5日（E/1998/22）
・第18／第19会期報告書　1998年4月27日～5月15日／11月16日～12月4日（E/1999/22）
・第20／第21会期報告書　1999年4月26日～5月14日／11月15日～12月3日（E/2000/22）

http://www.unhchr.ch/tbs/doc.nsf
（ホームページwww.unhchr.chから以下の順にクリック。DOCUMENTS→TREATY BODIES DATABASE→DOCUMENTS→BY TREATY→COMMITTEE ON ECONOMIC, SOCIAL AND CULTURAL RIGHTS→SESSIONAL/ANNUAL REPORT OF COMMITTEE）
ウェブサイトには第10会期および第11会期以降の年次報告書が含まれている。

（訳／社会権規約NGOレポート連絡会議）

社会権規約NGOレポート連絡会議

社会権規約NGOレポート連絡会議は、社会権規約のもつ意義と役割を高めようとする研究者・弁護士・NGO・労働組合等が1998年の第2回日本政府報告書の提出をきっかけにして、1999年に結成した団体である。連絡会議は、①社会権規約の実施状況についてNGOレベルでの検証をすすめること、②この成果を活かして、社会権規約の政府報告書に対するNGOレポートを作成し、社会権規約委員会における審査に貢献すること、③審査および総括所見を普及・フォローアップしていくこと、これらのことを通じて、日本における社会権規約の普及と効果的な実施をめざすことを目的に活動している。そのため、連絡会議は、①NGOレポートの作成・調整、②事前審査および本審査での委員会への情報提供・意見交換に関わる連絡・調整、③政府との「建設的な対話」、④他のNGO等との連携などに重要な役割を果たそうと努めている。

責任者：荒牧重人、副責任者・国内コーディネーター：藤本俊明、国際コーディネーター：平野裕二
連絡先：〒101-0003　東京都千代田区一ツ橋2-6-2　日本教育会館6階　TEL&FAX：03（3265）2197

国際社会から見た日本の社会権
2001年社会権規約第2回日本報告審査

2002年8月31日　第1版第1刷発行

編　者　社会権規約NGOレポート連絡会議
発行人　成澤壽信
編集人　西村吉世江
発行所　株式会社 現代人文社
〒160-0016 東京都新宿区信濃町20 佐藤ビル201
Tel.03-5379-0307（代）　Fax.03-5379-5388
daihyo@genjin.jp（代表）　hanbai@genjin.jp（販売）
http://www.genjin.jp/
発売所　株式会社 大学図書
印刷所　株式会社 シナノ
装　丁　清水良洋・西澤幸恵（PUSH-UP）

検印省略　Printed in JAPAN
ISBN4-87798-101-2 C0032